湛庐CHEERS

与最聪明的人共同进化

HERE COMES EVERYBODY

未来的学校

What School Could Be

[美] 泰德·丁特史密斯 ◎ 著
(Ted Dintersmith)

魏 薇 ◎ 译

如果我们用过去的方法教育现在的学生，就是在剥夺孩子们的未来。

——约翰·杜威

一起改变，为未来做好准备

马骏
呼家楼中心小学校长

教育从来没有像今天这样备受关注，家长从来没有像今天这样焦虑不安，教育改革从来没有像今天这样迫在眉睫。这一切都是因为时代在变，社会对人才的需求在变，未来已经扑面而来，教育将何去何从？

未来的学校应该是什么样的？我们把这个问题抛给了正在上小学的孩子们。2016 年，呼家楼小学引进少年商学院资源为学生开设了“2046 未来学校大创想”PDC 项目[①]。孩子们兴奋地描述着他们脑海中未来学校的样子，给出了下列答案。

◎ 学校应该鼓励学生团队合作，解决实际问题，并以学生的团队积分作为期末考核的评分标准。

① PDC 的名称源于项目（Project）、驱动（Drive）、生成（Create）三个词英文单词的首字母缩写。

◎ 学校里有采矿课、种地课、驯马课、逃生课、天文课、木工课，还可以充分利用山区资源，学习专业知识。学校应该还有创业课，课堂上学生可以在老师的帮助下创一番事业。

◎ 学校是由四艘在海上航行的校船组建而成的“梦想起航”学校，我们希望船开到哪儿，就带哪儿的贫困儿童上船，船上的学生也能下船进行实践活动。

2016 年初，呼家楼小学提出 PDC 原创教育理念，构建了项目群实践育人系统，主要以项目的方式驱动学生学习的欲望和兴趣、实践和体验、思维和意识，帮助学生发展经验技能、情感素养、态度价值。

美好的事物之间总有着某种奇妙的联系。我们计划以 PDC 理念为核心拍一部小型纪录片时，一位朋友向我推荐了泰德 · 丁特史密斯先生的教育纪录片《为孩子重塑教育》(*Most Likely to Succeed*)。他说：“这部片子讲述的就是你们现在所做的 PDC，不过是美国版的罢了。”90 分钟的影片我看了三遍，从中看到了太多 PDC 的影子。兴奋之余我又找来好几本湛庐文化引进的教育书籍：《为孩子重塑教育》《为未知而教，为未来而学》《让学校重生》《面向未来的世界级教育》。一口气读完，酣畅之余更让我有了一种找到精神家园的归属感。书中的观点让我看到了我们理想的学校，理想的教育。《未来的学校》一书中讲述的很多理念都和我们的 PDC 追求的非常吻合。我们相信，学校应该成为能帮助孩子们做好迎接人生准备的地方。

教育决定着人类的今天，也决定着人类的未来，教育理应引领时代的发展。然而教育的变革似乎总比别的领域来得更晚一些。起源于 16 世纪欧洲的班级授课制，至今已有将近400年的历史，分科教学也有上百年的历史，这种授课方式适应了当时社会对人才的需求。然而面对孩子的未来、国家的未来、人类的未来，面对人工智能时代的到来，我们需要反思，当下的教学方式能否满足未来对人才的需求？

人才需求的变化必然导致学校功能发生变化，大家开始不约而同地探讨未来学校的模样。

遇到了泰德·丁特史密斯先生的《未来的学校》让我兴奋地发现，在这条路上我们并不孤单。我一直认为激情可以创造价值，伟大的事业没有旁观者。其实我们每一位教育者心中都有一张未来教育蓝图，都在通过不断改变将自己、将学校变成理想的样子。当这样一群对教育有着共同愿景的人汇聚在一起，做着自己喜欢且有意义、有价值的事情时，这种汇聚就成了一种力量。这力量不仅深深吸引着教师和孩子，还吸引了更多的家长和热爱教育的人们。所有的人因未来的召唤走到了一起。"在一起"不仅打破了教育的壁垒，更是推动教育改革朝着我们理想的方向去发展。

怀揣这样一份炙热的信念，"PDC教育联盟"悄然兴起，规模从2017年的11所学校发展到今天涵盖4个国家（中国、美国、芬兰、加拿大）、几百所学校。我们携手一起为未来而改变，这让我们感到温暖且充满力量。《未来的学校》无疑是给这群怀揣教育梦想的人们最好的馈赠。

教育要回归生活，让孩子真实地去参与、去实践、去体验、去感受，学习就会自然而然发生；教育要回归社会，让每个孩子运用真正的知识，探索真实的世界，解决真实的问题；教育要回归生命，让孩子有机会体验生命中的各种波澜，最终以自己独特的方式绽放。

选择教育，相信未来

王志泽
中国民办教育协会副会长，汇佳教育机构董事长

2017年，一个非常偶然的机缘，我邂逅了湛庐文化引进出版的《为孩子重塑教育》这本书。创办汇佳学校25年来，很少有一本讲教育的书带给我如此深刻的感动、震撼和兴奋。作者泰德·丁特史密斯先生对传统教育批判之深刻、准确和不留余地前所未有。见字如晤，我与作者神交已久。此次作者携新作而来，湛庐文化邀请我为书作序，甚感荣幸。

丁特史密斯先生的新作《未来的学校》是对《为孩子重塑教育》的自我超越和完美提升。作者在书中记录的鲜活案例，给我留下了深刻的启迪和鼓舞。办学25年来，我一直在毫无参考目标的情况下打造心中的未来学校，一路艰辛，其中也充斥着孤独、怀疑和不被理解的无奈。但是通过《未来的学校》我了解到，在地球的另一端，也有一群人在努力践行着同样的事，我们

都在用各自的力量，推广着面向未来的理念和实践，为孩子的未来重塑教育。

纵观全球，教育创新在各地蓬勃开展，各个国家正在用教育来争夺和布局未来。我们能不能培养出足够适应未来格局的人才？能不能尽可能地满足各个领域对人才、知识和技能的需求？这是每一个中国教育工作者必须要思考的问题，也必须要践行的工作。对于家长而言，这些问题也是绕不开的。在给孩子选择学校时，家长都有一个很朴素的想法，就是希望给孩子找所好学校，让他们能接受最好的教育。

那到底什么是好的教育，什么是面向未来的好学校呢？简单来说，好的教育应该给孩子提供一个生态型的空间和环境。在这样的环境中，孩子能够找到自身的天赋和兴趣所在，释放个性，开发自身潜能，获得充分而完满的洗礼，从而沉着自信地走上踏实而富有责任感的人生旅途。

孩子生而不同，尊重孩子的天生差异，因材施教，这是教育的根本原则。但在中国，实现差异化教育一直是难破之局。我国自高考制度恢复以来，逐步形成了应试教育体系。应试教育的核心就是筛选，“一刀切”“不达标，就淘汰”。应试教育的弊病是不言而喻的，每个中国孩子、每个有孩子的中国家庭都深受这种单一筛选体制的折磨和摧残。由于应试教育的深刻影响，中国的教育改革举步维艰。

汇佳学校建校 25 年来，一直致力于打造人们理想中的未来学校，用教育创新的理念破应试教育之局。我们理想中的未来学校是建立一个教育生态系统。在这个系统里，大树可以生长，小草也有它的空间。我们努力在创建一所新型学校，我们的每一个决策，所做的每一件事，都是为了培养出适应未来发展需要的学生。

今天的孩子在明天有无限的可能性。我们应该谨记，孩子未来的精彩人生不是学校和家长教出来的。我们唯一能做的就是给孩子一个舞台。在这个舞台上，他们自编自唱，却可以唱出自己的精彩人生。“培养出适应未来发展需要的学生”是我们的行动指南，我们将用毕生信念和努力去构建这样一所面向未来的学校。

为孩子搭建理想的学校

在本书的中文版序中，首先需要谈及的一个话题是，为什么生活在中国的人们会对一本关于美国学校的著作感兴趣。我有一位好朋友名叫帕西·萨尔伯格（Pasi Sahlberg），他是芬兰教育改革的领导者。一次，在和帕西聊天时我问他："芬兰究竟是怎么想出这么多好点子的？"你猜他怎么回答？他说芬兰的许多最棒的教育行动都源于美国的教育思想。芬兰是将思想落实到了行动之中，而美国则未能做到行胜于言。作为一名美国公民，这是我最大的恐惧所在。从这个角度来看，无论你生活在哪里，都有可能对美国教育界当下的种种思想与举措感兴趣。

我的个人经历主要与创新有关。40 多年来，我创办过技术创业公司，也投资过技术创业公司。多年以前，我开办过一家开发高性能数学密集型芯片的半导体公司，其研发的产品助推了数字化革命的发展，在通信、娱乐和商业生产领域掀起了变革浪潮。在对创业公司进行风险投资方面，我积累了 25

年的经验，我投资的许多企业都为互联网的普及作出了巨大贡献。

在整个职业生涯中，我发展出一种预测世界发展方向的能力。我越来越深刻地领悟到，年轻人在创新时代究竟需要具备什么样的技能、竞争力和心态。本书的立足点在于，我认为未来的世界和过去有着天壤之别。在不远的将来，每一样例行工作都将实现自动化。**那些将创造力和勇气注入日常生活之中的人终将获得成功，懂得如何利用机器智能的巨大力量的人终将勇往直前**。但是，那些只接受过例行任务培训的人呢，他们会怎样？他们会陷入充满失落和伤害的世界。摆在学校面前的问题很简单：我们应让孩子们做好怎样的准备，才能让他们在这样一个世界中茁壮成长，获得美好人生呢？

终日沉浸在教育环境之中，我越来越深刻地意识到，无论是在美国还是其他国家，学校中盛行的教育模式正在摧毁着年轻人的希望和前景。以应试教育和勤学苦练为宗旨的教育文化会扼杀孩子天性之中的创造力、创新能力和创业精神。有些孩子能从中复原，而绝大多数是做不到的。随着例行工作机会越来越少，对于那些只会背诵内容、重复低水平解题过程、写作例行公文、遵从指示的人来说，生存发展的机会只会越来越小。然而，在上述四个方面做得好的学生肯定是绝大多数学校里的尖子生，就算在今天也不例外。但无论从哪个角度来看，这些孩子在未来都注定会遭遇失败。

2015 年，我决心深入了解一下，什么样的学习体验才能更好地让孩子们做好步入这个创新时代的准备。于是，我踏上了一场教育长征。这是一场与以往完全不同的旅程。整整一个学年，每一个学生上学的日子，我都在访问学校的路上。我走遍了美国的 50 个州，与各行各业的人们交流；我访问了 200 多所学校，见到了美国教育体系内成千上万的从业者。只要是与美国教育相关的人或事，我都大概有了了解。我看到了许许多多围着应试教育和磨灭孩子创造力打转的教学环境，而在这样的大环境之中，也存在着许多独树一帜的学习场景。在这些教室中，教师们创造出了得天独厚的学习环境，学生们能实实在在地掌握他们所学的知识，发展出关键的竞争力，在未来能带着成功必备的技能和心态步入社会。这些场景令我感触极深，迫不及待地想要写下这本书，与读者分享旅途中的故事。

我希望《未来的学校》这本书可以让世界各个地方的人们感兴趣，无论你生活在哪个国家。当我们谈到关于孩子的话题时，根本没有国界线可言。在未来的经济社会中，机器智能的影响将会深入每一个人的生活之中。当我们想要让孩子准备好，步入一个与过去完全不同、无法预测的世界时，高效学习的通用原则是放之四海而皆准的。无论是面对家长、教师、学校、社区，还是国家，我不是要高高在上地告诉他们究竟应该怎么做，我能做到的是给出一个关于重塑学校的观点，在我的专长基础之上，给人们展示，学校究竟能怎样帮助孩子们建立起创新世界所需的技能和心态。

另外，《未来的学校》这本书也反映出，困扰美国教育体制数十年的自上而下的标准化教育政策行将衰落。这些政策一直是围绕着与生死攸关的各类考试捆绑为一体的标准化大学备考课程来制定的。这样的模式能满足政策制定者的利益，大学招生负责人的利益，考试机构的利益，却无法满足学生的利益。这本书中讲到了一些学区和社区所采取的与标准化模式大相径庭的教学思路。为了培养出具有创造力和创新能力的毕业生，学校也需要具有创造力和创新能力。一些教育领域的领袖人物为教师创造出了非常适宜的条件，为教师赋权，让他们与学生融为一体，给学生以启迪。而学生们则学会了创造，学会了怎样发起有意义的行动，同时发展出自身与众不同的能力，扎扎实实地赢在人生的起跑线上。

我希望《未来的学校》这本书能为中国读者提供更多的信息，鼓励所有人对教育的目标进行重新思考。孩子相信我们能给他们提供足够好的教育，让他们能准备好迎接属于自己的未来。而太多时候，我们并没有做到这一点。为孩子搭建出最理想的学校样貌是整个社会的责任，无论是在美国还是在中国，我们都应该帮助孩子成长为最优秀的成年人，在这个充满机遇与挑战的世界中，展现出最棒的自己。

WHAT SCHOOL
COULD BE

目录

你知道未来的学校具备哪些特质吗?
扫码下载"湛庐阅读"App,
搜索"未来的学校",赶快来测一测吧!

我的教育长征

几年前，我想通了一件事。这是一个人工智能全速发展的时代，新兴技术正在快速吞噬着成百上千万个传统工作机会，彻底颠覆了人类能力的培养重点。而我们的教育体系却执迷不悟，继续以旧时代的社会需求为目标，对学生进行统一训练。如果我们不对学校进行彻底变革，那么如今的学生长大成人之后，就会大批量地被日新月异的社会进步逼迫到人生边缘，甚至成为威胁整个社会稳定和发展的罪魁祸首。但真正明白这一点的没有几个人。

潜伏中的危机总是让人坐立不安，想做出些不寻常的事情来。我也是一样。我组织拍摄了纪录片《为孩子重塑教育》。这部纪录片累计在 20 多个电影节上获得奖项，包括著名的圣丹斯电影节，还在全世界 4 000 多个学校和社区进行过放映。我还与教育界思想领袖托尼·瓦格纳（Tony Wagner）合作撰写了《为孩子重塑教育》一书。一部电影、一本书，主题都是讨论在创新时代重塑教育的迫切需求。

这两部作品引起了观众和读者的热烈反响。我也接到各界邀请，往返于各地进行演讲。我个人经历中的许多方面，都和观众产生了不少共鸣：我的职业发展轨迹横跨政、商两界，包括高科技创业公司创始人、风险投资人、国会议员、美国常驻联合国代表；两个孩子最近刚刚高中毕业；我从小家境非常普通，是全家第一个大学生。我欣赏脚踏实地的工作精神，也热爱文理学科中的思辨之道；我喜欢和教师们攀谈，而教师们也乐于让我这样一个商人为他们站台，争取更多来自社会的信任和关注。

人生就是这样，一件事的结果往往会成为另一件事的源头。和教师们聊到兴起时，总会被问及一些我给不出答案的问题：一个人的力量怎样才能实现整体变革？沿袭传统教学方法的学校，怎样才能实现自我变革与创新？我们应该从哪里开始？这些问题让我寝食难安。

为了寻找答案，我背起行囊，出了趟远门。

和以往完全不同，这次出门我做了件教育圈里从来没人做过的事。整整一年的时间，我一直在路上奔波。我走遍美国 50 个州，举办了 100 场社区论坛，拜访了 200 多所各式各样的学校，组织了 1 000 次会议。一年间，我在酒店住了 245 个晚上，被机场安检人员搜了 68 次身。我走进各个种族社区，这些社区遍及美国现有的全部经济阶层——有些穷到一无所有，有些穷得仅能糊口，有些正处在走向穷困的下坡路上，还有些富裕安逸、衣食无忧。我还见到了手握教育大权的领导人，也时常能有机会从教师和学生身上汲取力量，获得启迪。这就是我的教育长征之路。

这次长征就像是拿着高压消防水管解渴一样。如今想来，在如此高强度、大批量信息的冲击下，我职业生涯中的创新经历的确在我思考和接纳信息的过程中帮了大忙。多年来，我一直近距离陪伴着年轻创业者在创新经济中摸爬滚打，早已练就一种直觉，能第一时间发掘出那些可以历练出关键技能和心态的学习体验。在几十年的人生历程中，我见证了数次大规模建设性破坏大潮，能一眼看出哪些变革模式有效，哪些注定失败。这样的思考框架帮助我在这场耗时一年、表面看来杂乱无章的征程中抓住重点、总结心得。

2015 年秋天走出家门的时候，我并不确定自己能在旅程中得到什么样的收获。一年之后，我的收获远超预期。在美国各地，我见到了许多教师和学生，他们都是普通人，却在做着不同寻常的事情。我目睹了教室中异彩纷呈的创新教学实践，体验到了令创新思想百花齐放的环境和条件。在每一个社区，我都感受到了人们内心强烈的学习热情，但这种热情却并没有映射到我们的孩子身上。学习的劲头似乎无处不在，却又转瞬即逝。如果说一次性迸发的学习冲动是偶然，那么日积月累的学习动力则更有深意。这种精神的存在，说明人们在遍及美国各地的创新教师的启迪下，对学校的未来充满希望。这种希望是强有力的，是能够通过努力去实现的，可以将我们一步步从堕落的边缘拉回来，重新站稳脚跟。这种希望，就是对未来学校的希望。

本书中，读者将跟随我的脚步走遍美国，去看看那些真实的、给人以震撼和启迪的教学案例。有些案例发生在学校，有些发生在课外辅导班，还有些发生在跟学校根本搭不上关系的地方。从亚特兰大（Atlanta）到安克雷奇（Anchorage），从巴尔的摩（Baltimore）到博伊西（Boise），从康科德（Concord）到锡达拉皮兹（Cedar Rapids）……还可以继续沿 26 个字母的顺序列出我经过的那些地名。书中的大部分内容都真实还原了这些教育者的故事。我仅在一年中就见到了数量可观的优秀案例，这样看来，美国教师团体中蕴含的创造力真的是十分庞大。乍看来，许多案例之间完全没有关系，甚至放在一起略显凌乱。但随着时间的推移，我渐渐发现了其中潜藏的共同特质。而这些共同特质，能让学生在各类环境下都茁壮成长：

◎ 目标感（Purpose）：勇于挑战那些重要的、能让周围世界变得更美好的课题；

◎ 关键能力（Essentials）：积极培养创新社会所需的技能和心态；

◎ 自主性（Agency）：学生能自己掌握学习的方向，一步步成长为能够自我引导，充满内驱力的成年人；

◎ 知识（Knowledge）：学生学到的知识是深刻、值得长久留存的，可以让他们具有创造力、动手能力和将知识传授给他人的能力。

我们将上述特质总结为 PEAK 原则，即目标感、必备能力、自主性和知识的简称。这些特质在学前班、蒙台梭利学校和幼儿园中随处可见，在这些地方，孩子们都很喜欢来学校，每天能以快乐的心态去探究深刻的知识内涵，掌握关键技能。在创新企业和非营利性组织中，随处可见人们身上散发出来的 PEAK 之光。员工能充分发挥自主性，去发现、去创造。但在大多数学校里，无论是小学里的低年级课堂，还是大学里的大讲堂，我们都看不到 PEAK 的身影。在典型的美国教室中，老师会告诉学生要学什么内容，什么时间学。学校会循规蹈矩地将规定内容全讲一遍，而在这样的学习过程中，学生根本发展不出任何关键能力。他们被迫加班加点地读书、写作业，以同学为参照，就想着怎么在成绩上超越其他人，却完全找不到任何真实的目标感。就连那些在学术研究上一路走下去的顶尖学者，都没有谁真的从课堂教学中获得过多少知识和感悟。如今的教育，是彻头彻尾的反 PEAK 教育。

发展需要条件。在本书中我们将看到，如果学校能从自身做起，将 PEAK 理念贯彻到日常教学之中，会发生怎样的积极变化。我们会了解到，美国的立法官员是怎样拍着脑袋定政策，亲手将 PEAK 精神从教室中铲除出去，还打着“有教无类”的旗号，践踏着数以百万计的孩子身上原本十分茁壮的生长潜力。我还会给出一些针对现实情况的解读，这些解读很可能会让读者觉得难以置信，甚至不合常理：

◎ 如今美国的教育目标是对人的潜能进行排名，而不是对人的潜能进行开发；

◎“大学备考”极大地阻碍了 K-12 学校之中的学习和创新；

◎ 所有学生都需要更多的“动手学习”；

◎ 人与人之间的成就差距越来越大。而我们成天努力去缩小的成就差距，却不是最需要付诸努力的地方；

◎ 我们完全可以将现实世界中的问题作为挑战交与学生，并用这样的方法让教育变得更优秀、更合理；

◎ 从迎接人生和社会挑战的角度来看，K-12 学校如果能真正搞好教育，高中毕业生的能力会比目前绝大多数大学毕业生都要强；

◎ 教育者在重塑学校时利用的变革模型是设立条件和环境的模型，而非规定日常具体学习实践内容的模型。

如果读者对上述说法持保留意见，我非常理解。毕竟，这些说法是与某些传统教育智慧针锋相对的。但我还是希望读者能保持开放的心态。在本书随后的内容中，我们将一同挺进教育改革的最前线，探访学校最核心的内在本质。我们将看到那些真正茁壮成长的孩子，究竟从学校教育中获得了什么样的人生利器。也将看到那些得天独厚的学习环境，如何帮助学生掌握积极利用人工智能的主动性，而不至于在未来成为人工智能的受害者。我们还将看到那些充满创新精神的教师，如何在现行教育体制中乘风破浪，开拓前行。在此，我邀请读者和我一同观摩，一同接受启迪、感受震撼。

我的教育之旅碰巧赶上了 2016 年美国总统大选，沿途目睹了太多因为两党之间的摩擦与竞争而造成的愤怒和诋毁。所幸，教育本身并没有党派可言。随后的内容中，我们将看到坚决不妥协的保守派和满腔热血的自由派在教育重点问题上达成强烈的一致。而如今的美国总是强烈有余，一致不足。总统大选暴露出美国人民的一个问题，那就是，我们没有能力拿出协作的态度去解决问题。人们没有能力从批判的角度去分析问题，从深刻的角度展开辩论，从求知的角度探究问题，整个社会呈现出一幅分崩离析的景象。

美国的未来岌岌可危。我们的教育模式与当下的世界完全脱节。不经意间，美国正面临两场截然不同的变革大潮的冲击—— 一场是我们需要的，一场是我们畏惧的。**如果我们拥有教育变革的勇气，我们的孩子就能够唤醒自身潜藏的天赋与力量，开拓出充实而精彩的人生之路，去想办法解决我们这代人遗留给他们的诸多难题。**或者，我们也可以继续走在传统教育模式的老路上，不断给自己寻找借口，继续将孩子大批量送入教育机器之中，等着这些机器产出大批量毫无技能和目标感的年轻人，然后眼看着他们往投票箱里扔手榴弹，却束手无策。

我和所有作者一样，总觉得大家都应该读读我的著作。而如果整个社会的未来真的处于命悬一线的状态，那么每一个人真的应该读一读这本书。

本书可以帮助那些怀着开放心态的人退后一步，放眼全局，对教育重新思考。如果你本身就在学校工作，那么本书可以激发你产生新的想法，进一步提升学生的学习方法。如果你生活在美国之外，那么你一定会对这些国家的教育领导人讲过的话深表认同："我们最优秀的思想都是从美国借鉴来的。不同点在于，我们采取了行动，他们没有。"本书就是一部将各类优秀教育理念汇集起来的作品，可以供你尽情享用。

如果你正在领导一场学校的变革，本书将帮助你聚起一群战友。请将本书与你的同事、朋友，甚至陌生人分享，你还可以召集一场读书会。看完《为孩子重塑教育》这部纪录片后，再读一读这本书，你会发现，你所在的社区竟有这么多人和你一样，对未来教育怀着蠢蠢欲动的憧憬。

如果你是家长，那么关于学校对孩子究竟能产生多大影响的问题，本书会给你答案，并加深你的理解。你会开始从不同的角度看待问题，同时成为一名对他人更有说服力的教育倡导者。在关系孩子的价值观和人生发展前景的问题上，你可以借助本书的力量，为自己和孩子开拓出一片广阔的疆域。

我对教师这个职业怀着深深的尊敬和感激之情，这本书是献给教师的。有人觉得，很多教师都是一副无动于衷的懒汉形象，就像那部名为《等待超人》（*Waiting for Superman*）的纪录片中讲到的一样。但我想告诉你的是，我走遍全美国，去过许多所学校，还没有发现一位懒惰的教师。许多教师都在创新前线上蓄势待发，本书就是他们的坚强后盾。还有一些教师对创新持积极的观望态度，本书将鼓励他们往前迈出一小步，在创新的大潮中试试水。而另一些持传统教学理念的教师，如果读一读这本书，可能会对身边那些正在尝试创新实践的闹哄哄的教室产生更多的理解，给予更多的支持。

我迫切希望这本书能摆上教育政策制定者的案头，走进立法官员、教育部领导、考试和课程制定机构，以及大学招生负责人的视野，因为他们需要倾听来自一线的声音。我们的孩子应该去学习那些真正值得学习的东西，而不是那些测量起来比较方便的东西。学校应发掘每一个孩子身上的独特潜力，而不是抱着出名争光的心理，用那些只考察低水平技能、“一考定生死”的标准化考试来强制性地给孩子们按分数进行排名。在此，我烦请各位领导务必认清一个事实，即如果我们给予教师充分的信任，那么真正能为我们冲锋陷阵、开拓前路的，就是那些富有创新精神的教师，而不是那些靠数据驱动的政策。

我们有理由保持乐观，相信一定会实现教育变革。但是，如果这一天真的到来，那么这场变革也一定是由草根变革所驱动的。本书的最后，我将为读者提出切实可行的建议，帮助学校及其所在社区一步步实现真正的学习变革。

烦请读者再忍耐我一会，听我絮叨一下这次旅途中遇到的各种艰难险阻，主要还是想厚着脸皮博取一点点同情。我这次上路，一切从简：手提行李、达美航空、National 租车公司、普通酒店。我这人天生方向感极差，就算跟着手机里的全球定位系统也经常迷路。我身体左边的髋关节几年前做过手术，换成了人造的，所以每次过机场安检，执勤人员都会在我浑身上下摸个遍。擅长活动宣传策划的 Riverwood 战略公司是这次活动的主要策划者，他们将每一天的活动安排得满满当当，整整 40 周，每周 5～6 天，从早餐到接近午夜，会议一场接一场。如此紧张的行程着实让我有些吃不消：运动太少，睡眠不足，吃得太差，体重增加。但我自己也想不通的一点是，我每天早上一醒来都像打了鸡血一般，浑身有一股蓬勃欲出的兴奋劲。也许，每天见到的老师和学生给我带来的启迪，就是我全部动力的源泉吧。

旅途中让我感觉最难熬的，是整整 9 个月的时间，除了较为重要的节假日和偶尔周末有时间之外，我都没能和家人在一起。这次旅行的时机特别不凑巧，正好赶上我女儿读高中的最后一年。除了毕业典礼之外，整整一年我基本全部缺席。请相信我，我深知孩子的成长只有一次，做家长的没有机会重新来过。

这次旅行中，我参加了大大小小近 1 000 场会议。我将在本书中与读者分享那些给我以震撼和感动的故事，那些我认为值得讲出来的话。书中的结构不是按时间顺序向前推进的，而是以连贯的章节为主线，将每一段故事组织起来。这也得益于我在旅途完成之后有充裕的时间对收获进行反思。书中记录的每一个故事，都发生在我奔波在路上的那一年。

WHAT SCHOOL COULD BE

INSIGHTS AND INSPIRATION FROM TEACHERS ACROSS AMERICA

01

夹缝中喘息的传统学校

传统学校以有着百年历史的工厂模式为基础，非常善于培养适合工业社会的劳动力，而工业社会所塑造的世界早已不复存在。传统学校挣扎于两类大环境背景之中，一类是拘泥于过去不肯自拔的传统教育体系，另一类是正在不断塑造未来走向的创新世界。

曾经，我自认为还算是一名教育专家，毕竟当了这么多年的学生，久病成医嘛。从前那个自封的专家，脑袋里总是装着某些特定的假设，说出来可能读者也不会觉得陌生：学校里的孩子们要根据课程进度一点点取得进步，掌握基础知识；标准化考试分数和平时成绩能反映出孩子们的学习水平；一所学校的考试平均分是衡量其教学质量的唯一数据；孩子们都要以严格的学术标准为参照，展开学习；未来的人生前景和大学文凭直接挂钩，孩子们就读的大学越有名、越难进，未来的人生就越成功、越幸福。这些，似乎都是再直白不过的道理。

我在此次教育长征中到访的第一所学校非常传统。这没什么好奇怪的，绝大多数美国学校都非常传统。和所有学校一样，这所学校存在于两个完全不同的环境中：19 世纪故步自封的教育模式和 21 世纪千变万化的社会经济。两种环境，就像两只大手，一只拉着学校往回看，另一只拉着学校向前走。在如今的美国教育界，拉着学校往回看的那只手明显在这场拔河比赛中占据优势。我们今天要讲的这所学校，是一所位于市郊的高水准公立高中，水平与特许学校或私立学校不相上下。我们先将这所学校的真名隐去，姑且称其为“艾森豪威尔高中”。个中原因，稍后便知。

从每一个传统指标上来看，这所学校都非常优秀。在许多人眼中，包括以前那个自诩为教育专家的我，都认为这所学校称得上是美国教育界的黄金标准。

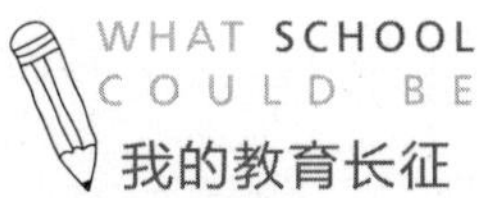

蹬着轮子转的仓鼠

在美国的任何一个市郊富人区，你都可以见到艾森豪威尔高中，那里有着高中的全部标配。结构复杂的二层红砖楼，周围是停车场和宽敞的体育运动场馆。学校的大门口竖着旗杆，门廊的玻璃柜里展示着琳琅满目的运动赛事奖杯。摆满一排排储物柜的走廊，总是在 45 分钟诡异的静谧之后，迎来 3 分钟的疯狂与喧嚣。

像艾森豪威尔高中这样位于市郊的综合学校，包揽了美国全部 1600 万受教育高中生中一半的份额。另外 450 万学生在市区高中就读，其中许多学校都被打上了“辍学工厂”的标签；还有 350 万学生在农村学校上学，大约 50 万学生在私立高中，其中大部分都是宗教学校；约有 50 万学生在特许学校上学，几十万人在家上学，还有至少 100 万是辍学生。许多学生从初中毕业后，就从教育系统中消失了，所以辍学生的具体数量无法确定。

艾森豪威尔高中的学生学习很努力，每次大考，总体成绩都能在全州排在数一数二的位置。班级的人数比较合理，教师知识渊博，讲起课来头头是道。校长将学校的成功作为自己终生的奋斗目标。艾森豪威尔高中为学生提供27门大学先修课程，还有数十种课外项目可供选择。艾森豪威尔高中的全部学生都能按时毕业，升入大学，许多人都敲开了常春藤盟校的大门。学生的各类体育项目的比赛成绩和体育队伍一直是学校的骄傲，运动场馆也宽敞豪华得令人艳羡。当你进校时，也不需要接受金属检测器的检测。不管从哪个传统角度来看，艾森豪威尔高中都是一所好学校。

在课堂中旁听时我观察到，老师在讲解内容知识时，也会向学生传授自身在相关领域的经验和理解。学生都认认真真做笔记，老师还时不时地向学生提问，学生举手，参考笔记、材料或教科书上的内容给出答案。因为课堂活跃程度会影响到平时成绩，学生们都争先恐后地争取答题机会。偶尔，学生也会向老师提问，但基本都是"考试会考到这个知识点吗"之类的问题。

学校的领导一直在向我介绍他们的创新实践。我走进两间教室，里面的学生三五成群围坐在一起，见不到成排的课桌椅，但课堂讨论还是由老师来掌控的。一节化学课上，学生在用一款挺"酷"的 iPad APP 背诵元素周期表。学校全新的社区服务活动为学生提供了 3 个由教师指定的选择，要求学生每年完成 20 个小时的工作。如果没有达到规定的小时数，学生就要去额外多做几个小时的社区服务，以示惩罚。

路上偶遇一群十二年级的孩子，我过去与他们攀谈。这些孩子的在校时间都排得很满，上课、课外活动，还有申请大学的各项手续。我问他们为什么要来上学，得到的答案无外乎"我们没得选""为了考上好大学""为了参加橄榄球队""为了跟朋友们在一起"。他们每天的课程安排非常传统，其中两个孩子上的课和我在学校读十二年级时上的课一模一样。关于学习内容，我问他们觉得哪个学科最有意思，结果一群孩子目瞪口呆地看着我，仿佛我在说一门他们听不懂的外语。说到外语，其中有几个孩子在上高阶西班牙语课程，但当我用西班牙语问“¿Por quées importante estudiar una lengua extranjera”时，没人能听懂。当我问到他们平时有什么兴趣爱好时，孩子们一片沉寂，偶尔有人紧张地咯咯笑两声。没人在兴趣爱好上下功夫，没人去社会上的企业里做实习生，没人做项目，也没人找工作。

和孩子们聊完，一位学生迟疑着没有走开。他告诉我，艾森豪威尔高中的学生压力都很大，觉得必须要考进“名牌大学”。他说，同学们为了备考，很多人都在考前几天彻夜不睡，甚至有学生吸食违禁药物来维持精神状态。许多人都专门请了学术能力评估测试或美国大学入学考试的辅导老师，一想到考试成绩就觉得非常紧张。他还说，在学校里的感觉就像是“那种一直蹬着轮子转呀转的仓鼠，虽然脚下越跑越快，实际上却是待在原地没有动”。转身离开前他说：“我们知道，上学就是一场不得不打的比赛。但比赛规则是你们制定的，不是我们。”

他说得没错。那么，上学这件事究竟有些什么样的规则，这些规则又是从何而来的呢？

为了搞明白像艾森豪威尔高中这样的学校每日学习活动背后的规则，我们就要逆着历史往回看，一直追溯到 1893 年。当时美国的教育领袖预言，美国社会将从以农业经济为主体转变为以工业经济为主体。这些极富远见的领导人组成了“十人委员会”，继而将美国的教育格局从分散化的农村小私塾模式推进到了集中化、标准化的工厂模式。这种模式就是用统一的方式让学生去学习统一的科目，训练学生高效完成例行任务，不仅不能出错，而且杜绝一切因个体创造力而衍生出来的偏差现象，进而产出一批整齐划一的劳动力，时刻准备着将毕生奉献给装配线工厂。这样的模式相当奏效。整个 20 世纪，美国的人均 GDP 从 3 500 美元飙升到了 23 000 美元，社会上逐渐出现了强大的中产阶级。美国也成了世界强国，无论从哪个指标来看，都在全球独占鳌头。

“1893 模式”获得了极大的成功，并一直沿用到今天。过去几十年来，围绕“1893 模式”还发展出了一系列的教育基础设施。这一体系及其内部和周边无比壮观、盘根错节的组成部分，构成了美国各地学校所处的生存环境。如果你想要成为一个见多识广的公民，就要尽可能地抛开一切干扰因素，对美国学校的生存环境有一个清醒的认识。

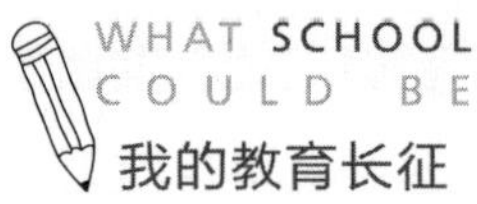

所有学校的心声

美国各地的艾森豪威尔高中都生存于政府规章制度、监管机构、财务约束和社区期望之下。同时，艾森豪威尔高中也存在于由其他诸多学校组成的复杂大网之中，有的学校为其提供生源，有的学校则是竞争对手，还有一些是大学，是即将毕业的十二年级学生要去申请就读的。这样的生存环境，是艾森豪威尔高中师生工作、学习背后驱动力的主要来源。

这些即将毕业的十二年级学生经历过的标准化考试数量，比本州历史上所有的学生经历得都多，如从幼儿园阶段就开始进行的州年度测试。他们考过初级学业能力测验、私立学校入学考试、学术能力评估测试和美国大学入学考试（经常同一个考试要考好几次），还有大学先修课程和学术能力评估测试，最近又增加了美国学生学业质量评估。随便从字母表里抽几个字母出来，排列组合出一个考试名称，估计孩子们也参加过。接受 K-12 教育的这些年，每个学生都参加过

100 多次大大小小的标准化考试。他们，就是“有教无类”的一代。

学校所在的社区非常看重考试成绩，他们别无选择。美国社会竞争意识极强，注意力持续时间很短。成绩在衡量一个人的天资和一所学校的教学质量时，是非常高效便捷的参考指标。由此，艾森豪威尔高中以及为其提供生源的各个 K-8 学校，都在训练学生们快速准确解题的能力。举例如下：

以下哪个表达式相当于 $3x^2+6x-24$？（　）

A. $3\times(x+2)\times(x-4)$

B. $3\times(x-2)\times(x+4)$

C. $(x+6)\times(x-12)$

D. $(x-6)\times(x+12)$

诗歌

一首不知所云的诗歌
描述着时刻表与列车

这种超级无聊的诗歌
让脑袋变成呆瓜一颗

将诗歌分成两个诗节，可以让诗人（　）

A. 将叙述者的时间表与列车时刻表作对比。

B. 提出问题，让读者不断猜测随后会发生的事。

C. 令叙述者在周末和周一的不同感受之间形成鲜明反差。

D. 提醒读者诗中事件发生的地点。

若想在这类考试中拿到好成绩，有一套固定的方法——刷题、刷题，再刷题。一整套题海战术下来，你就能在不动脑子的情况下快速给出问题的答案。一旦遇到不熟悉的问题要立刻跳过，不能花时间去想怎么做。思考时不要动用创造力，因为考试过程中的创造力是以时间和分数为代价的，要像机器一样去答卷。虽然考试成绩既不能对学生未来的学术表现作出预测，也无法赋予学生任何有用的技能，但还是被人们普遍接受，作为对学生学习、智商和价值进行衡量的权威手段。这就是赤裸裸的现实，考试的内容已经成为学校的核心关注点。

一直以来，艾森豪威尔高中非常自豪的一点，就是能输出“为大学做好准备”的毕业生。学生、教师、本地商业机构，尤其是家长，都对大学非常关注。每个学生毕业之后都要去读四年制大学，还要聘请那些大学关系网四通八达的顾问一路加以疏通和指导。家长都拼尽全力，想为孩子考大学提供尽可能多的便利条件。在家长看来，大学是打开孩子未来大门的钥匙，也是身为家长是否合格的决定性标志。

艾森豪威尔高中的校长向学区的督学汇报，督学向当地的学校委员会汇报。督学是手握实权的人，有些督学会鼓励下面的学校进行创新，有些督学则是给学校施压，以拿到更漂亮的数据，例如考试成绩、毕业率、出勤率等。学校委员会负责督学的聘用和监管，有时也会罢免督学。委员会还要管理学校的设施场馆，与州教师工会分支机构进行谈判，管理预算，采纳并推广教学政策和课程安排。在学校委员会任职，需要每周投入 5～15 小时，报酬又低，很难吸引到高水平人才。学校委员会能成就一个学区，也能毁掉一个学区。而学区的成败直接关系到学校里孩子们的命运。这次全美教育长征一路走来，每逢遇到执行力强的督学，我都会问他们，改变破败学区命运的关键点在哪里。对我这个素昧平生的人，他们给出的回答惊人得一致，都是“靠谱的学校委员会”。

学校和学区与州教育局及局长相互交流、互相配合。州教育局局长负责制定目标和战略，监管工作进度，确保任务执行到位，并向立法机构申请资源。这一年的旅途中，我见到了 23 位州教育局局长。其中一半人认为自身的职责是像警察一样对学校进行监控，另一半人则认为他们的主要工作是为学校提供支持。

州长会影响到自己州内的学校。我见到的十几位州长都特别关注劳动力发展这个问题。州立法机构负责颁布学习标准、考试政策与课程设置，以及毕业时需要读完的科目，一般情况下有代数、历史和某一门科学课。有几个州还出台了鼓励创新的法案。在州立法机构工作要求很苛刻，而薪酬较低（基本上年薪在 35 000 美元以下），还要每年定期到州首府工作几个月时间。如果一个人的家和全职工作所在地距离州首府较远，那么在州立法机构任职就会给他本人造成巨大的负担。这一年，我见到了 60 多位这样的立法委员。他们都认为，美国的教育模式并不奏效，但没人有时间、精力或热情，去发起什么教育变革行动。

艾森豪威尔高中和所有的美国公立学校一样，从联邦政府、州政府和当地部门领取纳税人的钱作为运营资金。联邦政府的份额大部分都是从美国教育部“第一条款”（Title I）项目资金和美国农业部“减免午餐费”（Free and reduced lunch）项目中划拨的。虽然联邦资金只占国家 K-12 公立学校支出的 10%，但这笔拨款也是有条件的。拿到钱，就必须遵从联邦政府的规章制度，再难也要死扛着。

美国的学区一般有 50% 的资金是从州政府那里拿到的。由于预算削减，这笔钱的数目也越来越少。平均来看，40% 的资金来源于当地的房产税，但各地情况不同，偏差也很大。大部分州富人区的预算都很充裕，每个学生每年有20000美元以上，而穷人区的学校则是艰难度日，每个学生每年仅有10000美元不到。需求最少的得到的最多，而需求最多的却得到的最少。为什么会这样？在具有里程碑意义的1953年布朗诉教育委员会案（Brown v. Board of Education）的最高法院裁决中，首席大法官厄尔·沃伦（Earl Warren）裁定，教育“是一项权利，必须以公平的条件提供给所有人”。但是，在1973年的圣安东尼奥独立学校学区诉罗德里格斯案（San Antonio Independent School District v. Rodriguez）中，最高法院的裁决却鼓励教育向不公平的方向发展。德梅特里奥·罗德里格斯（Demetrio Rodriguez）的孩子在圣安东尼奥市的一所破旧不堪的学校上学，而不远处生活在富人区的孩子却享受着优越的学习环境。罗德里格斯提出诉讼，但美国最高法院却以5∶4的决议裁定州政府没有责任在为学校拨款这件事上做到一碗水端平。布朗诉教育委员会案的裁决，承诺美国的孩子在教育上能享受到公平待遇，而罗德里格斯案则表明，在穷人区和富人区之间巨大的教育资源差异问题上，美国没有作为。

1965年之前，美国联邦政府在教育问题上并没有发挥过什么作用。到了1965年，林登·约翰逊总统掀起“向贫穷开战”运动，颁布了《中小学教育法》（*Elementary and Secondary Education Act*），为低收入家庭的孩子、残疾儿童、双语教育，以及图书馆和课程项目拨款。1979年，卡特总统创建了美国教育部，这个部门后来发展为拥有4400名雇员，管理着680亿美元年度预算的庞大机构。1984年颁布的《职业与技术教育法》（*Vocational and Technical Education*）规定，为鼓励职业和技术教育的发展，每年为每个学生拨款25美元。

2002年，在两党的支持下，小布什总统将《不让一个孩子掉队法案》（*No Child Left Behind*）纳入法律体系。当时该法案规定，到2014年，所有美国孩子都要享受到优质教育。明眼人一看就知道这个目标有多么不切实际。而且，法案还将考试成绩作为衡量学校“成功”与否的唯一指标。哪怕一个孩子的成绩落后了，或是学生忘了在“年度进步报告”中录入考试成绩，这所学校也会被认定是失败的。那些整天盯着数据做文章的人，都是《不让一个孩子掉队法案》的忠实拥护者，因为这项法案将考试放在了教育的核心位置。人权领袖也是《不让一个孩子掉队法案》的超级拥护者，因为考试成绩能证明，穷人家的孩子受到了多么不公平的待遇，而这正是他们想抓的把柄。那些以销售考试、教科书和课程为业的机构，看到《不让一个孩子掉队法案》中潜藏的机会，有如发现金矿一般，忙不迭派说客出动，最终促成了法案的出台。普通老百姓也在跟着吆喝，毕竟，谁也不愿意自家孩子被当成异类。2009 年，奥巴马执政期间，更是在《不让一个孩子掉队法案》的基础上变本加厉，提出新规定，称如果各州能严格遵守“力争上游”（Race to the Top）教育改革计划，即使《不让一个孩子掉队法案》执行不到位，也能享受豁免权。小布什和奥巴马共同将美国教育推送到了标准化考试领域的全球领导地位。

2015 年，奥巴马总统将《让每个孩子都成功》（*Every Student Succeeds Act*）正式立法。由此，各州开始掌握更多的教育控制权。针对三年级到八年级学生的年度测试依然要强制执行，但各州拿到了更多试题设计和问责制度方面的主动权。在《让每个孩子都成功》的规定下，各州可以获得豁免权，准许实行当地成绩标准和素质教育标准。奥巴马曾评论道：“我永远也不愿看到学校只知道教学生如何应付考试，而不让孩子们去了解外面的世界。”“学生们现在学习的全部内容，就是怎么填好答题卡，怎么在考试时要花样走捷径。这种做法根本不可能让教育成为一件有意思的事。”“年轻人能做好他们感兴趣的事，如果没意思，他们就做不好。”后来，到任期尾声时，奥巴马还说过一些比这更实在的话。

艾森豪威尔高中并非与世隔绝，事实上，没有哪所学校是与世隔绝的。学校通常都处于由当地、本州和联邦政府控制的大网之中，对学校进行监管的官员通常并不具备一线教学经验。艾森豪威尔高中要时刻被拿来与其他学校做比较，而比较的指标就是考试成绩、毕业率和大学入学率。附近一家学费高昂的私立学校，总是将毕业生顺顺当当地送往各大顶尖院校，令艾森豪威尔高中备感压力。和其他 42 个州一样，艾森豪威尔高中所在的州允许开办特许学校。在本州，特许学校将目标定在拿高分上，这逼迫艾森豪威尔高中不得不在拿高分上下力气。在人们看来，学校间在考试分数上形成竞争是非常健康、非常正常的一件事。附近一个低收入学区的学校，一直在效仿艾森豪威尔高中和其他成功学校的做法。随着高中在应试教育上不断加码，社区里的小学和初中也饱受压力，不得不往同一个方向靠拢。

艾森豪威尔高中反映了美国全部 13 万所私立学校、公立学校和特许学校的现实和心声。艾森豪威尔高中的走向，也是整个美国的走向。

放在 10 年前，我肯定对艾森豪威尔这样的高中满怀敬意。因为美国教育体系所要求的每一项指标，无论是对内容知识的短期记忆能力，搞定一门接一门课程和考试的能力，还是玩转学校规则的能力，艾森豪威尔的学生都表现得非常出色。我们不应该去指责艾森豪威尔高中的老师和校长，他们只不过是顺从了过时体系强加在他们身上的大环境。这类学校存在于德怀特·艾森豪威尔时代是合理的，因为那个时代的社会经济由大型层级制组织所主宰，而这些组织需要雇用大批有能力严格按照工作指示去从事劳动的员工。而且，在那样一个民主社会中，新闻来源是可信的，政治领导人是有公德心的，学生所需具备的公民技能远比现在要单纯得多。

但是，德怀特·艾森豪威尔先生在 1969 年就与世长辞了。从那时起，社会上成批的例行工作职位数量开始减少，而尼克松等心口不一的领导人相继就职。艾森豪威尔高中的学生，表面上看来照样光鲜优秀，但他们身上具备的各种技能，在创新时代已变得毫无用处；他们的思维模式也成了阻碍自身发展的壁垒。蹒跚学步的幼儿期，每个孩子都充满创造力、好奇心和勇气。但在追求漂亮成绩单的漫长道路上，这些美好的品质都消失得无影无踪。**传统学校是僵化的教育体系打造出来的纸老虎，是创新时代的博物馆文物。**创新时代，也就是如今所处的大环境，才是需要我们真正搞懂的。

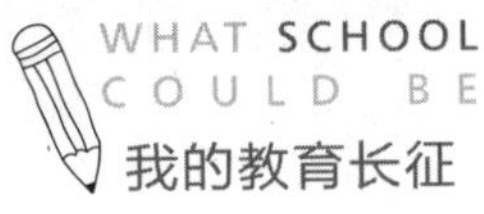

驾驭机器，而非步机器后尘

在教育长征的路上，我到加拿大去参加了 TED 年度大会。每逢 TED 年度大会，都会诞生几个举世闻名的 TED 演讲。在那里，我也见到了全球顶尖的技术专家，他们就“机器智能会给未来带来什么影响”这个话题展开了共同讨论。这些人个个都是科技界的重量级人物，其中包括许多著名高科技跨国公司的首席技术官。他们每个人都将毕生时间投入了计算机硬件、计算机软件、人工智能和机器人技术的发展上，共同打造出了如今的数字化经济。而上述元素，都是机器智能不可或缺的组成部分。

在与各位高科技大佬正式见面之前，我们早已建立联系，交流了创新和技术的发展史。虽然说创新的历史就是一部人类文明发展史，但凭借创新驱动力掀起大规模社会变革的现象，是在 1947 年半导体晶体管发明之后才出现的突飞猛进的大发展。这项技术主要是利用廉价的硅材料制造出逻辑电路，并且可以无限放大。英特尔创始人戈登·摩尔（Gordon Moore）曾于1965年大胆预言，在可预见的未来，以硅材料为基础的纯计算能力会呈指数级增长。60年之后，他的预言依然成立。指数级增长是每个人在高中数学课上都学过的内容，但很少有人真的会用到这个概念。在创新的大背景下，指数级增长是指未来10多年的进步空间将会是2007年以来社会经济颠覆规模的又一个数量级。2007年是智能手机问世并由此开启社会重塑大潮的元年，而今天的孩子等到未来长大成人时，机器智能的价格效能将是目前的100倍（见图1-1），100倍啊！

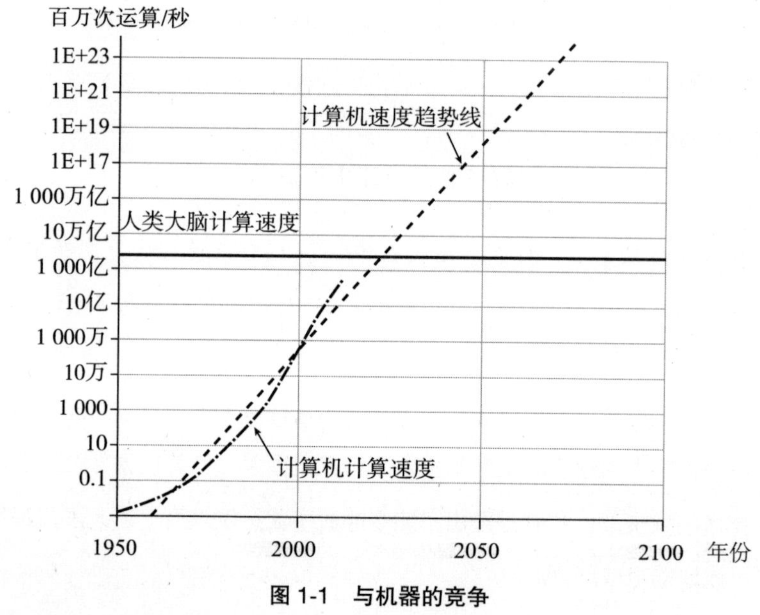

图 1-1　与机器的竞争

资料来源：数学空间

会面时，我向这些技术泰斗提问，这种关于创新对社会日益加速渗透并深化影响的理解，是否有些危言耸听了。在我们共进早餐时其中一位以桌上的牛奶面包为例预测说，10年之内，我们食用的绝大多数食品，从孕育、萌芽到吃进肚子，人类将不会再经手。另一位称："20 年内，像我们所处的这座 60 层高的费尔蒙豪华酒店，将通过 3D 打印的方式建造出来。"还有人讲到了一位正在与罕见癌症作斗争的朋友，他请到的一支世界级肿瘤学家团队正在利用 IBM 的人工智能系统"沃森"进行病例分析。第四位讲了一个故事，是关于谷歌的创始团队成员的。那时，他们决定进行无人驾驶汽车的研发。刚开始着手此事时，连最乐观的成员都认为，距离无人驾驶汽车真正上路怎么也要至少 20 年的时间。结果，这个目标只用 5 年就实现了。

会议快要结束时，我们几个人聊起了关于未来的话题。技术的巨大生产力会将这个世界带到天堂还是地狱？想要回答这个问题，不搞明白一个国家如何对其人口进行利润分配，是给不出答案的。而现在能让人一目了然的就是，机器智能正在改变着人们为雇主和所在社区作贡献的方式和可能性。抛开其他不论，机器智能至少做到了一点，那就是不断以自身性能的提升向人们发出警告："孩子们需要学习如何去驾驭机器智能，而不是步机器智能的后尘，妄图像机器那样，能完美无缺地执行低水平任务。"

为了让读者切身感受到未来的真实面目，我们不妨来描绘一幅关于未来的图景。

在不久的将来，你将通过手表、衣服、眼镜和体内植入型传感器，与外界大量资源保持着永不间断的连接，而没必要随身带着一部笨重的智能手机。你的一天将从一顿丰盛的定制早餐开始，都是个性化厨房机器人的拿手好菜。你一边用餐，虚拟助理一边向你汇报今日的工作内容。只需简短的语音指令，就能叫来无人驾驶汽车载着你去开会。

一路上，你看到路边有一群行动灵敏的机器人，正在你家附近忙碌着，有的在收垃圾，有的在维修建筑物，有的在打扫院落，还有的在维护治安。此时，一群无人机从你头顶掠过忙着去执行紧急任务。街角的一块空地一周前才被清空，如今已经出现一座由 3D 打印机建造出来的漂亮住宅，住宅放在房地产网站上进行销售，在虚拟律师的帮助下已经找到了买家。

你要出席的这次会议将有几个人亲临现场，大多数人都通过栩栩如生的全息影像远程参会。每一位与会者的虚拟助理都会追踪对话的进展，并实时提供相关意见与建议。你的团队利用虚拟资源设计出了一场大规模复杂行动，并在几天之内就落地执行，费用不过区区几千美元。随后，在大数据的帮助下，工作计划还在不断改进和优化。

你的日常琐事全都由机器人负责办理。下单购物，要么是通过家里的 3D 打印机打印出来，要么是通过无人机在几分钟之内送货上门。若身体出现状况，你会向人工智能寻求诊断和帮助。一位年长的亲戚由自动化机器人护士给予全天候的悉心照护。在你的休闲时间，虚拟现实会带着你参观世界各地的博物馆、城市、公园或演出。真实人生与虚拟人生之间的界限越来越模糊不清，这样的现象既令人振奋，也带来困扰。

上面这些文字并非出自科幻小说。这些技术进步正在快速发展。未来的世界中，机器智能可以完美地执行手动或认知任务。如今的社会栋梁，也就是那些常规的白领和蓝领职位，未来将不复存在。这一切的发展速度比我们想象得还要快：自动化解决方案已经挤掉了数百万个工作机会。美国联邦储备委员会的数据显示，美国有 47% 的成年人没有能力支付数额为 400 美元的意外账单。若必须支付，他们只能变卖个人财产，或是向朋友、家人借钱。

简单葬礼的成本已经高得让全美一半人连死一场的钱都拿不出来。而且，事态仍在每况愈下。

如果人们为了获得工作机会而要与机器智能展开竞争，那么就需要利用人类独有的能力，利用创造力。但是，我们再回过头去想一想艾森豪威尔高中的那些学生：他们都埋头背诵着长篇累牍的定义、公式，重复低水平步骤，他们拼命练习，想要熟练掌握的低水平技能，完全可以由如今性能最基本的智能手机来轻松实现。学校训练这些学生去遵守规则，等规规矩矩的他们从学校走出来，只能在创新时代的枪林弹雨中坐以待毙。

美国教育体系正在走向衰落，这已是不争的事实。30 多年前，影响深远的《危机中的国家》（*A Nation at Risk*）报告就曾断言：

> 如果某个不怀好意的国家试图将我们当下现存的平庸教育成绩强加给美国，那么我们很可能会将这种行为视作战争挑衅。

读者可能以为，“战争挑衅”这么强烈的说法会促使我们从大局着眼，并由此组建一个当代“十人委员会”。但事实并非如此。我们依然目光短浅，只想着怎么从由标准化课程和考试构成的过时教育模式中再压榨出多一点点的进步。我们用《不让一个孩子掉队法案》增加了考试的赌注，又变本加厉地用“力争上游”教育改革计划对教师实施问责制。结果呢？学生的分数毫无起色，成绩差距一点没有缩小（见图 1-2）。学生还是百无聊赖，什么也不会；老师依旧毫无士气，成天混日子。我们的关注点集中在怎么将过时的事情做得更好，而不是怎样去做更好的事情。

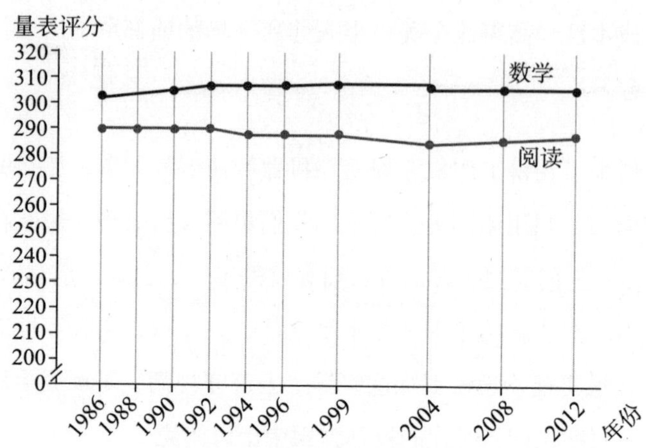

图 1-2　考试成绩毫无起色的 30 年

资料来源：美国国家教育统计中心

我们准备启程，离开传统的工厂式学校。但出发之前，我想先介绍你们认识一个人。这次教育长征我走了很多地方，见过很多人，但此人的影子一直在我脑海中挥之不去，如梦魇般纠缠不休。让我们先来听听他的故事。

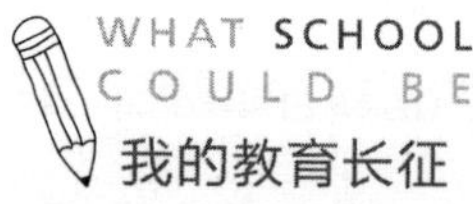

一切从 1992 年 2 月 6 日开始

他走过来，只说了一句话："1992 年 2 月 6 日。"我想我当时肯定是一副目瞪口呆、不知所云的表情。停顿了一下，他接着说道："1992 年 2 月 6 日。"若是其他人，我肯定立刻抽身躲开，但此人看起来并不像脑子不正常的样子。他身形高大，面孔年轻，发色略显斑白，一副精英贵族派头，有着州长和大使般的威严与儒雅。于是，我自愿上钩："然后呢？"

此人名叫道格·莱昂斯（Doug Lyons），他告诉我，1992 年 2 月 6 日是《纽约时报》首次开始刊登国际学生能力评估测试考试成绩排名的日子。这是美国教育考试服务中心（Educational Testing Service）设计的一项研究，对不同国家和地区的 9 岁和 13 岁学生进行数学和科学测试。韩国和中国台湾地区的成绩处于领先位置。9 岁组共有 10 个国家参与排名，美国 9 岁孩子的科学成绩排在第 3 位，而数学则远远落在第 9 位。13 岁组共有 15 个国家参与排名，美国 13 岁孩子的科学成绩排在第 13 位，数学排在第 14 位，成绩惨不忍睹。更有甚者，韩国政府为每个孩子投入的教育预算只是美国的一个零头，而成绩却遥遥领先。真是在伤口上撒盐。

这份研究报告称，排名的主要依据是学生群体之间的不同之处。但就算写出一篇比《战争与和平》还长的评论文章也没用。我们是美国人，我们的孩子不是用来给人垫底的。看到别国的孩子成绩排名比美国靠前，就好像看到苏联发射人造卫星一样让人无法接受。于是，美国人带着与生俱来的顽强拼搏精神，义无反顾地纵身一跃，跳进了标准化考试的大坑。1992 年 2 月 6 日这一天标志着美国教育从此走向恶性循环，开启了一轮又一轮永无起色的考试。对亚洲超级教育体系的集体焦虑，成为二类国家的普遍担忧，促使我们继而在应试教育上继续发力，幻想着能追上考试强国的步伐。

莱昂斯在宾夕法尼亚大学获得了教育学博士学位，将 40 年的职业生涯奉献给了教育。职业生涯初期的 20 年，他在新泽西的公立学校系统内先后担任老师、教练、校长和学区督学。这位“民权时代出生的孩子”原本是想一心一意投身于公立教育事业，但中途发生了变故。他所在的学区在州立考试中一直表现得很不错，学生成绩经常登上当地报纸的光荣榜。后来，附近一个学区的成绩赶超了上来。“旁边学区的成绩上来了，每个人都很紧张，包括家长和地产商在内。尤其是地产商，因为驱动房地产销售业绩的一个很重要的原因，就是当地的学校质量。”后来他们了解到，附近学区成绩提升的秘诀，在于占用学生原本用来进行深度阅读的时间，让学生去读成百上千段的小段落，然后练习做选择题，回答段落主旨、因果关系、作者态度或引申含义之类的问题。重压之下，莱昂斯所在的学区也被迫采纳了同样的方法。得知这一消息后，他愤然辞职。虽然这已经是 20 年前的事了，但莱昂斯的悲愤之情依然溢于言表。“我的目标一直是培养终身阅读者，让孩子爱上读书。爱到何种程度？就是每当读完一本书都觉得怅然若失，每当读到美好的文字就会被感动，就会流泪。”

后来，莱昂斯迁到了康涅狄格州，去那里担任一所私立学校的校长。2004 年，他成了康涅狄格州独立学校联合会的首席执行官。只要是跟学校有关的事，就没有莱昂斯不知道的。除了学校管理之外，他还对教育领域的数据应用很感兴趣。他很喜欢爱因斯坦的一句话：“不是每一件有意义的事物都可以被量化，也不是每一件可量化的事物都有意义。”但是，硬数据总是不可避免会磨灭数量上的细节之处；人们又总是希望获得那些能进行比较的客观指标。数据的应用尽显拙劣，而其中最大的问题就是相关性的应用。莱昂斯喜欢提出挑战，让人们对图 1-3 这类的图表进行思考。所幸，美国还没有愚蠢到为了产出更多工程师而开展一场全民吃奶酪大赛的地步。但是，我们逼迫孩子在标准化考试中拿高分的时候，却总是毫不迟疑、迫不及待、毅然决然、信念坚定。殊不知，标准化考试的分数与孩子们随后的一系列人生起伏都不存在任何相关性或因果关系。

莱昂斯将大学入学考试称作高中教学创新过程中人人熟视无睹的最大羁绊。“我们知道，最好的教育体验是通过协作和社交来实现的，这样学生才能积极参与，做到学以致用。但是，大学很难就此进行评估。大学需要我们把孩子们按分数排出先后顺序。”有一次，一位常春藤盟校的招生负责人在莱昂斯的独立学校联合会发表演讲，声称他们希望录取的学生要拥有多元化的背景，拥有真实世界的经历，暑假要不怕苦不怕累地出去打工。莱昂斯反驳道：“你刚才说的每一种素质我们都很赞成，但我们知道你们最后录取的是什么样的学生。你们根本不会要你刚才说的那种学生。你们要的都是参加过学术能力评估测试应试强化训练营的孩子。”莱昂斯的追求是“降低整个社会对孩子的荒谬期望，消除家长的焦虑心理，脱下大学录取的虚伪外衣”。他指出，美国重点大学里有 1/3 的学生都在服用抗抑郁药物。“这样的现象让身为教育界人士的我感到无地自容。而且目前看来，这种趋势只会愈演愈烈。”对于孩子们来说，“每一次取得的成绩只能带来片刻的兴奋。他们必须紧接着再拿个成绩，才能将生活继续下去。”

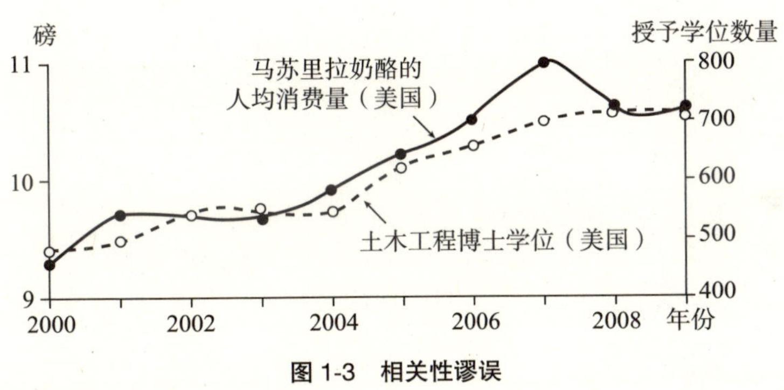

图 1-3　相关性谬误

资料来源：美国国家教育统计中心

莱昂斯将大学先修课程称作“多如牛毛的内容细节，曼哈顿电话簿一样的无聊琐事”。他遇到许多在大学先修考试中拿到 4 分、5 分的孩子，听到他们说“这辈子再也不想学这门课了”。对于那些有勇气放弃这些标准化课程，为学生提出更真实挑战的学校，他充满敬意。他还介绍了费尔德斯通学校（Fieldston School）独立课程小组的工作成果，这支团队用“高级主题”项目取代了大学先修生物课程，让学生们通过 Skype 与世界各地的生物学家共同展开协作。

我们的谈话接近尾声时，莱昂斯评论道："我们正处在一个'前无古人，后无来者'的激动人心的时代。我们知道怎样调动起孩子的积极性。**我们需要向孩子们提出真实世界的挑战，让他们与其他孩子协作，为他们提供来自成年人的支持和帮助。而项目制学习正是人们在真实世界中的工作方式。我们要让孩子们以充盈和喜悦为主线，创建起属于自己的学习成果档案。**"

WHAT SCHOOL COULD BE

INSIGHTS AND INSPIRATION FROM TEACHERS ACROSS AMERICA

02

PEAK，未来理想学校的特质

勇于打破传统模式的创新学校采取了一项项令人震撼的举措。教室中的孩子们热爱学校，在学习中不断发展着目标感、关键技能、自主性，建立起了深刻而持久的知识体系。在那些闪光点中，我们看到了未来理想学校的样貌。

许多社区都会出版一份本地杂志，这份杂志会定期刊登按标准化考试成绩和大学先修课程成绩排名得出的学校排行榜。这样的排行榜可以让人们一眼就找出美国教育体系之中耀眼的明星，比如艾森豪威尔高中。而若想在众多光芒四射的案例中挖掘到真金，找到那些能真正调动起孩子的学习积极性，培养孩子成为未来主人的学校，则是难上加难。踏上为期一年的教育长征之前，我原本只想着要从众多学校中找到几个闪光案例。而事实证明，这一路上发掘到的宝贵的教育闪光点竟是如此之多。读者将要了解到的，是遍及全美的一系列教学案例剪辑。每一个故事，讲的都是以目标感为导向的学习方法。这些故事是我此次教育之旅和本书的灵魂所在。即将展现于我们眼前的，就是美国教育中的“真金”。

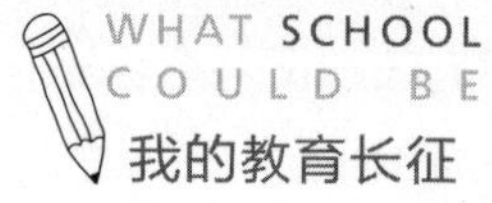

警察变身幼儿园教师

贾里德·克尼佩尔（Jared Knipper）身高 1.92 米，体重 136 公斤。凭他的身板，在印第安纳波利斯小马队（Indianapolis Colts）担任进攻内锋绝对没有问题。

我与他相识于一次社区论坛，当时他坐在观众席中，举手想要提问。他硕大的身形吸引了我的目光，也让人下意识地想要自卫。冒着被这样一位大汉迎头臭骂的风险，我把麦克风递给了他。

> 我在本地警察局工作了 10 年。4 年前，我放弃警察的工作，开始在幼儿园当老师。但我不想做那些政府规定老师去做的事情。在我们这个地方，就连幼儿园小班都要遵守严格的课程表。我很幸运，遇到了一个支持我的园长。现在，我的学生们都在忙着设计机器人，学习怎么使用 3D 打印机，每天都在动手做东西。一开始，我也对这些新奇的玩意儿一无所知，于是就跟孩子们说，“咱们现在要完成这个任务，但是你们要自己想办法做出来”。一位小朋友设计了一只假手，刚开始，这只假手并不完美，但他始终坚持不懈，努力改进。我们将在 3 月份举办一场大型展览，孩子们全都跃跃欲试、迫不及待。以前也有老师和家长提出过对这种教学方法的反对意见，但现在他们都慢慢想通了。其实我举手不是为了提问题，只是希望能有更多的人知道，如果我们放手让孩子们去做事，他们的能力将超乎我们所有人的想象。

活动一结束，我便径直走到贾里德身边与他攀谈起来。他给我看了手机里的照片和视频，真是让人大开眼界。他说的那个假手结构非常复杂，由许多互相联结的部分构成。其他的项目也同样精彩得让人目不暇接，我不由得想要了解更多关于他的信息。

贾里德担任警察期间，曾在当地一所学校承担逃学学生管教官（校长助理）的职责。在那里，他看到许多孩子在学校百无聊赖、不学无术。他深信，如果自己是一名教师，一定会带出不一样的学生。于是，他用了 14 个月的时间去进修，获得了教师资格证。一开始，贾里德在幼儿园担任替补小班老师，但是很不愿意接受死板的教学规定和管理。他说道："我在脑海里构想出了一幅图景，构思出了一些我想和学生一起去做的事情，但是幼儿园里的大环境和我想的并不相同。"

2012 年，贾里德争取到了机会，到锡拉丘兹初等学校（Syracuse Elementary School）担任幼儿园阶段大班老师。他希望自己的班级以动手做事为主，要让孩子们去亲手做出那些复杂而有趣的东西来。当时，没人知道贾里德究竟想干吗，孩子、家长、其他的老师，甚至连贾里德自己都说不清楚。有些人还不乏讥讽地说，这样的搞法就是胡闹。但正如贾里德自己所说："有时候，你就得先奋不顾身地跳下去，然后自信满满、坚定信念，确信自己一定能找到出路。"而且还要满怀勇气，以一副毫不在乎的样子出现在学生面前。他说："这辈子令我感到最满足、最充实的，就是能一直和我的孩子们共同学习。"

我问他，孩子们的数学和阅读技能水平如何。贾里德解释说，他教数学的方法也是通过"动手做事"来进行的：孩子们摆好 10 块积木，给机器人编程，让它拿走 6 块，然后再自己想明白剩下几块积木。就这样，对于设计机器人的小朋友来说，减法很容易就学会了。阅读教学方面，按照大纲的要求，贾里德要开设 90 分钟一堂的阅读课。他笑道："我真希望设计这些课程表的人能告诉我，哪里有五六岁的小孩子能老老实实坐 90 分钟不动的。"他的学生们阅读能力都还不错，贾里德也解释不清究竟是为什么。可能是因为孩子们需要读明白说明书，才能搞懂某项工具或技术究竟怎么用；可能是因为学习了复杂的技术词汇，让孩子们在看到其他词汇时有了触类旁通的感悟；也有可能是因为只要积极投入学习过程之中，不管学什么都能很快搞定。

学年即将结束时，学校举办了一场展示活动，有 300 名观众前来参观这些幼儿园孩子们的项目成果。这些成果中，有的“令人难以置信”，有的“惨不忍睹”。贾里德的 24 位学生都登台进行了项目介绍，其他学生也参与了展示和介绍的环节。展出活动结束之后，家长、教师、商界人士和幼儿园的小朋友联合起来，共同举办了一场募捐活动，主要是为了筹集资金为幼儿园配备更多的设备。整个社区都认识到，这些孩子通过动手做事的学习方法，正在掌握许多重要技能，从基础的阅读和数学能力，到通过创造力解决问题的能力、协作能力、将复杂问题想明白的能力等。贾里德为孩子们提供了充裕的自由时间，让他们自己去探索，孩子们都能积极投入其中。这样的学习是带有真实目标感的，孩子们为了做出一只实用的假手，会在所需的各项技能上不断自我精进。

贾里德也担任女生垒球队的教练。我在全国各地遇到的许多既做教师又当教练的人，他们都拥有一些共同的特质。他们更喜欢站在学生身边，以“指导”的姿态予以辅助，而不是站在舞台中央，以“圣人”的身份居高临下、发号施令。贾里德在回顾自己的教师职业生涯时说道：“我经常能看到非常优秀、非常有才华的人选择教师这个职业，每当听到有人说教师行业没前途时，我都很失望。但是我知道他们为什么这样说。在一个只关注考试成绩的教学环境中，一切围着考分转，老师的一举一动都有人监管，实在很难有什么士气可言。”贾里德担心，他为孩子们注入的正面影响，会随着孩子们升入高年级，不得不适应教室中“排排坐好”的教学方法而逐渐消失。但担任教练和警察的经历告诉他，做人一定要学会独立思考，遇到问题要能想办法创造出解决方案，有勇气直面失败。他知道什么样的素质才能让自己的孩子们为迎接未来的人生做好准备。最后，贾里德说道：“我希望自己正在做的事是有意义的。回想我自己的学生时代，能想起来的都是我动手制作的作品和我为其他人做到的事情。但愿我的孩子们长大了，也能记住我们共同的课堂经历。”

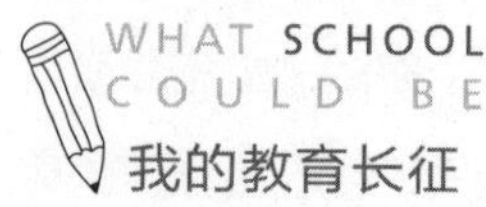

让学习的魅力不可抗拒

我踏进教室的一刹那就看明白了，这个二年级班里的孩子们正在做的事情肯定非同一般。他们所在的基特·古什·何恩初等学校（Keet Gooshi Heen Elementary School）位于风景优美的锡特卡，负责这个班的老师名叫辛迪·邓肯（Cindy Duncan）。只见教室里一片混乱，孩子们三五成群聚在一起，大声讨论着。每个孩子都专心致志、积极投入，好奇心溢于言表。我找了半天才看见邓肯，她正坐在三个孩子旁边听他们说话。她自己创办的网站有一个再恰当不过的标题——"让学习的魅力不可抗拒"。

邓肯的学生都沉浸在《我的世界》（*Minecraft*）这款游戏之中。他们有的在里面设计村庄，有的在策划一场采矿探险。邓肯将这些活动与常规的写作、历史研究和数学教学内容联系在一起，还将《我的世界》课堂时间与其他形式的动手式学习和编程等知识结合为一体。乍看来，孩子们都是在浪费时间玩视频游戏，但实际上，《我的世界》是一个"图灵完全"的编程语言①。学生彼此之间会为对方的进展提供支持和指正，他们常常结成团队，达成合作。邓肯会很有策略地利用课堂时间，偶尔在上午开展半小时的《我的世界》课程。从教室中的热闹程度来看，很明显，孩子们都不愿错过她的课。就这样，邓肯的课出勤率越来越高，迟到情况越来越少。

① 图灵完全（turing complete），是指在可计算性理论中，编程语言或任意其他逻辑系统等可以用于通用图灵机的计算能力。换言之，此系统可与通用图灵机互相模拟。虽然实际机器会受到存储能力的物理限制，但图灵完全性通常指具有无限存储能力的通用物理机器或编程语言。——译者注

邓肯刚刚踏上《我的世界》教学之路时对这款游戏一无所知，对编程或设计理念也是一窍不通。但随后，她和学生们共同学习，越走越远。在学区的支持下，她启动了一整套《我的世界》学习项目，还会定期邀请家长、教育界人士和社区代表来旁听课程，帮助推广她的学习方法。每次有人来访，邓肯都会提出一个问题："请思考一下，做一件你觉得乐在其中的事，你会觉得更有动力吗？对于大多数人来说，答案是肯定的。我们的成就是靠我们的兴趣来驱动的。而对孩子们来说，这一点也同样适用。"

通常情况下，某件事经历过的次数越多，我们就越熟练、越擅长。但在学校学习这件事却是个例外。小孩子学习起来总是速度飞快，而到了高中，学习速度就算生拉硬拽也提不上来。学校对学习这件事越是严肃认真，学生学到的东西就越少。在这样的现实情况下，读者可能会想到，还不如让高中生向小学低年级学生借鉴一下学习方法，但我们实际上正在做的事情恰恰相反。

这次教育长征中，我亲眼看到五六岁的小孩子就具备学习复杂事物的能力，尤其是在技术的应用上相当纯熟。**孩子们根本不需要老师教，只要向他们提出恰当的挑战，为他们提供适用的设备，他们完全可以自学。孩子们身上潜藏的实力会变成决定性的人生优势，等到他们走出校门、步入社会的那一天，就有能力充分利用机器智能技术，为己所用。**我在韦恩堡和锡特卡遇到的孩子们，才是真的赢在了起跑线上。但等到他们升入高年级时，课堂和考试过程中八成又会出现禁用技术工具的情况。这样做，无异于亲手毁掉了孩子们未来毕业之后积极利用机器智能的潜力，可谓愚蠢至极。

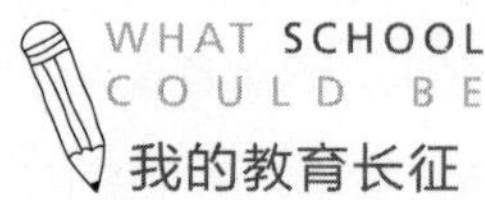

决心就是成功

邓巴高级小学（Dunbar Intermediate School）位于西弗吉尼亚州查尔斯顿附近的一个相对贫穷的城镇，开设从小学三年级到五年级的课程。我对这所学校的第一印象没什么特别，走廊里挂着的横幅也很老套，是以学校名称首字母缩写改编出来的一句口号——“决心就是成功”（Determination Is Success）。校长珍妮·斯潘塞（Jenny Spencer）从小就立志当老师，在进入管理层之前一直担任小学低年级教师。刚到邓巴小学时，她被委任为临时校长，后来于2014年正式成为校长，接下了这一群大部分来自蓝领低收入家庭的孩子。

斯潘塞的目标是“让孩子们发自内心地喜欢在学校的学习生活，除了学校以外哪里也不想去”。她的学生都对自己的学习有充分的掌控，自己负责制定目标、管理进度，自己针对学习内容与同学和老师展开讨论。“我们要允许学生们往深里学，去犯错，去探索。这一点很重要。只要你懂得放手，懂得调动起学生的主动性，平常的那些行为问题自然就会消失，真正的学习也会孕育出蓬勃生机。这时候，你就会感受到教室里回响着一阵阵充满生命力的躁动。”邓巴小学存在一个历史遗留问题——无论是在学校还是在家，有些家长总是对孩子的学习不闻不问。而随着学校将关注点从惩戒和休学转移到学生的成就上来，这个问题也得到了改善。

斯潘塞回忆起自己刚刚来到邓巴小学时的情景。她问学生他们在做什么？“他们要么就说‘我不知道’，要么就说‘写作业呢’。我问他们为什么要写这个，他们回答‘老师让写的’。”斯潘塞举的例子是美国学校里的普遍现象：一个打不起精神的孩子离开课桌去拿书，老师问：“你在做什么？”孩子实话实说地答道：“拿书。”老师讽刺地问道：“谁准许你站起来的？”于是，孩子回到课桌边坐下，一脸羞愧。斯潘塞说，这样的例子简直不胜枚举，而我们竟然还搞不明白，为什么学生们一到学校便神游四海，无心学习。

在邓巴小学，斯潘塞为了在帮助学生锻炼重要技能的同时让学生找到目标感，专门设计了几类角色。“学生大使”负责带领访客参观学校。分配给我的“学生大使”是一位十分可爱的四年级女生，她满怀骄傲地向我介绍了这所学校，并告诉我说，她的大使职责帮助她克服了害羞的毛病。后来，我还和20位邓巴“技术大使”召开了45分钟的座谈会。邓巴小学和许多西弗吉尼亚州的学校一样，都获得了大笔技术拨款。斯潘塞说，技术这个东西“会让老师们有些畏惧，因为技术意味着大量的培训”。于是，她就把“掌握技术”这项职责分配给了学生，而学生的培训则由苹果公司的Vanguard技术团队负责。这样一来，学生的能力就得到了充分锻炼，而教师也能在技术这个原本让人头疼的事情上得到学生的支持。这些三年级、四年级和五年级的孩子们，现在负责智能黑板、iPad和AirPlay的日常维护工作。

学生们会对各类学习APP进行评估，一眼就能看清孰优孰劣。一个孩子为我演示了好几款数学APP，还告诉我他是怎么帮助同学们找到适用的资源的。他们会利用直播平台Periscope去了解全世界正在发生的事情。为了给同学提供建议，孩子们必须首先对这些技术手段了如指掌。斯潘塞评论说：“孩子们的学习速度比大人要快得多，根本用不着别人来教。我们需要做的就是放手让他们去学习。”这些小小“技术大使”在爱上学校、锻炼关键技能的同时，都越来越擅长为他人提供信息技术支持，若没有《儿童劳工法》，当地的任何一家机构都会毫不犹豫地聘请他们去工作。

以前，邓巴小学每个月都会为表现优秀的孩子颁奖，没想到的是，这样做却是好心办坏事。一般来说，对成年人有礼貌的孩子会获得“懂事奖”，但每次拿到“懂事奖”的孩子都成了学生们眼中的霸凌对象。而孩子若感觉自己受到了不公平对待，就会丧失对学校的信心。为了扭转这种局面，斯潘塞告诉学生，每当观察到值得称赞的行为时，就用纸笔记录下来。学校每个月都会举办仪式来表彰这些优秀行为。“只要表彰仪式足够公平，就算每次都是同一个学生受到表彰，孩子们也无所谓。”

邓巴小学和其他学校一样，也会遇到霸凌问题。我在访问邓巴小学时注意到，孩子们会根据别人脚上鞋子的质量来选择霸凌对象。穿着新鞋子的孩子会嘲笑那些穿着破旧鞋子的同学，而当受过霸凌的孩子穿上新鞋时，又会反过头去欺负那些没有新鞋的孩子。记得我在邓巴小学校园里和学生们聊天时，一位名叫安德鲁的“技术大使”向我走过来并问道：“给您拿把椅子坐着讲，能舒服一点吧？”搬来椅子，他又跑去给我倒了一杯水。我离开学校向学生们道别时，安德鲁又对我说：“感谢您来学校听我们的介绍，我想跟您说，丁特史密斯先生，您的鞋子很漂亮。”多么可爱而敦厚的孩子，他们就这样单纯地将自己的未来交托到了我们手上。

斯潘塞在带领学校发展的同时，也获得了学区督学的全力支持。而创新总是会或多或少激起反对意见。斯潘塞曾收到过一封匿名信，信里写道：“你给了孩子们太多的自主权。”但邓巴小学的老师们都干劲十足。斯潘塞自从来到邓巴，就对学校的教师力量进行了充分整改和激励。“除非我们彻底改变学校对孩子的教育方式，否则世代贫穷的恶性循环永远不会停止。”每当斯潘塞想到这句话，就能获得继续前行的动力。

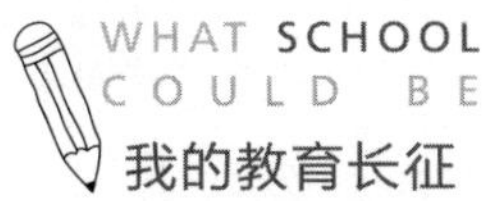

艰难生存与茁壮成长并存

查尔斯顿学院（Charleston Collegiate School）坐落在一个老旧的社区里。这所K-12学校虽然资源紧缺，但很会利用现有的一切东西。举例来说，学校将一小块土地改造成了花园，学生们对花园的建设和养护负有全部责任。他们在开展园艺活动的同时还可以学习生物、化学、数学、经济学、历史和文学知识，也培养了重要的人生技能。校长哈克·伯尔（Hacker Burr）这样讲道:“利用这个花园，我们让孩子们懂得了每个人都有自己的长处。一个优秀的团队，可以在成员间各取所长，充分利用每个人的技能优势。我们以花园为教学基地，让孩子们与大自然接触，教会他们懂得什么叫责任心。我们在花园中种植蔬菜，收获后自己食用，还将剩余的蔬菜送到社区的食品库，为社区做贡献。利用花园中的种植课，我们从小学二三年级就开始普及财务知识。学生们一起收获黄瓜，学习腌制酸黄瓜，讨论品牌、定价、利润，然后再一起去当地的农贸市场摆摊，从实实在在的销售和客户互动中获得实践和锻炼。”

查尔斯顿学院极具创新意识。学校的户外课程会专门教学生怎么用绳索打结，划独木舟，而且还建有一处山间校区。通过户外课程，学校帮助孩子们学会了相互协作，勇于面对挑战，不怕失败。学校还重新开设了停办多年的劳技课和工业艺术课，现在学生们正在设计并建造全新的校园车间。学生们甚至对学校的核心运营部门也进行了大胆创新，对校园设施、活动策划、营销、食堂、保安和财务部门都进行了改革。每一位十二年级的学生，都会领导一支由 12 名低年级学生组成的团队，为学校的某个特定职能部门提供帮助。学生团队为学校的日常运营提供支持，并以提升运营成果和效率为目标，启动了许多项目。而学校的教职员工则是这些学生“学徒”的师傅，帮助他们掌握真实世界组织机构运营过程中的各种知识。学校里的成年人都承担着导师的职责，因为不用给学生打分，所以指导起来收放自如。

伯尔说，这所学校“艰难生存与茁壮成长并存”。低年级孩子的家长都很重视体验式的教学方法，因此孩子们在家庭和学校的支持下都在“茁壮成长”。但是高中依然是个挑战，因为家长们担心，大学招生负责人会希望看到学生们交上传统的成绩单。伯尔还提到了另一种阻力，也就是那些“擅长用传统方法学习的孩子。他们特别会死记硬背。而我们希望他们做到的，是自己主动去寻找挑战，发展更高等的思维技能”。在查尔斯顿学院的努力之下，学生们见证了自身的实力，他们的思维方式正在逐渐发生转变。

每一所学校的核心运营部门，都有称职的员工执行着日常工作。但没有几所学校会调动这些职能部门的资源，去帮助学生培养起重要的人生技能和学术能力。举例来说，学生可以做物业管理部门人员的学徒，对学校的校舍和操场进行维护，对校园扩张进行规划，并解决实际问题。担负这些责任，需要利用应用数学、经济学、生态学、工程学、科学，甚至历史方面的知识。学生可以为学校的日常运营出谋划策，也可以从学校利益出发去接受挑战，比如对学校能源使用情况进行分析，策划一场降低能源消耗的行动。在帮助学校“运营”的过程中，学生们掌握了未来职场所需的各项能力，获得了责任感等十分重要的人生价值，还能从同学和学校教职员工那里得到直言不讳的意见和建议。学校用不着大张旗鼓将孩子们送到非洲旅行，在身边就能找到许多机会，让孩子们亲手将这个世界改造得更加美好。若想做到这一点，只需从教室走出来，去敲开学校其他部门办公室的门。

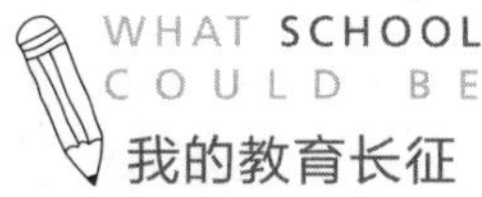

像历史学家一样思考问题

本·富兰克林初级中学（Ben Franklin Middle School）的八年级历史课，决定以当地的历史建筑为题材进行教学。学生们自行定义构成“历史”的指标，研究当地建筑，访问成年人，并撰写出扣人心弦的故事和文章。有一位学生建议，他们可以通过短视频和 PPT 的形式来讲述每一座建筑物的发展史；另一位学生说，可以给建筑物标上二维码，路人用智能手机扫描一下，就能看到学生们制作的关于建筑物历史故事的视频；还有一位同学建议，可以在市区举办一场活动，邀请市长、市政委员、商会和市民来参加，共同见证他们对历史建筑物的研究成果。在全校教职员工的支持下，这些八年级的孩子成功将计划变成了现实。

和本·富兰克林学校的师生聊天时，我能明显地感觉到，这个项目推动了学校的变革。这些孩子没有坐在教室里死记硬背历史知识，而是去学习如何像历史学家一样思考问题。就这样，历史变成了一门有趣、扣人心弦、与生活息息相关的学科，在学习过程中还能调用其他学科的知识。学生在学习过程中不仅掌握了关键技能，还找到了真正的目标感。这个让人受益良多却也不乏风险的小小创新举措，正在改变着学校的文化。最初的成功激发了更多由教师主导的创新。最近，学生们正忙着拍摄一部纪录片，准备在法戈电影节上放映。

创新的发生需要大环境的支持。北达科他州公立学校督学柯尔丝滕·贝思乐（Kirsten Baesler）是位极富远见的领导者，她非常支持州内学校的创新活动。法戈的督学杰弗里·沙茨（Jeffrey Schatz）也给我留下了很深的印象，他将工作重点全部放在培养学生为21世纪创新经济做准备上。他还与“教育领导者21”（EdLeader21）建立了合作关系。“教育领导者21”专门致力于帮助学区搞明白“毕业生需要具备怎样的能力，才能胜任21世纪的职业与人生发展”。这些能力融为一体，就构成了一套“能力组合”。法戈提倡的能力组合包括用创造力解决问题的能力、批判性分析能力、协作能力和沟通能力。这套能力组合也是法戈学区的“指南针”，指引着学生的学习和教师的创新。每当有家长问及孩子为什么要参与跨学科项目，而不是死记硬背美国各州首府的所在地时，沙茨都会向他们解释，项目制学习可以培养学生的关键能力，而这些能力正是在未来社会生存发展所必不可少的。

这里再讲一则北达科他州的故事。从这个故事中，我们将能感受到孩子们在学校里的最佳状态。法戈有一位小学老师，名叫凯拉·德尔泽（Kayla Delzer）。这位老师和她班上的二年级小学生做了一件非常了不起的事情，其中一项创新举措，就是每周给孩子们提供宽松的自由时间——“天才时刻”，让他们去做自己感兴趣的事情。德尔泽这样讲道：“天才时刻的妙处在于，我可以真正退到聚光灯之外。在一小时的‘天才时刻’结束时，学生们都变成了老师，因为每一位学生都要向全班同学讲明白他所学到的东西。每当你将选择权交到孩子们手上，让他们对自己的学习负责时，他们的考试成绩就会提升，积极性也会高涨，学习动力越来越强。将孩子们放在真实世界的情境之中让他们感受失败，也完全没有问题。失败是件好事，这正是我们想要让孩子们接纳的一点。”

在了解德尔泽的“天才时刻”后，北达科他州迈诺特市的一位高中英文老师决定在他的十一年级学生中也尝试一下。他说，当他在班里宣布以后每周都有一节课的时间供学生们从事自己感兴趣的活动时，一半的学生立马低头开始用谷歌搜索：“我应该对什么感兴趣？”每当我将这个小故事讲给观众听时，最初爆发出来的笑声很快会转变成为寂静的沉思：我们一手培养起来的孩子竟然是这样的。

对于我来说，北达科他州是个很特别的地方。说起来有些不可思议，我第一次踏足北达科他州已是 2015 年夏天的事。那时我是到法戈来参加 TEDx 演讲，并宣布走遍美国 50 个州的教育长征计划。此事一经宣布，法戈的志愿者便立即行动起来，将北达科他州安排为我此行最先访问的地点之一。几周之后，有 500 多人慕名前来法戈历史悠久的城市剧场观看《为孩子重塑教育》这部纪录片，并就学校及其教育目标等问题展开了长达一小时的热烈讨论。

我被这座城市及其民众的热情和能量所深深打动。也正是在北达科他州我开始意识到，原本貌似毫无关系的事物是可以拼凑为一个整体的。我的纪录片点燃了当地社区的热情。在“教育领导者 21”的帮助下，法戈的学校为毕业生的作品档案取了个好听的名字——“指南针”。有许多像本·富兰克林中学和德尔泽老师的班级这样的地方，都在从小事做起，扎扎实实走稳每一步，积少成多，进而掀起大规模变革，帮助学生培养出目标感、关键能力、自主性和掌握真正的知识。这是一种正在形成之中的进步模式，令我受益匪浅。

“大展宏图”学校网络

泰勒·哈珀（Taylor Harper）是瓦肖县创新高中（Innovations High School）的校长，创新高中隶属于著名的“大展宏图”（Big Picture Learning）学校网络。和我这一年来走访过的另外6家“大展宏图”学校一样，创新高中的学生们每天都对学校里开展的项目充满激情，能享受到学校的顾问指导以及“离校学习”实习活动。有一位学生曾在监狱服过刑，他告诉我：“在‘大展宏图’学校参与学术活动使我相信，自己的人生充满无限的可能性。同时我也认识到，自己不是这个世界的中心。我们可以动用自身的力量，帮助我们的社区变得更加美好。”另外一位同学在之前所在的学校常被同学称为“废物”。但在转学到创新高中之后，竟然成了科科满分的优等生，并准备今后到大学去学习儿童发展心理学。第三位同学讲到了他在雷诺市整形外科诊所为期12周的实习经历，还有他未来想要成为一名外科医生的理想。许多创新高中的学生都在之前的学校遭受过霸凌行为的打击。一位学生说：“来到创新高中是我做过的最明智的决定。我一点都不怀念那种传统、残忍、不为学生着想的学校体系。幸亏自己下定决心要改变现状，改变未来，幸亏来到了‘大展宏图’学校。”

“大展宏图”学校网络的理念与布兰登·巴斯蒂德（Brandon Busteed）领导的盖洛普教育行动一脉相承。2014年，盖洛普 - 普渡指数报告（Gallup-Purdue Index Report）的题目为《卓越的工作，美好的人生》（*Great Jobs, Great Lives*），这份报告对人们就读的学校与人生成就之间的关系进行了分析。报告对年龄在25～30岁之间的成年人进行了调查，询问他们关于幸福感、职业状况、工作满意度、家庭情况等方面的问题，及他们的受教育情况。调查发现，在未来取得成功的决定性先决条件包括导师、实习经历、社团活动，以及意义深远的中长期项目制学习经历，和五花八门的各类考试成绩根本搭不上半点关系。

“大展宏图”学校网络的联合首席执行官安德鲁·福里什曼（Andrew Frishman）来到雷诺市，与我见了面。福里什曼总是西服笔挺，打着领带，手拎公文包，乍看去和大公司的律师没什么两样，但他的人生道路却远非中规中矩的律师可比。福里什曼从 12 岁起就下定决心，今后要从事教育事业，为社会公平而奋斗。那时他还在位于马萨诸塞州劳伦斯市一个贫民区的双语托儿所做志愿者。后来，他到著名的菲利普斯·安多佛学校（Phillips Academy Andover）念高中，还继续为劳伦斯市一所普通学校的孩子们做导师。两所学校相距只有约 10 公里，环境条件却是一个天上一个地下。福里什曼说，学校间的不平等完全可以用“令人发指”来形容。一所学校拥有占地 222.6 万平方米的校园，两座博物馆，富丽堂皇的建筑和精心修剪的草坪，还有强大的师资团队。另一所学校却是教学楼年久失修，窗户上钉着铁栅栏，教科书又脏又旧，老师们工作量巨大，累得喘不过气来。

福里什曼从布朗大学获得了教育学硕士学位。求学期间，他还在普罗维登斯一所很优秀的高中做了一段时间的“非主流”学生教师。在生物课上，他请来医学专家在现场为学生演示大脑解剖。他给学生留的作业是去联系神经科学家，并对他们进行采访。每一个学生都很喜欢上福里什曼的课，而学校的管理人员却总是指责他不守规矩。福里什曼的热情受到了很大的打击，甚至想要放弃自己的教学计划。苦恼之际，福里什曼碰巧参加了一场论坛，主题就是当地的创新学校。论坛上，一位学生介绍了附近的一所学校，在那里，她获得了实习机会和导师的指引，还获得了追求梦想和兴趣的自主权。福里什曼听到这里，立刻像发现了金矿一般，义无反顾、毫不犹豫地加入了这所学校。当时，“大展宏图”学校网络只有两所学校，这便是其中一家。福里什曼做了许多年的一线教师，后来还加入家长组织，并于 2015 年成为“大展宏图”学校网络的联合首席执行官，帮助吸纳全美更多的学校加入其中。

我在内华达州住的酒店和这里的绝大部分酒店一样，也有自己的赌场。赌场的存在突出反映了人们对概率和统计的错误认知，而这种误解总是令人们付出高昂的代价。举例来说，许多人都认为，一连串的输局会增加下一轮出现赢局的可能性。就这样，越是临近深夜，内华达州各个赌场的赌徒越多。许多人都围在吃角子老虎机、21 点游戏桌和轮盘赌旁边，一输再输，却笃定地认为赢回来的可能性越来越大。这种大错特错的思维方式，会让我们在这辈子最重大的决策上判断失误，比如大笔开支、投资、医疗健康决策、职业选择等。事实上，几乎每一项重大的人生决策，都依赖于人们对概率和统计的理解，而基本上没有哪个决策是需要运用代数、三角函数、几何或微积分知识的。在孩子们从七年级到十二年级的学习过程中，这些一辈子用不上的数学知识占据了极大的比重。

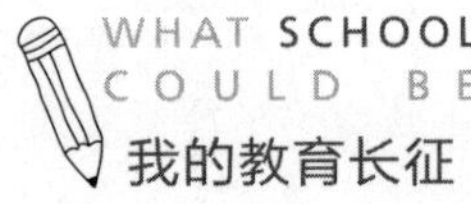

滑板行动

大急流城是个没落的制造业城市，这里也是极富创意的“滑板行动”（Gone Boarding）的发源地。比尔·柯蒂斯（Bill Curtis）在森林山公立学校做物理老师，见过太多的孩子因为无聊而辍学。一次，比尔和劳技课老师布鲁斯·麦卡特尼（Bruce Macartney）闲聊时，想出了一个让孩子积极投入学校活动的好点子。他们聊到了自己对动手制作东西的热情，孩子们也同样喜欢动手制作，但这门课程在学校体系内早已消失。他们问学生："你想要制作出什么东西？"从这个问题开始，他们在学校里创建起一个全新的项目，让孩子们制作各类以板子为基础的工具——短滑板、长滑板、滑雪板、冲浪板、划船用的桨板等。通常来说，这样的想法在许多学校都会被驳回，但是森林山学校的校长却表示支持："你们肯定会遇到阻碍，也可能会失败。不要怕，你们只管放手去做，我来处理别人的反对意见。"

一开始，比尔和麦卡特尼只招募到了 15 个孩子。他们一起想办法克服了许多困难，包括设备采购等问题。在他们的坚持下，"滑板行动"逐渐发展壮大，后又被推广到了大急流城的许多高中。比尔讲道："对于许多孩子来说，他们在传统学校的受教育经历就是遭到无情碾压，继而被绝情地淘汰。孩子们成天无聊至极，疲惫不堪。在学校度过的时间里，没有哪件事是能让他们有所期盼的。而'滑板行动'彻底改变了这种现状。这里的孩子早就默认自己是脑子不灵光的差生，而通过'滑板行动'，他们发现了自身内在的真正才华。现在，学校里的尖子生、运动健将以及啦啦队长，都很崇拜参与'滑板行动'的孩子们，总是来找他们请教问题。在'滑板行动'的启迪下，孩子们正在蜕变，学校的文化也发生了逆转。"

"滑板行动"让孩子们从中学到了数学、物理、化学和计算机辅助设计的知识。学生要学习滑板的发展史，完成相关的写作和阅读，既要看有关滑板的小说，也要学习技术手册。他们都沉浸在团队协作、利用创造力解决问题、反复迭代的过程中，并不断锻炼从挫折中复原的能力。他们的工作要遵循很高的标准，完成的作品要能真正利用起来，还要经过老师和同学的评估。许多参与"滑板行动"的学生毕业之后，都走上了与滑板相关的职业路线。有几个孩子现在就在全世界最著名的滑雪板公司——总部位于佛蒙特州的伯顿公司（Burton Boards）工作。有两个孩子曾经为学校的“滑板行动”拍摄过一部纪录片，而现在他们也开办了自己的视频制作公司。还有一个团队的学生在大急流城成立了一家滑板公司。通过“滑板行动”，这些孩子获得了可以应用于各类职业发展的专业技能，从车身维修到材料科学的博士研究等。而且，整个学习过程中完全没有教科书、选择题或是照本宣科的课程设置。“滑板行动”的口号是梦想、打造、粉碎，创办的博客名为“粉碎的故事”。学生在博客里面写道:“我们在滑板课上学到的知识，比在数学或科学课上学到的任何东西，对人生的实际意义都要大得多。”“滑板行动”给学生们以启迪，让他们可以大胆做梦，动手建造，而他们的老师和校长更是勇气可嘉的教育者。他们不畏艰难，亲手将过时的教育模式送入了粉碎机。

大急流城东南方向 240 公里处，就是密歇根州的艾德里安市。这座城市也同样难逃没落的命运。过去 20 多年来，这里高中毕业班级的数量从 400 个降至 200 个。城里随处可见崭新的住宅和精心修剪的草坪，人们身上也散发着文雅、骄傲的气质，但商店铺面却空荡寥落。在艾德里安市，我见到了加里·科普曼（Gary Koppelman）。据他所言，他自己在学校是问题学生，成绩很差，被老师认定根本考不上大学。但他的指导顾问对他很有信心，也使他认识到，自己是有学习能力的，只不过这种学习能力与他人传统理解的有所不同。后来，科普曼上了大学，在大学里成绩很好，还找到了做教师的激情。他的教师职业生涯非常成功，为五年级的小学生设计出了全新的实验式科学教学方法。而他的学生中，许多人后来都选择了科学、技术、工程、数学（STEM）领域发展自己的事业。科普曼获得了 2013 年度壳牌国家科学教育奖，到白宫去参加了领奖仪式。交换名片时，我看到了一行醒目的荣誉——美国教师名人堂 2014 年入选者。

科普曼在艾德里安市教育论坛上的演讲直击要害。“在学校的每一天，我都会在清晨与镜中的自己对视并自问：‘我今天要为学生着想，去做对学生有益的事情，还是要做州政府让我去做的事情？’”他讲到了遍及密歇根州各所学校的通病，讲到了考试和教师问责制对学生造成的伤害。他对台下准备选择教师职业的许多年轻人直言不讳地说：“你要做教师，要出于你心里有培养孩子的激情。不要让任何人影响你的决心。现在，这些孩子比以往任何时候都更需要你的帮助。”

第二天早上的会议是去州首府与几位立法委员座谈，科普曼本以为不会有几个人出席。结果没想到，包括密歇根州教育委员会主席阿曼达·普赖斯（Amanda Price）在内，竟有 25 人前来。整整 90 分钟的会谈过程中，没有一个人提前离开。普赖斯在会上介绍了一个备受争议的法案，该法案要求三年级的小学生必须通过一项阅读测试，如果不及格就要留级。密歇根州的许多父母都因此十分焦虑，担心尚处童年的孩子会压力太大。而普赖斯认为这是良药苦口。我想，普赖斯只是希望所有孩子都能掌握基本的阅读技能，但她也许不知道，许多读高中的孩子阅读能力也只有小学三年级的水平。

会上谈到了没有高中文凭的成年人在社会上屡陷窘境的现象。有人问：“代数是否应该被列为毕业要求？”我打开初等代数的课程表问道：“高中毕业之后，有人解过联立方程式吗？”与会的人无一作答，他们都没有在离开学校之后真正用到过代数知识。于是我总结道：“立法者负责决定高中毕业生需要具备什么样的知识和能力。而许多孩子拿不到高中毕业文凭，是因为一门成年人永远用不上的课程。如果他们未来的人生前途惨淡，你们在座的每一个人都要承担责任。”

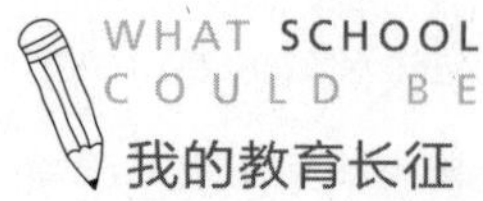

寻找使命感，改变全世界

杰夫·桑德佛（Jeff Sandefer）和劳里·桑德佛（Laurie Sandefer）于2008年创办了阿克顿学院（Acton Academy）。学院的座右铭是“寻找使命感，改变全世界”。他们的目标是打造出一个可扩大的21世纪全新模式，为孩子们提供卓越而廉价的教育。不是专为少数学生服务，而是面向所有孩子。阿克顿学院对美国教育体系中每一个有深远影响的核心假设都提出了挑战。

阿克顿学院的结构很松散，由小学部、初中部和高中部构成。年级的概念在阿克顿学院完全不适用。他们将“学生驱动的学习”和“个人自主性”等概念发挥到了极致。学生自己负责安排日程，自己学习怎么利用在线资源，自己管理学习进度。学校没有老师，只有几位工作人员做“指导”，这些人对课程内容并不熟悉，也不能回答学生的问题。当学生需要帮助时，指导的方式只能是向学生提相关的问题，或建议学生去找哪些资源。学生自行组织苏格拉底式研讨会，创建他们的“探索目标”。这个探索目标，就是由个人或团队所承担的富有实际意义的项目。

在20多个8~11岁的孩子旁边，我旁听了两个小时的讨论。这些孩子都沉浸在讨论过程中。在此期间，没有一个成年人走进教室。请允许我再次强调一遍：一群小孩子被单独留在教室里，用整整两个小时的时间在自主学习。他们有的在电脑前忙碌，有的三五成群在白板前写写画画，还有的坐在一起兴致高昂地讨论着。两个小时结束后，我问其中几个孩子，他们刚才都做了哪些事情。孩子们纷纷说道：“我刚才想要搞明白……”或是：“我想要创建的项目是……”这样处于有机的自我运转状态的课堂貌似混乱，实则有着很强的目标感。刚来的新生一开始都会不适应这里的学习气氛。但杰夫讲到，绝大多数学生都能在几个月的时间内适应并主动迎接挑战。阿克顿学院的学生究竟有多自觉？每天的学习结束后，孩子们都会自发分成小组，整理教室，打扫卫生，连学校的卫生间都清理得一尘不染。

阿克顿学院对考试和评估并不看重，他们更乐于在成年人的指导下，采用公开展示、小组汇报和学生自我评估的方式。学生在公示的宣传栏上定期更新自己的学习进展。孩子们能准确地告诉我，他们目前距离学习目标还有多远，哪些事情进展顺利，哪些还需要更多努力。在此提醒读者，我说的是小学阶段的孩子们，而非大学生。学校偶尔会利用标准化测试在学年初和学年末对学生的学习水平进行诊断。虽然学校没把考试当回事，但考试成绩的提升幅度还是比传统学校高出一大截。而走进阿克顿学院的许多学生之前的学习成绩都很不理想。

在谈到知识深度与内容覆盖范围广度之间的权衡时，杰夫讲道："当年轻人真心想学习时，他们的学习速度会飞速提升。这样来看，扩大知识内容的覆盖范围并不是一个问题。在文明史的课程上，我们会提到有关历史、经济和政治的全部重要问题，横跨整个人类史，涉及许多伟人和英雄。在写作方面，我们提供各种各样的写作风格参考，远比传统学校的写作类型要丰富得多。阅读也是一样，我们给学生提供许多思想深刻、足以改变人生的书籍，许多书都是获奖作品或世界名著。数学课，我们利用的是可汗学院的课程。我们的'探索目标'会在几门重点科学科目之间切换，让学生真正卷起袖子动手做事。我们还会引入许多人直到大学或研究生阶段才能接触到的内容，比如大数据、心理学、物理学、谈判和创业指导。"

桑德佛夫妇有着远大的理想，从这家奥斯汀的旗舰学校起家，阿克顿学院已经扩展为遍布美国13个州和7个国家的由40所学校组成的教育集团。目前的学费是一万美元左右，许多孩子都能享受到奖学金。他们的中期计划是将学费降至每个学生5 000美元。在谈到这场壮举背后的驱动力时，劳里的说法很有代表性。劳拉说："我感受到了一种紧迫感，这里面有着很强的个人因素。我亲眼看到自己的孩子，一碰到关于学校和学习的事，眼中的光芒就一下子暗淡了。杰夫和我觉得真的不能再这样下去了，我们要打造以内心深处的渴求为本质的全新教学模式。如今，这种紧迫感更加强烈而深刻，因为我了解到这个世界究竟有多么需要能深度思考、清晰交流、解决冲突并怀着同理心去领导他人的年轻人。在阿克顿学院，我每天都见证着这里的孩子们展示出这些重要能力。只要成年人停止精细化管理孩子们的学习，给他们足够的空间去思考和成长，哪怕是6岁的孩子，也能取得令人叹为观止的成就。"

上面的故事向读者介绍了美国各地的教育界人士利用极为有限的预算所取得的令人瞩目的成绩。随后的讲述中，读者还能看到更多优秀的案例。我之所以把这些案例写出来，不是为了制造目不暇接的感受。**人类的创造力是无穷无尽的，无论是艺术、发明、学习体验，还是未来的发展道路，我们手中都掌握着太多的可能性。只要跳出限制思维的盒子，我们就能在无限宽广的空间里纵情驰骋。**

参观了许多学校，旁听了许多课程，说实话，很难在这么多伟岸的参天大树间看到整片森林的全貌。每一位教师都很了不起，都有其自身不可替代的长处。但随着时间的发展，我还是逐渐发掘出了其中的规律。经过长时间的沉淀和反思，我从这次全身心投入的全美教育长征中察觉到了别人看不见的东西。无论地理位置、年级高低、学校类型，还是社会经济阶层，我发现，拥有以下四项元素（见图 2-1）的孩子，都能在学习环境中茁壮成长：

◎ 目标感（Purpose）：对于那些对学生本人或他们所在社区很重要的问题，学生会努力去找到解决办法。对于那些能产生实际影响力，可以获得公开展示机会的项目，学生也会努力去完成。随着时间的推移，学生会坚定信心，认为自己有能力为这个世界带来改变。富有目标感的学习和工作，能塑造出富有目标感的学生。

◎ 关键能力（Essentials）：优秀的教师深知 21 世纪所需的人才竞争力和战略趋势，深知未来最需要的素质，是利用创造力解决问题的能力、沟通能力、协作能力、批判性分析能力、公民意识，以及个性的力量。约一个世纪以前，“十人委员会”也曾拥有同样的高瞻远瞩。这些教师的远见如同指南针一般，指引着教室中每天发生的学习和创新。

◎ 自主性（Agency）：学生能够在学习过程中拥有发言权。从很小的时候起，他们就要学习如何设定目标，管理自身的工作和学习，评估进度，并且坚持不懈，直到完成目标。随着孩子们学会如何学习，他们就不再需要正规的课堂教导。个人自主性，是指学生按自身的学习进度，在计算机上完成自学。同时，随着学生们相互之间的学习、启迪和激励，自主性的影响力也可以扩展到他们所在的整个社区。

◎ 知识（Knowledge）：学生能够深刻而熟练地掌握知识，同时还能将知识教授给别人。从学生创作、建造、制作和设计的产品质量中，能看出他们对知识的掌握程度。在教师的指导下，学生也可以将自身所长拓展到相关知识和学科领域。虽然学生掌握的知识体量越来越庞大，整个知识体系也处于有机而不可预测的状态，但他们对知识的理解是深刻的、高标准的，是能长时间保留的。

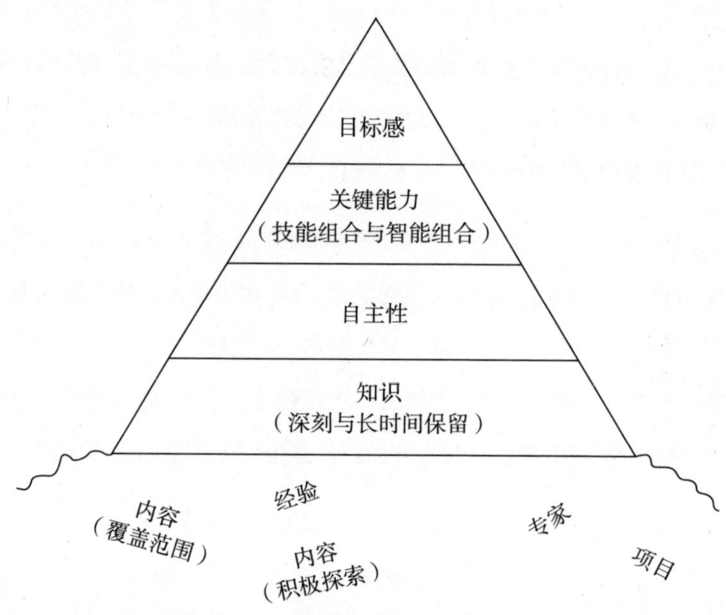

图 2-1　强大的 PEAK 学习原则

我们之前走访的这些教室中都能找到 PEAK 的身影。一所全力贯彻 PEAK 原则的学校，会拥有如下特征：

孩子们从很小的年龄开始，就对学习进行自我管理。他们主动承担目标远大的项目，在执行过程中逐步培养起沟通和推理能力，以及阅读和数学等核心素养。他们会就某个话题不断追问，动手创作、建造，通过做事来学习。对于学习成果的评估，则以学生展示出来的实力为中心，而非记在脑子里的内容。老师会谨慎利用标准化考试等手段，来识别并帮助那些不具备“学习如何学习”能力的孩子。学生之间形成彼此讲课、彼此学习的氛围。他们能够充分利用在线资源，主动向成年人请教。教师和学生都拥有极大的自主性。

随着学生在学校取得越来越多的进步，他们日益深化的综合实力，也使得他们有能力承担更具挑战的任务。这些任务超越了学校的局限，可以是在企业和机构担任实习生，可以是承接现实世界之中的项目，也可以是利用遍及全球的专家资源，进行深刻的知识和学术探索等。学生可以学习如何在身边找到问题和机遇，据此创建出解决方案并予以落实，将他们所在的世界变得更加美好。

学生会定期参加座谈会，讨论主题围绕着人类文明与自然界的伟大与神奇展开。这些主题极富活力、千姿百态，而学生可以随时发现自身感兴趣的话题，深入挖掘。随着时间的发展，学生将以强大的跨学科思维方式，逐渐纯熟地掌握科学、文学、历史、数学和自然学的关键知识和内涵。

高中毕业文凭的授予以学生展示出来的精熟技能为基础，并且要求学生完成目标远大、极富挑战的“顶石项目”（capstone project）。这些高中毕业生都应拥有自己的学术或艺术追求，在此基础之上，还拥有了一系列竞争力，令他们在走出高中校门的同时，就能随时获得对各类技能有极高要求的职业选择。这些年轻人拥有自我指导、自主学习的能力，经济上也拥有充分的灵活性和自由空间。

大学在社会中的角色已经发生了转变。某些以资质和证书为起点的职业，依然需要申请人提供大学文凭，而对于那些有着极强学术兴趣或特别渴望拓宽视野的年轻人来说，读大学也能让他们步入全新的高度。如今，大学录取的抉择以真实的学生作品案例为基础，“准备好读大学”和“准备好迎接人生”之间是相等的。但来自各个社会经济阶层、取得过各种水平学术成就的年轻人中，越来越多的人选择绕过传统大学。各个年龄段的成年人会通过阶段性参加短期沉浸式培训项目的方式来提升自身的技能，拓展兴趣范围，优化自主学习，从而为自身的职业发展积蓄能量。社会上许多类型的工作都更加看重人的实际能力和性格，而非文凭。

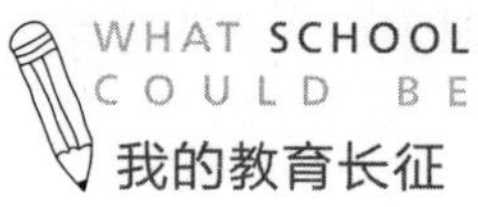

美国教师名人堂

我和妻子途经堪萨斯州时，看到公路旁边挂着“美国国家教师名人堂”（National Teachers Hall of Fame）的大牌子。我之前从密歇根州的五年级科学教师加里·科普曼那里听说过这家机构，而如今竟无意间路过此处，真是巧合。我们十分激动，走进名人堂，找到博物馆，还遇见了这里的执行总监卡罗尔·斯特里克兰（Carol Strickland）。卡罗尔也曾是入选名人堂的优秀教师。非常凑巧，和卡罗尔攀谈时，她的电话响了起来。而打电话给她的不是别人，正是加里·科普曼。

美国国家教师名人堂每年都要举行大规模评选活动，最终选定 5 名教师加入名人堂。具备申请资格的教师需要拥有至少 20 年的一线教学经验，并在多年的执教生涯中为许多学生带来启迪。从博物馆的标准来看，美国国家教师名人堂的规模很小，只占用了恩伯利亚学院（Emporia College）里的一间房子而已。旁边的山丘上还有一座小教堂，里面陈列着因守护孩子而英勇牺牲的教师的纪念碑，其中许多人都是在枪击事件中离世的。博物馆中的其中一个展品，是一位入选教师赠予他学生的 T 恤衫，上面印着“走失的童年”几个大字。卡罗尔讲到，从这件 T 恤可以看出，这位教师特别喜欢带着孩子到户外进行学习。“走失的童年”形象地反映了《不让一个孩子掉队法案》是如何生生剥夺了孩子们原本对知识充满渴求，对生活充满向往的童年。

美国有这样一处向教师致敬的博物馆，我们应为此而感恩。但是，与那些向运动员或摇滚歌星致敬的博物馆相比，教师名人堂的预算简直少得可怜。国际保龄球名人堂博物馆吸引到的资金支持和访问人数，远比教师名人堂要多得多。在美国，人们常常表达对教师职业的敬仰和爱戴，但仅有表达是不够的，我们还要用实实在在的报酬、信任和荣誉，去进一步坚定我们的敬仰和爱戴。如果你也碰巧来到这里，请务必去瞻仰一下小教堂中陈列着的牺牲教师纪念碑，这里也祭奠着桑迪胡克小学用身体为学生遮挡子弹的老师们的英魂。看看这些，然后想一想："如果我们都放心把自己孩子的性命交到老师手上，难道还不能把区区一节课程计划放心交给老师来制订吗？"

在 PEAK 环境中，教师的角色发生了变化。教师不会想着怎样以超越互联网的博学去向学生单纯地传授内容知识。他们会鼓励、调动学生的积极性，让学生自己去探索、批判，利用一切可以找到的资源。老师们不会站在讲台上喋喋不休、照本宣科，而是更像顾问、导师、教练。老师会用心去关注学生，他们是改变学生命运的关键人物。

每一所学校都有这样一群教师，他们总是跃跃欲试、想要创造出给人以震撼的学习体验。在充满信任的环境中，这样的教师会勇往直前，同时还能为周围人带来启迪。但一路走来，我也总是能遇到许多因在大学和工作单位得不到高质量的职业发展资源而郁郁寡欢的教师，他们都向我呼吁，急需寻找更好的方法来为教师提供培训，而这也是为教室注入现代化气息的最直接途径。

PEAK 环境其实是强调了教育里的一个关键问题——信任。如果我们无法信任教师和学生，就做不到 PEAK，这一点是毋庸置疑的。PEAK 课堂为学生赋予了充分的自主性，任凭他们踏上无法预期的发展路线。没人能确切地知道学生们究竟在学习什么，更无法对孩子们的学习进行衡量。**学生的学习成果无法整齐划一地填入传统的成绩报告单、大学申请文件或标准化考试排名之中。但当孩子们用有机、充满激情的方式去学习，而不是单纯去追求分数的时候，令人叹为观止的进步就会自然而然地发生。**

WHAT SCHOOL COULD BE

INSIGHTS AND INSPIRATION FROM
TEACHERS ACROSS AMERICA

03

目标感，让孩子找到真实的自己

到底谁才应该负责为学校和孩子设定教学目标和教育内容？学生离开学校之后应该如何应对未来的生活？如果整个教育体系继续执迷不悟，单纯将关注点集中在大学备考上，我们将面临什么样的后果？这些问题引人深思。

1960年时，美国全部的成年人中只有不到10%拥有四年制大学文凭。那个年代，上过大学就意味着成了“人上人”。美国的许多著名人物都出身于显赫的家族，而这些家族又与精英大学有着千丝万缕的关系，比如肯尼迪家族、罗斯福家族、洛克菲勒家族等。诸如“哈佛校友”“耶鲁毕业生”等头衔，就是优越感和成功的代名词。全社会越是重视精英大学的文凭，精英大学的毕业生就越容易取得更高的成就。大学，就这样步入了节节高升的良性循环。

随着时间的发展，大学的威望深深烙印在美国民众的意识里。说到这个话题，我完全可以引用别人的文字，或是拿出统计数据做论证，但我最想与读者分享的，还是最近在一次电影节上的亲身经历。在电影节上，我看了一部纪录片，讲的是在贫困市区读高中的一群低收入非洲裔美国学生的故事。这所高中为能将所有学生送入四年制大学而自豪。学校给学生安排了非常有特色的课外活动，并用这些课外活动和学生谈条件：如果你成绩差，就不允许参加课外活动。影片结束时，每一位即将毕业的十二年级学生手里都举着大学录取通知书。看到这里，台下的观众激动万分，有人欢呼，有人流泪，全场起立致以掌声。录取这些学生的所有大学里，我只听说过一所，而这部影片并没有涉及诸如毕业率、贷款责任，或这些学生到了大学究竟能学到多少东西之类的关键问题。我跟坐在旁边的人交流了一下这些冷静思考之后的想法，没想到那人却依然如打了鸡血一般欢呼道："无所谓啦。人家都上大学了！"这就是美国的现状。

美国社会中，大学在人们心目中的地位仍至高无上。由此，美国的 K-12 学校也纷纷跟着站队，致力于培养出"准备好上大学"的毕业生。富裕的学校都想方设法给孩子包装，让他们参加大学先修课程、学术能力评估测试备考培训班、课外活动军备竞赛等。中低收入家庭也想为孩子提供同样的机会，于是这些学校便将学生推向了同样的大学备考路线。所有的学校，明里暗里都在不遗余力地将学生的价值和他们的大学录取情况画等号，家长也一股脑地跟风。大学，是全体学生的统一目标。

记得我当年读高中的时候，根本没有人围着考大学团团转。没有应试的题海战术，没有辅导老师，更没有为了整理出一份完美无瑕的申请材料而废寝忘食的偏执。上大学，上了哪所大学，根本无关乎成败。但 1970 年的世界早已成为历史，如今的大学招生和录取流程无异于一场生死攸关的角逐，更是一个价值数十亿美元的产业。考大学这件事的影响，早已潜入高中学习生活的每一个缝隙，与学生们做的每一件事情都密不可分。而这种现象的后果，需要大家付出沉痛的代价。

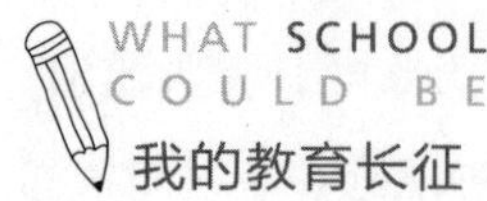

考上大学才算成功?

一天，我碰巧在两场会议间抽出了点空闲时间，不请自来地参观了导师学院（Mentorship Academy）。当时，我正在市区散步，无意间看到一幢建筑外面悬挂着一条横幅，上面写着“庆祝科技节”几个大字。我不禁有些好奇，便按下了门铃。没过一会儿，学校的行政人员打开了大门。听完我的介绍，他半信半疑地同意了我的参观请求。

我来到导师学院这一天，碰巧是他们的“闭门日”。学生们都在参加州里规定的标准化考试，我根本无法靠近他们。说是“闭门日”一点没错，因为孩子们都被锁在二楼的几间教室里，进行长达数小时的考试。招待我的工作人员说：“如果拿不到州里颁发的准考证谁都进不去，就算是奥巴马总统和爱德华兹州长来了也不行。”显然，政府官员们希望避免类似亚特兰大的作弊事件，于是便采取极端手段，以确保孩子们无论如何也接触不到可供查阅的资源。而只要走出考场，这些资源便能在今后的人生中随时随地唾手可得。

在这所全部学生享受免费午餐待遇的低收入人群学校，由于赶上了考试日，我没能旁听到课程。而我希望他们的课程能真正强调楼外横幅所宣传的内容，如项目制学习、数字化档案、机器人、3D 打印以及职业路线选择与探索等。也许他们真的能做到，但有一件事是确凿无疑的，那就是这所学校在通过学生的大学入学成绩来评判自身的成败。十二年级的学生至少要拿到两所大学的录取通知书，否则就不允许毕业。和我一年来走访的每一所低收入人群学校一样，这所学校在走廊墙上的每一块地方都贴满了各所大学的校徽和标志，还有“考不上大学，人生尽毁”之类的宣传海报。每一天的每时每刻，这些孩子都在接收着同样的信息：“只有考上大学才能成功。”

踏上这场教育长征之前，我将《为孩子重塑教育》这部纪录片带到了一所成绩优秀的名牌高中。这是一所著名学府，在此先将名字隐去。电影放映当天的场面十分壮观，有近 1 500 人来到现场，家长、老师和学生将大礼堂挤得水泄不通，连门口的体育馆都站满了人。无论是校方还是家长，他们都对新颖的教育方式非常感兴趣，希望能找到更好的途径去培养孩子，塑造孩子的价值观。为什么？因为这所学校有个历史悠久的“传统”，每逢学生们收到学术能力评估测试成绩、大学预录取信和正式录取通知书的时节，就会上演几场学生企图自杀的闹剧。对于这些孩子来说，除了上大学这条路根本没有其他可供选择的路，不用缜密分析其投入产出比，更没必要考虑其极高的货币成本和时间成本。考得好不好，考上的大学够不够有名气，直接决定了这些孩子在学校和家庭中的价值，决定了他们的生与死。

我们要鼓励孩子们去摘星、去造梦，我们要给予孩子们信任和支持，但大学并非通往梦想的唯一路径。大学本身就是个梦。我们所做的并不是在让孩子们去摘星，而是让他们努力成为明星学生，拿到好成绩，这样就可以考进好大学。我们还会打心眼里瞧不起那些不打算上大学的孩子。无论是学校、家庭、路人，还是各类雇主，整个社会都不赞成孩子们放弃上大学。

教育本应是要帮助孩子们准备好迎接人生的，而我们却整个颠倒了过来。我们是在让孩子们准备好一生受教育，但事实上无需如此。接下来我将带领读者再去探访几所学校，领略一下他们打破固有模式的勇气，看看他们是如何帮助学生找到并实现自己定义的成功的。

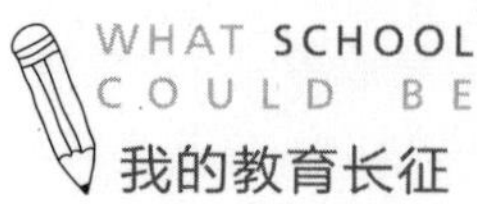

学校的目标谁来决定？

在与十几位当地领导会面时我了解到，怀俄明州是美国唯一一个将“上大学、求职和入伍”三项内容同时列为 K-12 学生培养目标的州。怀俄明州人的价值观里包含了对军人的崇敬，而这一点在美国的其他地方则没有如此明确和直接。这个与众不同之处也引发了一场非常有趣的讨论：在像美国这样幅员辽阔、百花齐放的国度，应该由谁来决定学校的目标？应该由谁来确定孩子们的培养方向？应该由谁来定义孩子的成功？这些都是非常重要的问题。

怀俄明州和其他州一样，K-12 教育体系的成功与否要通过“为大学培养人才”的指标进行衡量，这就意味着学校会十分看重以大学为关注点的标准化考试成绩、参加大学先修课程的学生比例，以及考上四年制大学的学生比例。而哪个学生能在应征入伍时力胜群雄、脱颖而出却没人关心。我和与会者分享了自己与连任两届国防部部长的罗伯特·盖茨（Robert Gates）之间的谈话内容。盖茨曾十分明确地与我谈到，美国的军队非常需要那些能运用创造力去解决问题的人才。他将伊拉克战争和阿富汗战争称为“上尉之战”，因为这些战争中所有的重要决策都超越了政策规章的范畴。盖茨部长开除掉的将军都是那些不具备创新能力的人。我也在怀俄明州的会议上提出了同样的问题：倘若毕业生成长为“军事人才”所需的竞争力和谷歌或 Facebook 招聘员工时所要求的竞争力如出一辙呢？我们是否应该重视罗伯特·盖茨或比尔·盖茨的观点，将目标定在“确保学生从高中毕业时具备在大学阶段取得成功的能力”？许多人不停在说着，要让学生准备好迎接人生，迎接职业生涯、军旅生活、公民责任、大学学习，而最终以压倒性优势胜出的竟是“大学”。更有甚者，这个压倒性优势深深影响着 K-12 学校的一举一动。

我到夏安市东部高中的探访，对当天上午的讨论起到了很好的补充作用。我见到了学校里参与“农业经济行动”的学生。“农业经济行动”隶属于学校的“职业技能教育”项目，该项目横跨科技、建筑规划、计算机编程、焊接技术、烹饪、商业和平面设计等几大领域。两位女学生向我介绍了农业课程，内容涵盖养鸡、养牛、养猪、养殖罗非鱼、种植玉米和草料等。他们开了个网上直播，全程关注一只母猪从人工授精、怀孕到诞下可爱小猪仔的整个过程，来自全世界的观看直播的观众数量也增长到了 16 000 人。在问及他们有关农场的数学、经济学和生物学问题时，他们的回答独树一帜。我问他们对学校有何感想时，其中一位说道："那要看是哪一天。"他们喜欢动手实践的日子，而对于其他那些不得不坐在教室里的日子，他们则宁愿在家待着不去上学。这样的态度也已经由“大无畏”的校方转达给了怀俄明州负责公共政策的督学吉莉恩·巴洛（Jillian Balow）。而跟我聊天的两位同学谁也没想过要在未来投身农业，其中一位对法律很感兴趣，另一位则想成为一名理疗师。在她们看来，农业种植课只不过是让学校变得有趣的吸引力所在。

怀俄明州州长马特·米德（Matt Mead）向大众公开了自己的手机号，以便人们随时可以直接和他对话。我个人十分喜爱这个面积不大的州。由于石油价格暴跌，怀俄明州的工作机会越来越少，人们的收入越来越低。在州长宅邸与几位朋友共进晚餐时，我们谈到了最近当地报纸上的一篇文章。这篇文章认为，对于怀俄明州来说，风能产业的战略重要性远远超过了化石燃料产业。我们还谈到了像东部高中这样的学校应该如何将教学工作提升到更高的水平，如何去不断挑战学生，鼓励他们去发明、搭建并维护下一代风力发电机。过不了几年，怀俄明州就可以拥有风能领域的全世界最强人力阵容，既有一线技师，又有专业博士。由此，当地就能凭借人们的智慧，亲手打造出属于自己的未来，而不用成天围着石油矿藏打转。

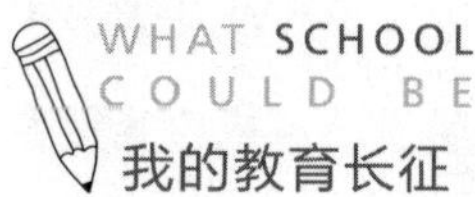

高中里的职业学院

位于夏洛特 - 梅克伦堡学区的奥林匹克高中（Olympic High School）是一所大型综合高中，来这里读书的孩子基本都出身于中低收入家庭。一走进校门，你就能立刻发现这所学校的与众不同之处。学校的组织结构由 5 所职业学院构成，分别是：

- ◎ 生物、健康与公共管理学院
- ◎ 执行领导力与创业发展学院
- ◎ 科技、创业与先进制造学院
- ◎ 数学、工程、技术与科学学院
- ◎ 艺术与技术学院

学生们看到上述 5 大选择时，都能找到至少一个感兴趣的方向。学生会在九年级时选定一所学院作为自己未来的发展方向，之后如果改变主意，还可以转到其他学院。与在 14 岁时就确定终身职业类型的德国模式截然不同。学院为学生提供的学习内容种类繁多，令人目不暇接。计算机编程与焊接技术同属一所学院，生物技术研究与急救培训同属一所学院，创业和 Excel 表格操作同属一所学院。而且，学校对学生毕业后是去大学深造还是直接工作，并没有任何偏好。这些孩子可以通过在学校学到的各种专业知识而获得人生优势，他们能以成年人的姿态步入社会，积极探索各类生存之道。无论选择哪一条路，他们都会得到人们的尊重。

奥林匹克高中与当地 40 多家企业建立了深厚的合作伙伴关系。这种关系的影响力体现在学校的方方面面，学校里随处可见企业捐助的设备，还有墙上贴着的带有职位说明和起薪的招聘启事。当地合作伙伴定期将人员送到学校，为孩子们进行培训和辅导，给孩子们的职业选择和发展提出建议和进行启蒙。这些合作企业还为学生提供了实习机会和学徒机会，为孩子们毕业后在当地找工作指出一条捷径。下面请看最近当地报纸上的几则头条新闻：

◎ 奥林匹克高中在微软“火花库”创业竞赛中斩获大奖
◎ 夏洛特自然栖息地第八处房屋竣工
◎ 奥林匹克高中与博世力士乐首次合作开发机器人课程
◎ 奥林匹克高中与 NAF 合作手机应用开发课程
◎ 奥林匹克高中先进技术制造中心成立
◎ 创智赢家工程设计大赛召开
◎ “圣诞老人”行动为贫困儿童送去 1 000 件礼物
◎ 奥林匹克高中与合作伙伴共同发展 21 世纪职业与工作技能
◎ K-8 机器人课程
◎ 制造业的学徒机会
◎ 视频游戏俱乐部
◎ 软技能培训
◎ 科学奥林匹克大赛

上述活动，都是同一所学校举办的。

奥林匹克高中的学生从学校毕业之后，都能在学术能力和动手技能之间保持游刃有余的平衡。他们有能力找到自己喜欢的工作，为自己和家人提供舒适的生活条件。他们在学校学习的是这个世界运转的基本原理。如果他们决定去大学深造，而不是高中毕业之后立刻找工作，那么他们也能以具备实际经验的姿态步入校门，还可以用高薪兼职的收入来冲抵大学的高昂成本。对于 K-12 学生而言，这样的能力十分宝贵。

记得那是 12 月份的一个周六清晨，我与夏洛特市的百余位各界人士见了面，其中有教师、家长，也有政府官员，包括州议会众议员克雷格·霍恩（Craig Horn）和资深教师卡罗尔·帕里什（Carol Parrish）。霍恩的老本行是食品服务业，帕里什是烹饪课的老师。午餐时，我们还聊到了如何让烹饪技能成为通往更宽广、更积极的教育机会的一扇窗。帕里什告诉我，她的学生每天会在课堂上读一篇“每日文章”，画出感兴趣的段落，圈出不熟悉的词语，并提出有关这篇文章的问题。在她的课堂上，孩子们可以融会贯通，运用数学、经济学、化学、生物学、文学和历史等方面的知识来解决实际问题。她会将孩子们的兴趣调动起来，从兴趣出发，开始知识的探索之旅，这正是纯正的 PEAK 精神。帕里什的教学方法与霍恩异曲同工，作为一位日理万机的政府官员，霍恩放弃周六上午的休息时间，专程赶来与我们探讨如何在教育上为北卡罗来纳州的孩子们提供帮助。对教育现状，他也很无奈。前任州长吉姆·亨特（Jim Hunt）在任的时代，北卡罗来纳州曾是美国教育圈的新兴领导者。如今，这里的整个教育体系却分崩离析，教师工资一减再减，逼得住在夏洛特市的许多老师不得不每天驱车单程一个多小时，赶到南卡罗来纳州的学校去教书。

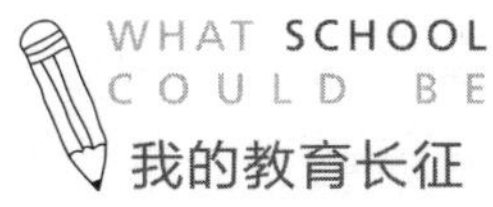

为孩子赋能，而非遗弃他们

阿尔伯克基是一座贫困问题十分严峻的城市。在这里，托尼·蒙菲莱托（Tony Monfiletto）不知疲倦地辛勤工作，就为了给阿尔伯克基市最贫穷的孩子们一个更好的未来。多年以前，他开办了一所以大学预科为重点目标的高中，取得了很大的成功。但他后来意识到："要让年轻人准备好开始大学生涯，就必须在高中阶段进行纯学术培养。而这样的知识框架并不适用于我们这里的年轻人，这里的高中生更需要实用的学习经历。当年的学术发展路线将许多年轻人远远地抛弃在后面，也给本地社区带来了许多负面影响。"于是，蒙菲莱托休了一段长假，并利用这段时间为他所在的社区重新设计了一所高中。他是项目制学习的忠实拥护者，还发现新墨西哥州学校领导力中心（New Mexico Center for School Leadership）支持新建学校的孵化。当时，中心已经开办了架构、建筑与工程领导力高中、健康领导力高中、种子领导力高中等几所学校，都是免学费的特许学校，招收的学生也是在其他学校根本无法毕业的"问题学生"。阿尔伯克基市的高中辍学率高达40%，他们根本不缺生源。

蒙菲莱托讲到，这些学校"从我们的产业合作伙伴的需求着手，倒推出学校的教学规划。我们有行业内人士来到学校介绍各类想法，教师会和他们共同合作，创造出实践项目"。"当你与年轻人在一起，想办法去满足他们的社交和情感需求时，你就会意识到，学校现有的各种规章制度根本不适用。年轻人真正需要的是与成年人积极互动，并对自身的学习进行掌控。由此看来，题海战术、挑灯夜战就算可以让学生在考试时拿到好成绩，也没多大意义。一旦开始看清年轻人的特定需求，你就会意识到现行教育体系究竟存在着多少问题。"

学校有一个合作伙伴，是一支名不见经传的足球队，名叫“阿尔伯克基太阳队”（Albuquerque Sol）。这支足球队一直希望获得一流球队的称号。为了争取民众的支持，他们希望能更有效地利用社交媒体，与粉丝互动，重点人群则是年龄较小的下一代支持者。蒙菲莱托讲道：“我们意识到，这是一个理想的合作伙伴，因为年轻人都是社交媒体方面的专家。”种子领导力高中的学生团队承接了这项任务，负责为太阳队设计并执行宣传计划，帮助他们充分利用谷歌、Twitter 等成年人较为陌生的媒体平台。这些学生基本都是来自贫困家庭的西班牙裔孩子，在传统学校中，他们只能在边缘地带挣扎。太阳队也在非常认真地对待这个项目，投入资源去执行由学生驱动的策略。就像蒙菲莱托所言，这个项目是“真实的，有真正的客户，也会产生实实在在的利害关系”。

这个项目为学生创造了学习关键技能的条件，调动起了学生的积极性。学生们越来越擅长写作、平面设计和应用数学。他们为所在社区创造了价值，做出了贡献，开拓出了有意义的职业发展路线，而且也在学业上步入正轨，毕业不成问题。他们在自己感兴趣的领域越挖越深，一天比一天更专业。无论什么样的组织都会看好这种能力，都会争先恐后地去聘用这种类型的员工，这也是 PEAK 精神的价值所在。但令人不敢置信的是，在遍访全美 200 多所学校之后，我发现，这所学校是孩子利用社交媒体技能解决真实世界问题的唯一一个案例。

利用预测的数学方法，我们来分析一下这个项目的影响。有实际经验的社交媒体专家，服务收费是每小时 30 美元起步。利用这项专长，一名学生在平时上学时每周工作 15 个小时，暑假全职工作，每年可以赚到两万美元。这样下去，他们在高中阶段就可以开始储蓄。如果他们去州内的大学就读，便可以自己负担所有费用。如果他们在高中毕业后选择社交媒体作为全职工作，每年就可以再多赚 4 万美元。这项技能几乎可以让他们为任何类型的雇主作贡献，因此他们能敲开任何一家自己觉得有趣的公司的大门，从此打造出一条属于自己的职业发展路径。

阿尔伯克基市的这些孩子，生动反映了美国教育体系的问题所在。如果这些孩子被搁置在普通学校里，很可能会辍学，面临无比惨淡的人生。而现在，他们在学校里就能接受非常有意思的真实世界的挑战，并利用亲身历练出的实用技能，闯出一条极富前景的职业发展路线。毕业之后，这些年轻人不仅能养活自己，还能补贴家用，为社区作贡献。学校在做的事情是为这些孩子赋能，而不是将他们遗弃。

新墨西哥州教育部部长汉纳·斯堪德拉（Hanna Skandera）提出的考试与问责政策备受争议。而在我看来，斯堪德拉本人对教育现状的理解非常清晰，责任心也很强。走遍新墨西哥州各地，我遇到的教师都是富有职业精神的敬业人士，但也都十分苦恼，其中一位教师还流着泪向我倾诉了不被人信任的感受。在圣塔菲的一次社区论坛上，一位教师对学区督学说，学校的课程安排有着极为详细的规定，任何一点点偏离都会被校长斥责。督学建议道："你要和校长合作。"听到这里，我忍无可忍，终于插嘴到，如果他这个督学不为教师的创新提供支持，教室中就注定只会死气沉沉。最终承担后果的不是别人，正是新墨西哥州的孩子们。

把教育引向务实方向的州长

毕业率、大学录取率、美国国家教育进展评估成绩、学术能力评估测试成绩、美国大学入学考试成绩，无论从哪个教育指标上看，密西西比州都是全美垫底的州。在全国 50 个州里，密西西比州的排名从来都是以 4 开头或 5 开头的两位数。菲尔·布赖恩特（Phil Bryant）州长对此十分关注。布赖恩特是土生土长的密西西比州人，父亲是柴油机技工。他患有阅读困难症，在学校成绩很差。布赖恩特还坦白承认，自己在教室里没学到多少东西。在布赖恩特看来，学校就是“你不得不把时间花在这里，然后盼着早点放学的地方。而理想情况则恰恰相反：你在学校总觉得时间不够，真希望多学一会”。他将自身所具备的利用创造力解决问题的能力归因到了课外活动上，就连建造树屋这样的事，对他而言都是有益的历练。

我问布赖恩特，他记忆最深刻的在校学习经历是什么，他回忆说，是十年级时逃掉的一节生物课，他和小伙伴跑到外面玩橄榄球，一边玩，还一边在草丛里发现一条大蛇，于是抓了回来。他把大蛇带进学校，敲开正在上生物课的教室的大门，然后将蛇放了进去。直到现在，一想起当时同学们吓得尖声惊叫，往桌子后面藏的样子，他依然笑得喘不过气来。后来，他挨了橄榄球教练威瑟斯先生一顿臭揍，而这顿臭揍便是他最为记忆犹新的在校学习经历。“我从中学到，从今往后，再也不能把蛇带到学校里了。”

布赖恩特后来上了社区大学，在南密西西比大学获得了本科学位，后又在密西西比学院获得科学硕士学位。他选择了步入政坛，为自己的家乡服务，还在学校教过政治史的课程。他回忆说，自己上学的时候“数学一直不好”，但是“我可以把一部 5 400 立方厘米的引擎给你讲得门清，包括点火次序、传送马力等”。布赖恩特还做过 11 年的州审计长，关于这段经历，他讲道：“想要干好这份工作，就要知道怎么把竖列里的数字加在一起，算出个总和。”我问到在密西西比州获得高中毕业文凭所需要的数学水平，他告诉我，学生要通过代数 I 和代数 II 课程的考核。关于这一点，我强烈建议他再三考虑。

布赖恩特的教育工作有三条指导原则：沉浸到问题之中；对有效和无效的做法保持绝对清醒的认知；提供解决方案。上任之后，他对密西西比州的现行教育状况十分担忧，称本州的教育体系“糟糕透顶，但我们需要直面现实”。布赖恩特还将一则提案正式立法。该法案要求，所有孩子必须在三年级结束时通过一项阅读水平测试，通不过就要留级，没有条件可谈。他解释道：“我受够了这些学校。把孩子一个年级一个年级往上升，却连阅读这个最重要、最基本的技能都培养不了。我们这里的许多高中生阅读能力只有小学三年级的水平，这简直是赤裸裸的偷工减料，是在光天化日之下糊弄这些孩子。我必须予以制止。”也许还能找到一种不那么直白的方法，但我们很难否定他的这一目标。

在一场关于学校的目标应该高大还是务实的辩论中，布赖恩特的立场非常明确。密西西比州的贫困现状要求州内的教育往务实方向走。他还在美国毕业生就业组织（Jobs for America’s Graduates）担任主席。这家组织成立于1980年，目标是提升高中毕业率，培养毕业生具备走入职业生涯的技能。如今，美国毕业生就业组织与超过1250个学校社区建立了合作，服务的学生多达57 000人，遍及35个州。成立以来，美国毕业生就业组织累计为110多万名学生提供过支持。作为一家全国性机构，美国毕业生就业组织2016年的毕业生交出了一份惊艳的成绩单。在这些原本很可能辍学的孩子中，整体毕业率高达95%，入职、入伍和大学升学人数占到总人数的84%，全职工作就业率是同类人群全国平均数的3倍。美国商会进行的一项调查显示，雇主对美国毕业生就业组织的学生和毕业生给出了极高的评价。下一步，美国毕业生就业组织将与项目制学习的领导机构——巴克研究院（Buck Institute for Education）建立合作，将更加引人入胜的学习体验介绍到合作学校之中。美国毕业生就业组织的使命，是确保每一位学生，无论其处于怎样的社会阶层，都能在向上发展的阶梯上找到着力点。从这个角度来看，美国毕业生就业组织日渐壮大的影响力有着极为深远的意义。

全美 K-12 教育的口号都是“为大学和职业发展做好准备”，但这个说法存在误导性。现实中，学校帮助孩子准备的是大学申请材料，而非大学本身。而职业发展充其量不过是个事后备选方案。事实上，绝大多数学校早已取消了如劳技课等与实践有关的课程，将时间省出来让学生准备考大学。只有一小部分高中提供“为职业发展做准备”的职业技能项目，比如我们之前讲到过的那些优秀的教师与学生，以及将实用与学术结合为一体的学习方法。一般来说，职业教育项目很难申请到资金支持，实施范围十分有限，而且始终承受着人们的误解——这样的项目就是留给那些学习不好的孩子的最后补救。

高中的课程学习完全可以将学术知识与应用实践结合为一体：化学与烹饪；物理与电路系统；历史与纪录片制作；公民学与法律辩护知识。**学校可以为学生在真实世界中实践的项目和从事的实习工作分配学分。如果学生在某个领域扎得比较深，并因此闯出了一条职业发展路径，那么学校就应该为他提供支持。这样的环境会给那些不以学术成绩为发展重点的学生更多发光发亮的机会，拓展每个人对智慧的不同理解。**无论是否上大学，上了哪所大学，高中毕业生都应该获得至关重要的经济独立能力。但现实情况却并非如此。学生们对终日学习的内容漠不关心，学过就忘，考完试这辈子再也不会拿出来用。举几个例子：一元二次方程、动词变化、价电子、外语单词、牛顿定律、句子成分分析、多项式的因式分解、特拉华州首府、阿伏伽德罗常数、蚯蚓解剖、动名词，诸如此类，数不胜数。一看到这些例子，你肯定瞬间就会回想起高中时代，因为那是你这辈子最后一次用到这些东西的时候。

我们总是不假思索地为现行课程扣上冠冕堂皇的帽子，“学生们在学习基础知识”“我们在教他们如何思考”“学生们在毫无意义的学习任务上坚持不懈，就是历练坚毅品质的过程”。而现实情况又是怎样的呢？这些课程之所以占据着高年级学生的所有时间，只有唯一一个理由，那就是能帮助学生对由大学招生负责人和政府官员所规定的入学考试做好准备。

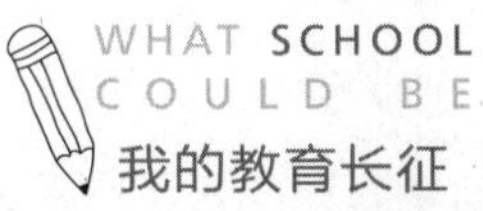

得奖记者的语文成绩

此次教育之旅中，我认识了一位获得过国家大奖的记者。当时，她正在对“共同核心”进行研究。这位记者毕业于耶鲁大学，从小就对维多利亚时代的文学怀有浓厚的兴趣。背景调查阶段，她参加了由“大学与职业预备评估伙伴机构”（Partnership for Assessment of Readiness for College and Career）规定的英语文学考试。阅读部分，有一道题碰巧是一段 19 世纪英国小说节选，正中她下怀。本来以为能因此拿个高分，但最终成绩却是让人无比失望的 79 分。关于这次考试，那位记者讲到，她能很明显地感觉到负责出题的文学博士们在选择正式古体文章时所发挥的影响力，这种类型的文章对许多高中阶段的孩子来说是完全陌生的。给她的作文打分的人很可能是最近刚刚聘用到的社会人员，毫无权威和经验可言。针对这些人的考核指标，就是每小时能判完多少篇作文，判得多拿钱就多，判得少拿钱就少。那么，十年级的学生真的应该比获得过全国大奖的记者拿到更高的分数吗？我们真的应该让教师对这种类型的考试负责吗？如果老师和学生终日关注的焦点仅限于备考窍门，而非真正的学习，我们难道不应该感到惊慌吗？

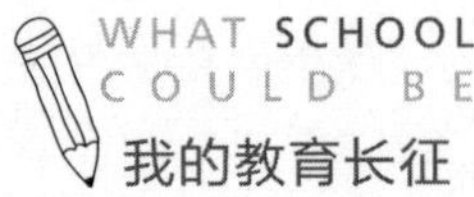

替代式学习项目

蒙大拿州州长史蒂夫·布洛克（Steve Bullock）告诉我："海伦娜市曾经是全美人均百万富翁数量最多的城市。"19世纪晚期，这座小城有着50多位百万富翁，他们都是靠附近的金矿发的家。如今，海伦娜市总人口还不到3万人，在美国所有州首府人口规模中排倒数第五。比海伦娜市人口还少的首府分别是佛蒙特州的蒙彼利埃、南达科他州的皮尔、缅因州的奥古斯塔和肯塔基州的法兰克福。我的这次教育之旅碰巧途经了全美排名前十的最小州首府之中的9处，只有第9名杰斐逊城没有去。

布洛克也在美国毕业生就业组织的委员会中任职，一直呼吁将学校与真实世界之中的职业发展联为一体。蒙大拿州人口稀少，不太可能建设许多新学校。全美50个州中，只有7个州没有特许学校，而蒙大拿州就是其中之一。在亲眼看到许多州的特许学校与主流公立学校之间存在的巨大差异之后，我反倒觉得，没有特许学校不见得是件坏事。蒙大拿州总人口只有100万，学区却多达440个。相比之下，人口众多的佛罗里达州只有67个学区，而夏威夷州仅有一个学区。平均来看，蒙大拿州的每个学区仅有320名学生。

斯蒂芬妮·泰尼斯（Stephanie Thennis）刚步入职场时，是一支小联盟棒球队的市场部负责人，后来当上了海伦娜市啤酒酿造厂的总经理。再往后，这家啤酒厂搬离蒙大拿州，而泰尼斯选择留了下来，从事她一直梦想的教师职业，为高中生讲授市场营销课程。步入教育行业之后，她又担任了海伦娜市替代式学习项目高中的校长。这所学校以替代式教学为主，学生主要是从主流学校辍学出来的孩子。辍学原因多种多样，有的是因为无聊，有的是因为需要赚钱讨生活，有的是因为自身的学习风格与传统学校格格不入，有的是因为怀孕，还有的是因为经历过创伤性事件。虽然替代式学习项目高中的教学楼朴实无华，但里面的学生却因各种学习机会而热情满满。学校提供了汽修、焊接、服装设计、木材加工和信息技术等行业的职位介绍、实习机会和职业发展推荐。其中一个学生对上学这件事简直是深恶痛绝，却特别喜欢维修旧车。于是，学校利用他在修车上的热情，激发起了他对科学、数学、历史和文学的兴趣。就这样，他在替代式学习项目取得了令人惊喜的进步。

在替代式学习项目中，80% 的学生都能拿到毕业证书。如果看看这些学生以往的学习情况，你就会意识到 80% 是个很了不起的数字。为了拿到毕业文凭，他们必须要修完本州要求的语文、政治、科学和代数课程。替代式学习项目的财务知识课程里面有大量的数学内容，但由于主讲教师拿的是职业技能教育资格证，所以这门课不能算到数学学分里。而代数课程就可以算学分，因为授课教师有官方认可的数学执教资质。在教育圈里，每次翻起一块石头，保证能发现点这种毫无意义的烂摊子。泰尼斯讲到学生的市场营销项目时，脸上浮现出慈祥的笑容。这些项目包括为本地慈善组织举办募捐活动，为本地商业机构设计营销文案，组建团队，展开销售竞赛等。她的学生在公开演讲、会计和数学、写作以及网络设计等方面都很优秀。这些技能可以帮孩子们敲开职业发展的大门。

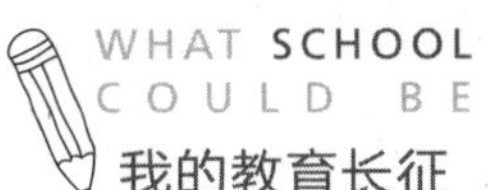

我的教育长征

创业式教学网络，让高中生成为创业者

纽约城一家名为“创业教学网络”（Network for Teaching Entrepreneurship）的学校组织，拥有非常鼓舞人心的使命——帮助高中生成为高效创业者。1987 年，史蒂夫·马里奥蒂（Steve Mariotti）创立了“创业教学网络”。他深信，孩子，尤其是成长于低收入环境之中的孩子们，能在看重“街头智慧”而非“书本智慧”的世界中取得骄人的成绩。走进“创业教学网络”的教室，你总能看到学生们在学习创业知识的过程中全神贯注，甚至达到痴迷的程度。只要旁观一群高中生看《创智赢家》这个电视节目时的兴奋劲头，就能感受到他们的热情。至今，“创业教学网络”已经在 10 个国家设立了 23 处教学机构，为 70 多万名孩子寻找到了人生的新方向。

“创业教学网络”的最大亮点，就是一年一度的商业竞赛。竞赛过程中，学生要找到商业机会，进行市场研究，创办全新的商业组织并产生销售额。学生要将自己的商业案例拿出来进行当众展示，还要应对专家的各种刁难。展示过程被录制下来，可以作为数字化档案的一部分，分享给感兴趣的雇主和大学。“创业教学网络”的学生因自身的足智多谋和坚定信心而获得奖励，与此同时，还锻炼了关键的竞争力。在撰写商业计划书的过程中，孩子们的阅读、写作和数学能力都得到了提高。他们更有可能从高中毕业，找到工作或自己当老板，以绝佳的姿态步入成年人的世界。

在如今的社会中，每一个人都需要创业精神。创业精神并不是说一定要创办一家盈利企业，也可以是通过你自身的技能、激情、毅力、胆识和从社区获得的支持，去不知疲倦地奋斗、开创，为改善自身所处的环境而不断努力。这也是人性的精华所在：去创造、去发明，让我们的世界更加美好。

几年前，我曾在“创业教学网络”的董事会挂职。那段时间，我逐渐意识到一个巨大的挑战：若想从大型基金会争取到资金支持，必须用机构工作成果的硬数据来说话。“创业教学网络”为了证明自身教学理念的有效性，一直背负着极大的压力。对学生的学习成果进行随机审查早已不能够满足基金会的要求，出勤率增加和毕业率提高等间接测量数据也不为基金会所接受。

我很荣幸能参加“创业教学网络”以“创业心态”为主题的年度大会。大会有一个环节，专门针对老生常谈的测量数据大谈特谈，还有一家全球领先的考试服务机构到场推销能测量“创业心态”的标准化考试方法。如果这份试卷真的存在，我都能将里面的题目猜个八九不离十。

1.“创业者”一词在美国于哪一年成为常用语？（　　）

A. 1949　　B. 1967

C. 1978　　D. 1999

2. 下列哪一项与创业心态的相关性最小？（　　）

A. 回弹力　　B. 领导力

C. 写出优秀商业计划书的能力　　D. 失败

3. 如果开创一家新企业需要两位创业者花 15 个月的时间，假设新来的 5 位团队成员的生产力是最初两位成员的 2/3，那么 7 位创业者共同合作，需要几个月的时间？（　　）

A. 30 个月

B. 5.625 个月

C. $\cos(2ø) \times \pi \times e$

D. 天知道你为啥问这个

我有个主意。那些给我们设计标准化测试题的人，在给“创业心态”选择题试卷开价几十万美元之前，应该先做一做下面这道题。

4. 由学生自主完成的创业项目公开展示活动具有哪些特点？（　　）

A. 一种可靠的 21 世纪评估方式

B. 对学生的激励

C. 与学生未来进入职场后，雇主对其进行评价的方式保持一致

D. 对美国教育考试中心和大学委员会长期收入的威胁

E. 上述内容都包括

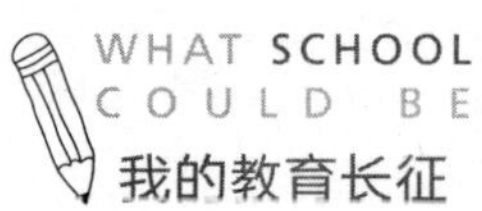

“风口学院”的弯道超车

乔恩·巴卡尔（Jon Bacal）是明尼阿波利斯市的一位教育创业者，他成立了“风口学院”（Venture Academy），专门面向极端贫困环境中成长起来的学生。在一次头脑风暴中，我们探讨了创业精神在教育中扮演的角色，紧接着说到了如果学校愿意忽略“大学备考”这件事，孩子们能从中获得怎样的好处。随即，我们便想出许多孩子非常喜欢的，能发展成为有趣事业的沉浸式学习体验，简直不费吹灰之力。他们问我，视频制作、社交媒体优化、3D 建模、数据分析、算法结构、设计思维、平面设计、文案撰写，以及计算机编程等职位，大概给年轻人开多少工资。我估算，拥有上述能力的年轻人工资至少是最低收入的两倍。乔恩说道：“那可比我们这里的家长赚得多。”高中生拼命学习那些能让他们考上大学的知识，就为了花上整整 4 年的时间和十几万美元的巨款换回一张大学文凭。而这张大学文凭仅仅是有可能帮他们找到一份满意的工作，其他什么都保证不了。多么讽刺！考试成绩普遍偏低的学校大都在成绩好的学校后面紧追猛赶，却想不到用创新的思路去弯道超车。

乔恩组织了一次晚餐聚会，有十几位在明尼苏达州教育界影响力较大的领导者前来参加。讨论一度达到了火光四射、针锋相对的状态。其中一人为内容知识的重要性进行了言辞激烈的辩护。这位化学工程师出身的领导坚定地认为："每一个人都必须将元素周期表背下来。"然而，除了他之外，餐桌边没有一个人在高中化学课之外用到过与元素周期表相关的知识。几分钟之后，这位化学家礼貌地起身告别，提前离开。就在那一天，大卫·布鲁克斯（David Brooks）在《纽约时报》的专栏上发表了《为孩子重塑教育》的书评。文章开头是这样说的："我的许多朋友最近都迷上了《为孩子重塑教育》这部纪录片，我看了一遍，当时就明白了他们为什么这么激动。"但布鲁克斯关注的问题主要是他们仍认为通往高等技能的道路需要多年的"事实基础积累。必须要知道中子是什么，基因是什么，必须要知道美国内战发生在进步时代之前"。但有多少成年人能讲清楚什么是中子，什么是基因，什么是进步时代吗？敢问正在阅读本书的读者，你们能吗？一眼扫过的内容，并不等于这段内容就能存留在脑海中。

如今，学校里讲授的内容像野草一样肆无忌惮、越长越多。究其根源，大学先修课程是罪魁祸首。学生们的学习任务越来越繁重，需要掌握的知识量越来越大。在这种情况下，人们很容易认为孩子们学到的知识比以前要多。但是，请看看劳伦斯维尔中学（Lawrenceville Academy）的例子。这所高中是全美顶尖的精英私立学校之一，学校的录取比例可谓千里挑一，学费极高（住校生一年的学费高达 61 240 美元）。学校优秀的教师团队培养出了全美最杰出的学生，许多人都升入了美国最精英的大学。几年前，劳伦斯维尔中学进行了一项实验（强烈建议所有的学校都效仿一遍）。暑假结束后，学生于 9 月份重返校园时，学校会要求他们重新做一遍 3 个月之前的那份期末考试试卷。为了确保实验结果的准确性，教师们将那些只需要机械式记忆的低水平内容从考卷中删除了，他们根本不指望学生过完暑假还能回忆起这些内容。在这次只针对关键概念进行的重复考试中，学生的平均成绩从 B+ 降到了 F。这项实验劳伦斯维尔中学连续进行了两年，许多学生都参与其中，考试内容横跨多个科目。结果表明，没有一个人能记住学校期望他们掌握的全部关键概念。这就引出了一个非常重要的问题：全美国成绩最拔尖的学生是不是真的在学习？学校之所以不愿对学生真正记在脑海中的知识进行测试，是不是因为怕事后发现，原来学生什么都没记住？

给某人讲授某个科目的知识，和帮助某人学着像行业专家一样思考，两者间有着很大的区别。对这种区别进行分辨非常重要。我们的孩子是应该去研究历史事实信息，还是应该学着像历史学家一样思考？是应该背诵科学概念，还是学着像科学家一样思考？是回答关于一首诗的选择题，还是应该学着像文学评论家一样思考？是应该埋头于数学题海战术，还是学着像富有创造力的数学家一样思考？每一所学校都宣称在教育学生如何思考，但它们真的做到了吗？在这个随时随地都能查阅到海量信息内容的时代，我们的学校究竟应该将教育重点落在哪里？

说句题外话，我也是维多利亚时代文学的粉丝。每逢遇到和我一样喜爱文学名著的孩子，我都会给予热情的鼓励。问题在于，我们该如何激发出孩子们身上的这种热情？是应该要求学生阅读名著，然后暗自祈祷会有某个孩子在这个过程中激情迸发吗？是应该要求青春期少年去阅读《李尔王》，然后盼着他们爱上莎士比亚的话剧脚本吗？还是应该以孩子们感兴趣的语言内容为基础，而无论他们看到的是《哈利·波特》、打油诗、说唱音乐、《呼啸山庄》，还是一份宣传手册的制作说明等，都要培养出他们内心对语言美的热爱？并从这里开始，陪伴着我们未来的文学家一步步成长。

一个领域的专家可以对学生的作文、话剧、科学实验或创业项目进行评估，他们能给出富有建设性的批评与反馈，也能给出基于直接证据的评估意见。而标准化考试则是一种完全不同的评估方式。标准化考试针对的是世界各地的大批量人群，将每一位学生的成绩拿来进行排名，精确到百分位。这些标准化考试的设计初衷就是为了得出一个考试成绩的钟形曲线，或称标准化曲线，只有曲线左右两边的很少一部分测试人群能拿到特别高或特别低的分数。绝大多数人都处于不上不下的中间地带。为了实现廉价的机考打分，选择题就成了最直截了当的方法。

标准化考试能对学生的低水平阅读和数学能力进行评估，帮助确保孩子们“学会如何学习”。但一波接一波的考试并不能让孩子们从中锻炼出诸如创造力、沟通、批判性分析、协作、领导力、毅力和创业精神等更加高等的竞争力。我们没办法将某人的领导力水平精确定位在93.7%，也不可能给某人的毅力打出742分，然后给另一个人的毅力打出515分。如果执意要尝试，随他们的便。但这帮官僚不可能告诉你，凤凰城一个学区的创造力平均分数处在35.6%的百分位水平，代顿市学区则处在54.2%的百分位水平，这根本做不到。

如今美国教育背后的驱动力，是哪些内容比较容易进行测试，而非哪些东西有很高的重要性，值得去学习。针对事实内容和低水平运算过程进行测试，是很轻松就能实现的，这也是为什么我们的孩子成天在学习这些东西的原因。说到这里，我想起了一个笑话：一位醉汉在路灯下找车钥匙。路人甲经过，想要帮忙，便问道：“你觉得自己把钥匙丢在哪里了？”醉汉答道：“往回走几个街区的位置吧。”“那你为什么在这里找钥匙呢？”“因为这儿亮呀。”很显然，这个醉汉是在浪费时间，但是我们的学生呢？下次再听到教育官员说“我们必须要能够对其进行衡量和测评”时，不妨想一想路灯下的醉汉。“必须要能够进行衡量和测评”，这句话对孩子的未来会造成数不尽的伤害。

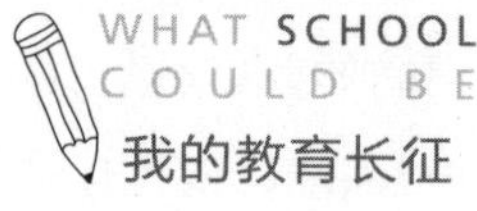

从通用申请到准入联盟

吉姆·南德尔夫（Jim Nondorf）对大学招生工作及其对学生的影响有着深刻的理解。南德尔夫毕业于耶鲁大学，年纪轻轻便实现了自己设定的商业目标，后来回到母校在发展办公室任职。在为公益项目募资的过程中，他开始关注如何向贫困学生敞开大门这个问题。于是，他申请调离原部门到招生办公室任职。他的招生工作做得十分出色，于2009年被芝加哥大学聘为招生办主任。后来，怀着对招生工作的激情，南德尔夫成了“准入、平价与成功联盟”（Coalition for Access, Affordability and Success）的主席。该联盟有着巨大的潜力，很可能会对整个美国的教育体系形成决定性影响。

南德尔夫经常需要和学生父母打交道。许多父母都对孩子未来考大学的成败备感焦虑。南德尔夫总是不断安慰他们：“别担心，你家孩子用不着去尼加拉瓜建医院，他能考上大学。”他可以区分出哪些孩子有发自内心的自我驱动，哪些孩子是靠父母驱赶“随波逐流”的。南德尔夫讲道：“大学的招生和录取没有记分卡，不是说你做到这八件事情，就能获得你想要的结果。”说到最不堪回首的经历，南德尔夫告诉我，一位父亲曾因儿子被拒，专门打电话找到他坚持道：“这件事不能就这么过去。如果孩子被拒，那将是我这辈子头一次无法将他想要的东西送给他。”

在美国大学的招生流程中，“通用申请”（Common Application）是主流。这种申请方式主要是以学术成绩（绩点、美国大学入学考试、学术能力评估测试、大学先修课程、班级排名）为中心，再加上课外活动清单和几篇泛泛而谈的申请信。富裕家庭极为重视这些指标，不惜下血本，购买各种备考材料，聘请辅导老师和大学顾问为孩子提供支持。穷困家庭也忙不迭地紧追慢赶，生怕自家孩子被落下。为了达到这些为招生负责人和考试机构服务的衡量指标，所有的孩子都被逼迫着不断精进，不断追求高分。

2013年，通用申请因“小石子而摔了个大跤”。几位著名大学的招生负责人因为被单一的考试机构绑架而感到很不爽，于是决定去寻找替代方案，最后发现竟然可以有更加理想的招生录取途径。就这样，“准入、平价与成功联盟”诞生了。联盟得到了100多所著名公立大学和私立大学的背书，主要负责提供一个申请平台，一个学生学习成果的数字储物柜，以及与指导顾问、导师和校友交流的在线工具。学生可以在准备申请材料时调用数字化档案中的案例，从而体现出自身的进步、创造性，以及真实的学习成就。

以数字化档案为基础对申请人进行评估的方式，很可能会创造出一个完全不同的K-12生态环境。学生不再被逼迫在标准化考试中拿高分，而是得到鼓励，去大胆创造各种项目——进行科学实验，写小说，或是为那些家人在枪击事件中遇难的同学举办募捐活动等。孩子们会有充裕的空间在智慧的探索之路上去冒险，学习如何面对挫折、战胜失败。高中不再以给孩子们排名次为重点，开始更多地关注如何帮助孩子们获得竞争力，让他们有能力使自己的世界变得更加美好。如果“准入、平价与成功联盟”获得成功，就能让高中恢复元气，重建真实的学习目标，在“为大学准备好”与“为人生准备好”之间画上等号。

“准入、平价与成功联盟”依然非常脆弱，面临许多反对的声音，其中相当一部分来自那些深谙大学招生录取现行规则的资深玩家。一年的教育长征途中，我遇到了几位这样的人，和他们的对话基本逃不出下面这些话题（见表 3-1）。

表 3-1 “准入、平价与成功联盟”申请制度：观点与反驳

他们的反对意见	我的反驳
有钱人家的孩子会在“准入、平价与成功联盟”的新体系中轻而易举地玩转新规则	他们在现行体系内也拥有不平等优势
千万不能让孩子们从九年级就开始担心以后考大学的事	富裕家庭从孩子没生出来就开始成天想着大学的事。如果穷人家的孩子真等到十一年级才开始为进入大学做准备，可能就太晚了
新的申请制度模糊不清	人生本就如此。模糊的界定会奖励那些很难由家长或顾问代办的创造力
对于大学招生负责人来说，审查数字化档案工作量太大	不应该以大学招生负责人做事情顺手与否来决定高中的教育

一位顶尖大学的招生办主任对以学生真实学习成果档案为依据进行招生决策的思路，有着另一套反对意见。在他看来，许多大学课程，尤其是入门课程，都在大讲堂里进行讲授，要求学生能够准确地记笔记，背诵内容。如果没有在高中阶段受过记笔记和背书的系统训练，那么大一新生很可能会四处碰壁。这样说来，我们就需要拙劣的高中教学法来训练孩子去适应拙劣的大学教学法。但不管怎么说，这位招生办主任还是讲了实话。

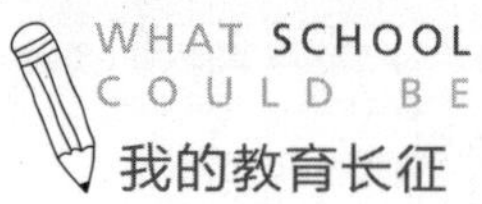

重新设计高中成绩单

“所测即所得”，这句话用在教育上再适合不过。学校以考试为目标进行教学，是因为学校要为学生的考试成绩负责任。高中教学质量的好坏要用有多

少学生上大学，上了哪所大学来评判。就这样，高中都一门心思以“为大学做准备”为目标。学生的优劣则要看他们的大学先修课程成绩，于是大家都将时间用在了大学先修课程考试备考上。如果我们以一页成绩单来衡量孩子们在高中 4 年取得的成就，那么学生就会全部投入到努力产出最好看的成绩单这件事上。

斯科特·卢尼（Scott Looney）是克利夫兰霍肯学校（Hawken School）的校长。他有一个改变美国教育现状的大胆计划。他认为，现有的成绩单制度已经过时，严重危害了教学创新和真正的学习。现有的成绩单与出勤时间以及考试成绩紧密相关，由一个个彼此独立、互不干涉的科目组成。绩点的计算中为“高级”课程赋予了额外的学分，逼着孩子们不得不在课程表里塞满大学先修课程。班级内部的排名竞争，将高中变成了现实版的《饥饿游戏》。学生们特别害怕考砸，总是避免在考卷上给出风险较高的答案，要么就躲着那些难度较高的课程不上。这样的打分和排名制度侵蚀着孩子们的内驱力，也存在标准不统一和普遍水涨船高的问题。现有成绩单还为课外活动留下了一小块地方，于是，孩子们不得不去从事那些一两句话就能说明白的课外活动。上述意见，都是一针见血。

卢尼正在与其他一些顶尖的私立学校合作，对高中成绩单进行重新设计。他的思路是有先例的。1952 年，三所私立高中（劳伦斯维尔高中、安多佛高中和埃克塞特高中）与三所大学（哈佛大学、耶鲁大学和普林斯顿大学）达成合作，创造了后来的大学先修课程体系，为高中的高级学术活动授予大学学分。不过，虽然大学先修课程在美国的主流高中十分流行，但许多顶尖私立学校都出于为了让学生获得更加深刻的学习体验的考虑，放弃了大学先修课程。

卢尼的想法是，如果顶尖高中的申请人能提供一份 21 世纪的全新成绩单岂不是更好？如果只有一所学校采用这种做法，那么学校校长肯定会被扫地出门。但如果有足够多的顶尖学校为了这份下一代成绩单而联合在一起，那么就是“众人拾柴火焰高”。这些学校可以冲在前面，为这份现代化成绩单探索出一条通路，然后公开给所有学校供其使用。改变了高中的成绩单，就等于改变了高中——所测即所得。

全新的成绩单是一份构想中的以“熟练掌握”为基础而得出的成绩单，取代科目的是各类关键技能，取代平时成绩的是各个档次的熟练水平，取代大规模标准化考试成绩的是原创的学习成就档案。这份成绩单设计得简洁易懂，招生负责人只需要 10 分钟左右就能完成一份成绩单的审阅工作。这种方法与用勋章来对成就进行表彰的方法有些类似。这也随之衍生出一种全新的问责模式，可以让那些担任监管职能的官员和领导，如校董会、督学、立法官员等，对某所学校或某个学区的成绩单样本进行审阅，对学校的表现进行全面把握，并从中识别出落后的单位。

一整天的密集会议之后，晚上 10 点，卢尼依然精力充沛。攀谈中，他引述了巴克敏斯特·富勒（Buckminster Fuller）的一段话：“你永远不可能通过与现实抗争来实现改变。若想改变，就要打造出全新模式，让现有模式成为过时的历史。”截至 2016 年年底，已有 100 多所学校承诺支持卢尼的精熟成绩单行动。

在克利夫兰的一次社区论坛上，当地新科技西部高中（New Tech West High School）的校长埃琳·弗鲁（Erin Frew）也来到了现场。这所高中是 200 多所以项目制学习为核心的新科技学校之中的一所。弗鲁的学生面临的挑战，是“模仿成年人在做的事情，学习真实世界的运转方式。这些学生需要去解决实际问题。孩子们要去收集信息，对其进行分析，从而得出一个解决方案。他们结成团队，共同合作，以便高效地学习知识，目标则是创建出优秀的解决方案”。弗鲁这所新科技高中里的孩子们，将会成为卢尼精熟成绩单的最佳受益者。因为那些精心设计的跨学科项目根本无法通过传统成绩单得以体现，却与精熟成绩单一脉相承。从此以后，这些学校再也不用在学习与成绩单之间进行取舍。

如果想实现 K-12 学校的变革，最快最见效的方法就是让大学招生录取流程更加重视富有创意的原创学生作品。南德尔夫和卢尼的努力，很可能会掀起一场具有重大意义的变革。如果你是一名大学毕业生，不妨敦促自己的母校，加入到“准入、平价与成功联盟”的队伍中来，将数字化档案作为招生录取的关键内容。如果你能联系上某所高中，也不妨向他们介绍一下精熟成绩单联盟。

与数字化档案和关键竞争力紧密相关的学生评估框架，还能带来另外一个不那么明显的好处。虽然许多没有科学、技术、工程和数学背景的人在各个领域都取得了令人瞩目的成功，但现今社会上还是有一种很时髦的观点，认为只有科学、技术、工程和数学才是通往卓越职业生涯的必经之路。如果我们将重点放在那些关键技能上，那么一切都会发生改变。学生若想展示出自己在沟通能力上的精熟水平，既可以通过写一篇作文来呈现，也可以通过写一篇实验报告来证明。若想展示出批判性分析能力，他们既可以完成一篇哲学评论文章，也可以做一份数学推导证明。**技术水平的展现要通过实际项目来实现，而不是一套课程体系，或是一个专业选择。科目将成为掌握各类重要能力的手段，帮助学生在机器智能独揽百家专长的时代成为有价值、有发展的人。**

关于“为大学做准备”这个话题，我想最后再强调一点。现行的教育体系非常不重视统计学这门课程，还总是拿着千疮百孔的统计学分析数据对现状进行佐证。真是精明。多项研究断定，大学文凭就是年轻人唯一的最佳投资选择，文凭的有无在人的一生中能造成巨大的收入差异。这种分析本身就有问题。人群存在逆向选择，就好像看着后视镜开车一样，他们是在用过去走过的路来预测未来的方向。大量不堪贷款重负的大学辍学生也搅入了一潭统计浑水。到目前为止，这些研究最大的失败之处就在于，他们忽视了只有上大学这一条路可走的教育体系会造成什么样的后果：学生从 K-12 学校毕业时，不具备为潜在雇主提供价值的任何实际能力。如果他们没有去上大学，那么他们唯一的选择就是只能获得最低薪酬的基础工作，而现在，就连这些工资最低的工作，都日益被眼高手低的大学毕业生所占领。而倘若高中毕业生从学校走出来时就身怀令雇主青睐的实际能力，那么对于昂贵的大学文凭所能提供的终生价值这个问题，我们很可能会得出不一样的结论。而这样的成果，却因为我们只知道盯着大学不放，最终化为泡影。

WHAT SCHOOL COULD BE

INSIGHTS AND INSPIRATION FROM TEACHERS ACROSS AMERICA

04 大学是一段不同的旅程

对于年轻人来说，大学是个能让自己破茧成蝶、让梦想绽放的地方。但大学的现行模式已经彻底过时。大胆创新的大学校长和特立独行的创业家会用颠覆式的学习机构为人们提供大学之外的出路。

人们对“大学”一词有着多种解读。大学的类型五花八门，有的能为几乎所有学生提供卓越体验；有的是某种特定类型学生的合适选择；有的则是扼杀学习热情、花钱打水漂的昂贵场所。有的大学可以确保每一位学生都能承担得起学费，还有一些大学则是赤裸裸地来一个宰一个。有的大学规模不大，师生之间关系亲密，有的则像工厂一样批量产出毕业生。有的大学遵循有效的教学法，还有一些大学只想着怎么提高在《美国新闻与世界报道》上的排名。有的学生能充分利用大学资源，牢牢把握住大学这个机会，还有的学生成天浑浑噩噩，靠吸食违禁药品混日子。因此，当你说起“大学”这个词时，要格外注意其潜在含义。

那些毕业于知名大学的成年人，每每回忆起大学时光，总是以怀旧的心情述说着昔日的美好。大学可谓是你第一次真正独立生活，用时间去磨砺日趋成熟的性格。你在大学的快乐与挑战中，结识了一辈子放不下的朋友。你在大学大开眼界，发现了数不尽的有趣思想，脑海深处是永远无法忘却的恶作剧、派对时光、体育比赛和疯狂探险。你的母校，是你身份认知的核心，就像你的服饰、婚礼、遗嘱和誓言一样。大学时光塑造了今天的你，你也认为，每个孩子都理应获得同样的体验。

我经常会问一些人，让他们讲一讲大学经历对自己最大的影响。至今为止，还没有一个人回答说，对他们影响最大的是听了哪一堂课。理查德·阿鲁姆（Richard Arum）和乔西帕·罗克萨（Josipa Roksa）进行的一项富有开创意义的研究对此进行了解释。这些内容囊括在他们的著作《学海漂流》（*Academically Adrift*）中。6 年时间里，他们跟踪了 20 多所大学中 2 300 多名大学生的学习情况，发现在完成两年的大学学习之后，“研究覆盖的至少 45% 的学生，在批判性思维、复杂推理和写作技能上没有统计学上的明显提高”。对于全部学生，在 4 年大学学习结束后，上述技能的提高也是极微小的。在此基础之上，他们总结认为：“经‘大学学习评估’（Collegiate Learning Assessment）测评，如今绝大多数学生在接受高等教育的过程中，其一般技能无法获得可测出的提高。”学生之所以什么都学不到，主要是因为大学的教学方法太差，而好莱坞电影《动物屋》就是现如今美国大学生学习和品德的真实写照。这些结论与针对雇主的调查结果完全相符，雇主也同样认为，大学并没有让学生准备好迎接日后的职业生涯。

毫无疑问，大学生活让许多人发生了蜕变。对于在艰苦条件中成长起来的孩子们来说，大学更是一处神奇的所在，在让他们大开眼界的同时，还将他们从贫困的命运中拯救了出来。在对大学展开讨论的同时，我们也需要对大学情况的变化有一个清晰而冷静的认识（见表 4-1 及图 4-1）。

表 4-1　大学情况的变化

	1977 年	2017 年
四年制大学文凭的成本		
公立大学	约 4 000 美元	约 75 000 美元
私立大学	约 8 000 美元	约 225 000 美元
大学课程的开放程度	只对在籍学生开放	免费、在线
找到好工作的机会	非常大	成问题
录取竞争强度	一般	激烈

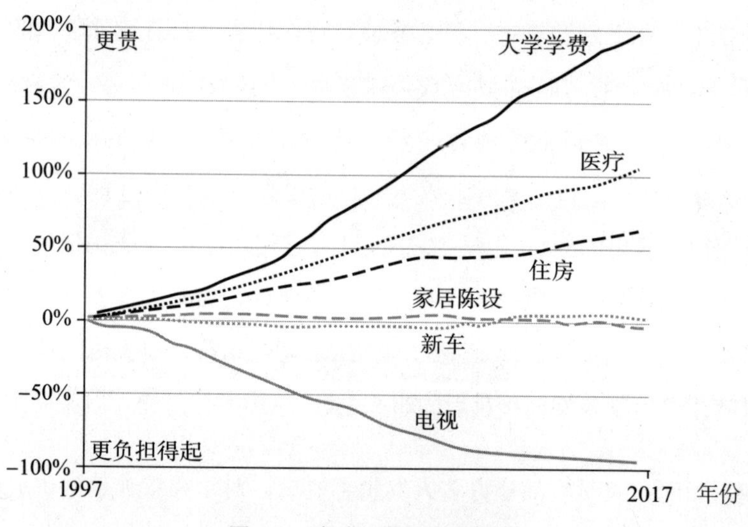

图 4-1　直冲云霄的大学成本

资料来源：美国企业研究所

在上述变化的基础之上，大学理应有充分的动力去提升其价值主张。但事实上，寻求改变实在是难上加难。只要设身处地地站在大学校长的角度考虑一下这个问题，我们就能理解这一点。忠实而慷慨的校友希望自己的母校就像自己搬进新生宿舍的那个秋天一样，永远不要改变。而拥有终身教职的教授们则对能生存于拥有光荣历史和传统的象牙塔之中感到非常自豪。这些恪守已见的学者常常认为教书这件事会让人在研究上分心，他们找不到改变的理由，如果有人持不同意见，那就干脆对其视而不见。

幸运的是，高等教育中也能找到星星点点的创新火种。越来越多的人开始尊重以工作为基础的学习方法和以项目制学习为中心的大学，诸如西北大学、滑铁卢大学、欧林学院、普渡大学等。斯坦福大学则描绘出了一幅关于未来的与众不同的愿景。**在新型大学，学生在学校不断精进的将是使命而非专业，学习活动也会在校内学习和真实世界体验之间不断循环。**接下来，我们将走进创新大学，看看那里的学生是如何学习，学校又是如何在社会的竞技场上帮助维护公平的。

设计新型美国大学

亚利桑那州立大学的校长迈克尔·克罗（Michael Crow），正在进行美国历史上影响力最大的大学改革工作。亚利桑那州立大学总部位于亚利桑那州坦佩，分校区遍布全美各地，在籍学生数量多达 10 万。最近，这所学校被提名为全美最具创新意识的大学，这个说法无可非议。克罗曾担任常春藤盟校——哥伦比亚大学的教务长，于 2002 年到亚利桑那州立大学担任校长一职。在他的任期内，学生数量几乎翻了一番。如今，学生群体的多样性就像亚利桑那州内的人口结构一样丰富，学生的留校率和毕业率均大幅增长。他将亚利桑那州立大学“以教师为中心的文化转变为以学生为中心的文化”。他总是提出

“我们为什么来到这里”之类的问题，引发人持续不断的思考。克罗认为，大学的角色是“在社会层面发起变革”，而这也正是他现在所从事的事业。

克罗成功的关键，就在于他愿意避开那些对大学质量进行评判的传统衡量指标。他注意到，许多学校因为能拒掉大部分申请人而为自身的“排他文化”感到骄傲，他将这种现象称为“虚假的地位”。亚利桑那州立大学最关注的，就是学生是否能上得了学，是否能上得起学，是否能在学校取得成功。克罗为他的团队制定了很高的目标，但同时也懂得放手和信任，让员工领导新学校的设计工作。有些人在挑战面前奋勇向前，有些人满腹牢骚，但总体来看，这种策略还是奏效的。

亚利桑那州立大学正在试验线上教学，但他们同时也意识到，在线内容只能是整个学习框架中的一小部分。这些课程包括大量人与人之间的互动和支持，在学生和教师间有大量的面对面交谈或在线交流。课程设计者明白，人们需要参与到与其他人的辩论和互动之中，才能实现真正的学习，而不能仅仅是被动地坐在那里听讲座或看视频。这种观点与那些对“慕课”趋之若鹜的大学形成鲜明对比。几年前，美国大学界曾掀起一场慕课风潮，而结果却不尽如人意。观看讲座视频，每隔几分钟暂停一下，进行几道选择题小测试——这样的学习方法根本没办法带来什么革命性的变化。

亚利桑那州立大学正在将教学模式从以学生的出勤时间为标准，转变为以学生的实际能力和实际掌握水平为标准，使得学生能够以与自身熟练程度相符的学习进度去挣学分。学校创办了十几所跨学科学院，以城市开发、国家安全、可持续能源等社会重大挑战为研究目标，学校的研究资金也实现了大幅增长。如今，学校每年产出的技术专利转让费高达数千万美元。他们还为高中生提供了赚取大学学分的机会。

亚利桑那州立大学实现了学术成就、应用型学习和环境多样化的完美结合，并由此得以蓬勃发展。这所大学吸引到的“美国优秀学者”（National Merit Scholar）数量，比任何一所顶尖的州立大学都要多，连加州大学洛杉矶分校和伯克利分校都只能步其后尘。这所大学培养出来的“富布赖特学者”（Fullbright Scholars）数量超过了许多常春藤盟校。亚利桑那州立大学中，几乎一半的学生都能获得佩尔奖学金，40% 的学生是家族中的第一代大学生。克罗的著作《新型美国大学设计》（*Designing the New American University*），详细讲述了他在包容度、大学费用合理性和学术创新能力等方面的愿景。他的愿景受到了不少人的攻击，甚至被某些学者用“令人发指”和“反面乌托邦”等词语来形容。但时至今日，已有 150 多所大学慕名前来访问，以亚利桑那州立大学的新型办学模式为榜样。

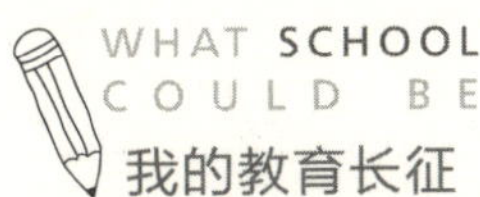

体验型学习“主宰未来”

常青州立大学（Evergreen State College）是体验型学习领域的先锋。这所大学成立于 1971 年，因时任州长丹·埃文斯（Dan Evans）签署的新法案而诞生。这所大学是埃文斯州长在担任公职期间诸多创举之中的一项成果。埃文斯也曾担任过两届美国参议员，为人温和有礼。如今的美国政坛根本找不到如此英明的人物。1977—1983 年间，他担任着常青州立大学的第二任校长，从那时起，他便一直关心着这所大学的发展。如今 90 多岁高龄的埃文斯依然精力旺盛。关于常青州立大学对体验型学习的重视，他这样讲道：“大多数大学生就读的学校依然在沿用 20 世纪的教学风格讲课。学校将独立的课程和彼此不相关的学科组织在一起，就形成了某个专业。上完这个专业规定的课程，就能换一张毕业证书。但人生却并非如此，无法任由我们精细地划分和组织。人生是复杂而凌乱的，你永远也不可能知道明天会发生什么。在常青州立大学，我们有协作式学习项目，学生可以参与到自身教育路径的设计中来。灵活而有机的学生小组，积极而投入的教学团队，所有这些汇集在一起，可以很好地帮助学生为迎接未来的人生做准备。”

常青州立大学刚成立没多久的时候，也是在埃文斯担任州长期间，曾接到过一位家长的电话。当时，这位家长的儿子刚刚入学没多久，父亲问儿子：“你在学校都上什么课了？”儿子答：“航海。”父亲接着说：“航海挺好，还有什么课？”儿子答：“没了。”父亲听到后大怒，在电话里质问埃文斯：“常青州立大学到底在搞什么？”埃文斯耐心地解释道，他儿子在一个小规模学生团队里与四位教师紧密合作，他们每天都要进行密集的研讨，话题围绕与海洋有关的文学，与海洋商业有关的经济学，与风力推动船只在水中行进有关的数学和物理学，以及与海洋探险有关的历史展开。学生们在以真实世界为背景，同时学习 5 门学科及其相互之间的关联。

直到今天，常青州立大学依然承诺为学生提供经济上可负担，能改变人生的大学体验。本州学生的学费只要 6 300 美元，只要申请，基本上都能被录取。学校为学生提供极大的灵活性，既可以住校，也可以走读。学生若想掌握一门外语，可以到国外去取得属于自己的学习体验。学生若对某个领域感兴趣，也可以走出校门，到社会上去争取真实的学习体验。学校不断寻找新方式，将其他类型的学习转换为学分，无论是在另一所大学上过的课，还是在企业里面打过的工，都可以记为本校学分。学生如果决定暂时从大学学业的正常轨道上脱离出来，无论是几个月还是几年的时间，回归校园时都不会面临官僚程序的繁文缛节。学校最关注的是学生的成功，而非学校的收入。这所学校的校友中有许多已成为著名的成功人士，包括 Lynda.com 网站的创始人兼首席执行官琳达·温曼（Lynda Weinman）。她说，常青州立大学正是那个让她学会“主宰未来”的地方。

从一家组织的预算中就可以看出它们的价值观（见图 4-2）。一些令人尊敬的业内先驱会在先进教学法和贫困学生奖学金上投入大量资源，还有一些学校则将资金主要用在装修学生宿舍，建设豪华校园、体育场馆，购买私人飞机，以及一切能将学校在《美国新闻与世界报道》上的排名往前提升的活动上。春季，校园里的草坪上缀满了“自愿联邦奖学金”（FAFSA）的标志，敦促学生赶快更新奖学金申请表格。许多学生 4 年后无法毕业，就因为有一两门必修课没完成，而这也进一步增加了他们的大学成本。有些大学为了增加额外收入，对环境更好的宿舍标价更高，还推出了不同档次的食堂套餐，而无视这样的政策会进一步拉大富裕学生和低收入学生之间的鸿沟。

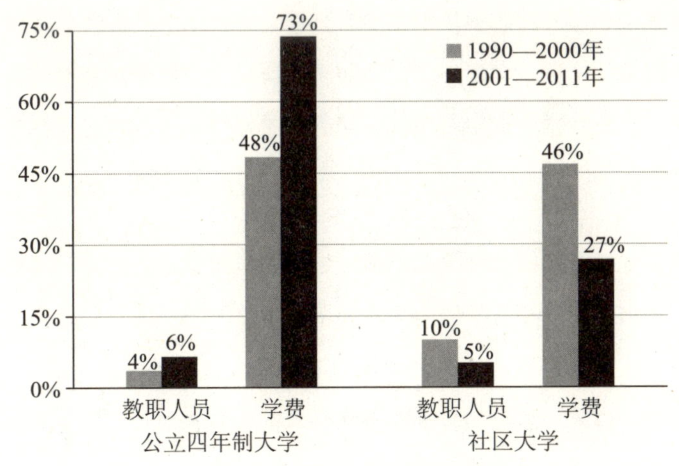

图 4-2 大学投入资源的领域

资料来源：美国大学委员会

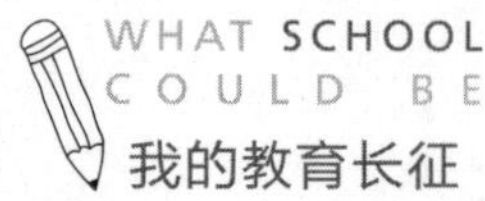

培养自己的科学家和工程师

赫布·施罗德（Herb Schroeder）是一所顶尖大学工程系的领导，备受人们尊敬。施罗德有着非常曲折的职业发展路线，他在芝加哥度过了自己的高中时代。高二时，他的数学考试成绩不及格，老师便断言说，他这辈子绝对不可能在科学、技术、工程和数学领域有什么建树。于是，27 岁之前，施罗德再也没惦记过与科学、技术、工程和数学相关的任何事情。高中毕业之后，他独自向北闯荡，来到阿拉斯加州，在跨阿拉斯加输油管线的工地找了一份建筑工人的活计。做着做着，施罗德对工程产生了兴趣，于是考上了阿拉斯加大学，在那里拿到了机械工程的学士学位，后又获得土木工程专业硕士和博士学位。一路走来，他经历了太多。回顾自己的学习生涯，施罗德认为，目前学校讲授科学、技术、工程和数学的方式根本不合情理。而他会给自己的学生提出宏大的设计挑战，比如在设计指标限制下建设一座桥梁；利用当地垃圾场里捡来的部件，设计出一个能撑起一把伞的装置；利用基本的电子元件，做出一个能飞起来的四轴飞行器等。施罗德善于调动学生的积极性，不断给学生提出新挑战，培养学生对科学、技术、工程和数学的热情和实际能力。

随着时间的发展，施罗德逐渐意识到一个问题，那就是阿拉斯加本地人很少会选择科学、技术、工程和数学作为学术和职业发展方向。怀着对这个问题的好奇，施罗德观察发现，许多本地人上大学时基本的阅读和数学水平都非常落后。高中阶段的科学、技术、工程和数学课老师基本都不是本地人，这些人内心都很怀疑阿拉斯加本地人是否有能力承担富有挑战的学术任务。许多本地孩子在长到 18 岁时，都深信自己未来不可能在科学、技术、工程和数学领域有所建树，就像当年的施罗德一样。

于是，在施罗德的倡议下，阿拉斯加本土科学与工程项目（Alaska Native Science and Engineering Program）成立了。因为这件事，持反对意见的人“差点把我赶出阿拉斯加”。如今，阿拉斯加本土科学与工程项目已经成功运营22年，为社会输送了400多名拥有科学、技术、工程和数学学位的阿拉斯加本地毕业生，还有2 000多名从小学六年级到博士生的后备力量。目前，施罗德正在将项目的覆盖范围扩展到非科学、技术、工程和数学领域，并向下延伸到初中和高中的阿拉斯加本地学生。他要向世人宣布，阿拉斯加本地孩子的能力丝毫不逊于其他人，他们也可以成为科学家和工程师。同时施罗德也告诉我说：“直到现在依然有许多人质疑我们的方法。许多教育者和家长依然不愿意脱离传统的教育模式，不愿意接纳我们的方法。”

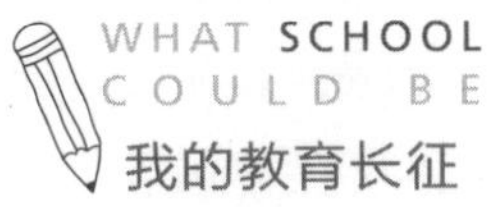

现在的行动影响未来

弗里曼·赫拉堡斯基（Freeman Hrabowski）是马里兰大学巴尔的摩郡分校（University of Maryland, Baltimore County）的校长。这位校长绝非等闲之辈。他在亚拉巴马州伯明翰长大，父母都是教师。父亲后来离开讲台，去钢铁厂做了工人，因为“他做钢铁工人的收入比做教师要高”。12岁那年，赫拉堡斯基加入了民权运动儿童十字军，其间还被警察逮捕，在监狱被囚禁了5天，还被伯明翰公共安全长官“公牛”康纳（“Bull” Connor）吐了一身口水。离开监狱时，赫拉堡斯基记住了马丁·路德·金的话：现在的这些行为会对“尚未出生的子孙后代带来真正的影响”。赫拉堡斯基后来的职业发展，正应验了这句预言。

赫拉堡斯基以优秀的成绩毕业于汉普顿学院（Hampton Institute）数学专业，后在伊利诺伊大学获得博士学位，博士论文以统计学和高等教育管理相结合为主题。1987年，他加入马里兰大学巴尔的摩郡分校任副教务长时，这里还是充斥着种族冲突的贫穷城市之中的一所死气沉沉的走读学校。许多前途光明的科学家来到这所大学又纷纷离开。短短5年时间，赫拉堡斯基就升任校长一职，开始全面整顿学校，学校的重点也放在了与周边社区紧密结合的动手式学习上。遇到矛盾时，他毫不退让，譬如他关掉了非洲研究所及其橄榄球队，将资源转移到科学、技术、工程和数学研究以及象棋团队上。后来，这支象棋队伍拿下了许多比赛名次。回头看看，他的每一步棋走得都很不容易。

关于孩子厌学，尤其是不喜欢科学、技术、工程和数学学科的问题，赫拉堡斯基指出了三个要点。“学校的课程很无聊，我们是在教孩子用机械式的思维去思考。我们没有将科学、技术、工程和数学课程与真实世界联结为一体，”他继续讲道，“人们要知道，我们在教学上是多么机械化。上过高中数学课的人都对‘函数’这个词再熟悉不过，但是如果你问：‘函数到底是个啥？’没人知道。就连数学老师和工程师有时都会说不清楚这些基本概念。”赫拉堡斯基引述了一项研究，该研究发现，精英大学从科学、技术、工程和数学学科半途转专业的学生，都是成绩很好的尖子生。这些学生怀着在学术上的优越感，却被科学、技术、工程和数学的入门课程难倒了，于是只好逃离到更加安全的专业，去那里继续当尖子生。

在马里兰大学巴尔的摩郡分校，我见到了一些神经科学、化学工程和计算机科学专业的高年级学生，他们都在朝读博士的目标按部就班地努力。这些年轻人全部是出身于贫苦家庭的有色人种，通过马里兰大学巴尔的摩郡分校的迈耶霍夫学者项目（Meyerhoff Scholars program）拿到了全额奖学金。迈耶霍夫学者项目是一项专门为扶持非洲裔美国学生而设的全美范围内的科学、技术、工程和数学奖学金。在马里兰大学，各类项目“总是不断浮出水面”。所有学生都做过实习工作，实习地点包括陆军研究实验室、林肯实验室、诺斯罗普格鲁曼公司、无国界工程师组织等。一名学生说道：“在自己装好一台收音机之前，我一直搞不清楚电路的原理。自从实习之后，我就明白了。”他现在因为对机器人的兴趣而沉迷在科学、技术、工程和数学之中。还有一名学生上高中时很不喜欢科学课（“如果你不知道元素周期表，你就没办法学好化学。”）现在，她因好朋友罹患精神分裂症，选择了在神经科学专业深造。另一名学生以前打算去读音乐专业，后来因全球水资源危机唤起了内心的目标感而选择了化学工程专业。还有一位学生说，打算今后推出自己的美容品牌——“当你发现滴定实验室的真正价值时，就能在那里找到全新的意义。”所有学生都讲到了同一件事情：“来到马里兰大学巴尔的摩郡分校之前，我不认为非洲裔美国人可以进入科学领域。”这些孩子令人刮目相看。他们正在勇往直前地闯出一条通往未来的道路，将自己打造成为科学、技术、工程和数学方面的领袖，并成为其他少数族裔孩子的楷模，激励他们也踏上科学、技术、工程和数学的职业发展路线。

马里兰大学巴尔的摩郡分校的在籍学生总数在过去 10 年间增长了 18%，而科学、技术、工程和数学专业学生的增长规模则高达 48%。纵观所有的美国大学，平均每 4 位科学、技术、工程和数学专业的大学生中，最后只能有一位顺利毕业。而马里兰大学巴尔的摩郡分校的毕业生中，40% 都拿到了科学、技术、工程和数学文凭，中途换专业的比例很低。2011—2015 年，马里兰大学巴尔的摩郡分校的本科生毕业之后，选择继续在科学、技术、工程和数学领域攻读硕士或博士学位的比例，远远超过美国其他任何一所大学。马里兰大学巴尔的摩郡分校的年度研究预算，从 100 万美元猛涨到 8 000 万美元，而拨款重点则落在为本科阶段的研究提供资金支持。如今，学校与 100 多家本地商业机构建立了合作关系，为学生提供实习和就业机会。学校的教师或校友开办的企业如今也都成为学校的合作伙伴。所有这一切形成了良性循环，蒸蒸日上。

经营一所大学需要事无巨细、面面俱到，这本就是一份非常消耗时间和精力的事业。而赫拉堡斯基在大学之外，还为巴尔的摩市区的 K-12 学校注入了变革力量。利用诺斯罗普格鲁曼公司的 160 万美元拨款，他在这些学校开设了动手式学习的科学、技术、工程、艺术和数学课程，为教师提供了项目制学习的培训。他还通过设立科学实验室、市场、数字化视频音频工作室、家长资源室和社区会议空间等本地化科学、技术、工程、艺术和数学中心，将教育资源带到社区里的成年人身边。同时，赫拉堡斯基还在帮助在高中读书的孩子们寻找实习机会。“孩子们的能力比我们想象得要更强，发展得更快。有些安防背景的公司为还在读高中的孩子颁发证书和出入办公室的安全许可。对于高中生来说，学徒机会和实习机会非常关键，能帮助他们将自身所学与真实生活融为一体。”

赫拉堡斯基还会利用闲暇时间，与青少年司法局合作，为第一次触犯法律的未成年人提供帮助。赫拉堡斯基讲道：“如果我们能让这些孩子将关注点从破坏转到建设上来，就能在他们身上发掘出极强的实践能力。他们头脑非常清楚，拥有很高的情商。如果我给他们出一道组词题，他们总能给我意想不到的精彩答案。但是学校太无聊了，这样就使得孩子们逐渐形成了做坏人的自我认知。”关于这些孩子，赫拉堡斯基说道：“我们致力于将这些孩子培养成为杰出的人才，使他们可以与全世界任何地方的任何人去竞争。”

这些大学中的科学、技术、工程和数学项目非常精彩，激动人心，但我想要着重予以支持的还是文科专业。如今，几乎所有大学生都将未来的职业

发展作为主要的奋斗目标，并以此作为选择热门专业的依据。帮他们掏学费的家长在选择过程中也发挥了不少作用。以我个人为例，我获得了英语文学和物理学的双学位。如今回头看看，我在科技和商业领域的成功，更多的应归功于我曾经上过的英文课，而不是本科时所读的物理学专业或博士研究生阶段的工程专业。文学课程帮助我学会了如何沟通，如何用批判性的眼光去分析问题。目前文科专业的问题不在于无法帮助学生准备好迎接日后的职业发展，而在于没能说服包括家长和雇主在内的成年人，让他们相信文科专业的毕业生也具备强大的竞争力。多年来，我在做企业、做投资的过程中，面试新人时从来不会接受那些具有商科背景的申请人，而是更喜欢那些拥有足够自信，选择非传统、有挑战性专业的年轻人。事实证明，我的这个思路挺好，面试新人的过程也因此变得更有意思。同时，对那些将市场营销专业视作不配在象牙塔中谋得一席之地的文科教授们，我也要提一条建议：他们所在的领域，同样需要市场营销。

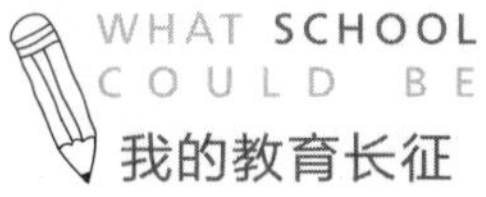

最具创新意识的军校改革

美国海军学院（U.S. Naval Academy）可谓是全世界最具创新意识的教育机构之一。学院督学泰德·卡特（Ted Carter）中将带领他的团队，正在用创新的教学手段，彻底改写着军校学生为未来职业发展做准备的方式。

卡特中将对海军飞行员所具备的极为丰富的创造力和高深莫测的潜力深感骄傲，相比之下，只会照本宣科的死板的空军飞行员就成了反面典型。27 岁那年，卡特中将就当上了 Top Gun 指导员。1999 年，他在罗斯福航空母舰上担任 F14

编队总指挥，带领 15 名毫无经验的飞行员在科索沃上空发动突袭。在突袭中，他决定给每一位飞行员同样多的飞行时间，而不是将更多的任务交给更优秀的飞行员。谈起自己最棒的教学体验，卡特这样说道：

> 每天晚上，我们都在待命室开会，我称之为“谦逊学习法”。我们会公开讨论自己做得不好的地方和犯下的错误。一般都是我带头先说自己的不足，由此定下会议的基调。通过这样的会议，我们的集体学习体验得到了巨大提升，小分队取得了比其他队伍高得多的成功率，团队自身的士气和信任度也非常高。如果我们当时的心态集中在零缺陷、无错误的状态上，就永远不可能学习提升，永远不可能创新。事实证明，正是“谦逊学习法”才使得我们在构思新战术的过程中无所畏惧。在一次机密行动中，我们还取得了重大突破——在恶劣天气中成功引导炸弹射往指定位置。

卡特还讲到他推行的美国海军学院录取政策改革。

> 我们尤其看重真实的人生体验，如申请人是否在生活中战胜过逆境，克服过困难？之前，我们只强调学术能力评估测试成绩、班级排名、是否参加过童子军以及拿到过鹰级勋章。录取重点得到调整之后，我们获得了更加多元化的新生。最近的一批新生中，白人男性只占不到 40%。女生占 28%。现在，我们尤其看重那些展示出克服困难的实际能力的申请人，我们不仅拥有了多样化的学生群体，而且毕业率和学生的学业表现均有所提升。卡特讲到，现在的新生身上都有一股十足的韧性和毅力，这也和学院的全新录取指标有着紧密的联系。其中有一年招收了 1 178 名新生，在经过极度严苛的新生魔鬼集训后，只有 9 人退学，

所有女生没有一人退学。

卡特谈到海军 2015 届橄榄球队时充满自豪。那一年的球队表现是自 1963 年以来最优秀的一次。球队以 11：2 的战绩名列前茅，闯入超级碗冠军赛。最令卡特中将感到骄傲的是，在那个号角齐鸣、比赛不断的秋季学期，球队中全部 17 名大四学生的学业成绩一点也没有落下。更有甚者，赛季时的学习成绩是他们在海军学院就读期间最优秀的学术表现。

凯文·马拉尼（Kevin Mullaney）准将是美国海军学院领导力、道德与法律系的主任。他拥有工程学学士学位，职业生涯早期曾做过核工程师，后来改变发展方向，回到学校继续深造，拿到了组织心理学的博士学位。2004 年，马拉尼来到安纳波利斯。自从加入美国海军学院以来，他一直在帮助塑造学院的教育战略。他说，新生入学时都带着一种固定心态："请告诉我需要学习哪些知识，这样我就能在考试时把这些知识搬到考卷上，拿个高分。"过去 10 多年来，海军学院的课程改革加入了项目制学习、苏格拉底式研讨会和顶石项目等内容。他本人还讲授一门对传染病防控活动的仿真模拟课。他的学生要在课前预习所有的内容。穆拉尼说："在学生沉浸到课堂之中，开始扮演模拟角色之前，没人知道究竟要做什么。"

每一年，学生团队都会发起行动，以进一步优化海军学院的运营管理。学生会构思出新办法，针对问题进行调查，撰写倡议书，并对行动可能形成的影响进行分析。整个过程中学生都怀着主人翁的心态，对学院负责。与此同时，学生还能学到非常重要的东西，例如现有例行规则的存在依据，以及在说服他人过程中会遇到的各类挑战。写出优秀倡议书的团队能得到在校长面前做报告的机会，许多倡议都得到了学院的采纳和执行。学院还在学生的倡议下延长了工作日的自由活动时间。

美国海军学院最重视的就是领导力。所有一年级新生都要应对一个有关性格的最基础的问题：你与众不同的技能和特征是什么？是什么样的外界力量塑造了你？你将如何成为一名性格领袖？每位新生在入学第一年，都要写一篇以志向为主题的文章，题目是《大四时的自己》。学生会将各类活动以及可能从中获取的经验列入计划，班级、军旅、俱乐部、体育队、夏季集训等都包含在内。每一位学生都会构思出自己的愿景，为自己未来的领导类型做计划，并从久经沙场、肩负领导职责多年的老师那里获得建议。而大部分反馈意见都来自同学，这样也减轻了老师的负担。在我看来，高中不妨也借鉴这样的方法，帮助学生成长为下一代领导者。

拥有杰出领导力的院校同样可以是创新先锋。他们让学习变得真实，让学习成本变得可负担。他们录取的学生都拥有坚韧的性格、巨大的潜能和十足的动力。正是因为学生整体具备多元化特征，这些学校才拥有了更上一层楼的力量。多元化是毋庸置疑的优势。

每年，美国都有 400 多万名年轻人走出 K-12 教育体系，其中有一半人来自贫困家庭。美国的 3 000 所大学中，几乎每一所都面临财务问题。从总体上来看，美国的大学没有能力提供足够的奖学金，令高等学府为全美国年轻人提供普遍而公平的机会。如果我们继续执迷于将大学文凭作为人生起跑线的标配，那么富裕家庭出身的孩子不会受什么影响，而低收入家庭的孩子里只有极少的一部分有可能争取到高等教育机会。如此看来，数以百万计的美国人都将身临险境。

最近，政治圈流行推广免费大学。更确切地说，是政客们推行在州立大学为中低收入家庭的孩子提供免学费政策。虽然这样的呼吁看似能为更多学生提供读大学的机会，但其本身却存在不容忽视的问题。如果真的免学费，只会令已经十分紧张的大学预算雪上加霜，令大学不得不成为学生的加工流水线，无暇顾及真正的学习。能从这类政策中获益的其实是中等收入家庭，而非贫困家庭。因为贫困家庭连学费之外的其他成本也负担不起。“免费大学”只能进一步强化目前的过时模式，将成本从一部分家庭转移到纳税人身上。这又是一个将人们的关注重点从“重塑教育”转移开来的“纸老虎”。

那些愿意为贫困家庭出身的孩子提供教育的高等院校，都在为美国社会作出无可取代的巨大贡献。但是，在社会竞技场上维持公平的最佳办法，是让高中毕业文凭具备实际意义：让学生承担真实世界的挑战，获得为组织或社区做出实际贡献的能力，确保 K-12 毕业生拥有能受到雇主青睐的技能；鼓励 K-12 学区为高中生提供双元学分（dual credit），让孩子们在高中阶段就开启职业发展路线，日后也能以更加经济有效的方式利用到大学深造的机会；鼓励大学为学生展示出来的实际能力和真实世界的经历授予学分，并用这种方式来提升大学自身的价值主张。我们需要将重点调整过来，推动高等教育去更好地适应学生的需要，而不是敦促学生更好地满足高等教育的需要。

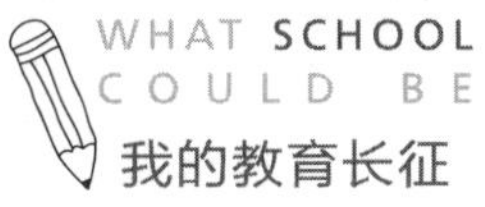

边缘地带的教育陷阱

比尔·比尔兹利（Bill Beardsley）是缅因州代理教育部部长，他曾在哈森大学（Husson University）做过 22 年的校长。作为教育圈的资深人士，比尔兹利对美国社会普遍存在的“不惜一切代价上大学”的心态颇感担忧。这种担忧主要是因为许多高需求工作机会其实并不需要大学文凭。他指出，缅因州诺贝尔奖获得者辈出的杰克逊实验室（Jackson Lab），其中75%的员工从来都没上过大学。如今，比尔兹利正在推行以技能掌握熟练程度为标准的毕业模式，这种模式能为学生提供更多机会，直接对接职业发展道路。他讲了一则笑话，说的是一位神经外科医生全天的手术排得满满当当，却不得不中途临时跑回家，请水管工维修家里漏水的管道。水管工来了，用15分钟修好了管道，给了医生一张250美元的收费单。医生抱怨说：“你15分钟搞定的工作比我做手术一个小时的收入还要高。”水管工答道：“我知道，我以前也是做外科医生的。”

纽英伦地区随处可见之前听都没听说过的大学，迪恩学院、大西洋联盟学院、马尔波罗学院、贝克学院、希腊美国大学以及彼尔德斯利的哈森大学等。这些名不见经传的大学在当地鳞次栉比，数不胜数。我相信，其中肯定有一些大学能为学生提供扎实的教育；其中肯定有一些大学收费合理，毕业率合格，学生毕业后能找到的工作机会也还不错，但这里面的大部分大学却做不到。这些边缘地带的大学总是在想方设法多招学生，给十二年级的高中生随意发放录取通知书。学生拿到录取通知书的反应则是欣喜若狂：“苍天有眼！我终于考上大学啦！”他们还天真地以为自己敲开了通往美好人生的大门。学生们经常能收到充满诱惑的奖学金授予通知，上面写着：“你所取得的成就令我们深感震撼，所以学校决定为你提供最高档次的年度总统奖学金，总额达12 500美元。在我们这所杰出的院校就读期间，我们将为你未来的成功投入总额高达50 000美元的资金！”孩子们信以为真，觉得自己就要实现整个社会强加在他们身上的梦想，于是按时报到，签下各类高深莫测的文件，将自己的命运与大额贷款捆绑在一起。有些人熬到毕业，才发现不知名大学的文凭根本不能带给自己什么所谓的高起点。另一些人半途辍学，用只能赚到最低标准工资的余生去偿还一身的负债。我们亏欠孩子们太多，无论出身富有还是贫穷，我们都应该为他们提供合格的 K-12 教育，让他们至少具备足够的技能，躲开这类教育陷阱。

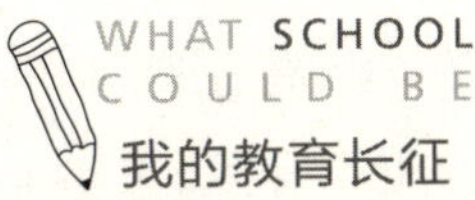

向大学生普及财务知识的紧迫性

扎伊·吉列姆（Jai Gilliam）负责塔拉哈西市联合劝募协会（United Way）的财务知识普及行动。她负责的项目主要是帮助成年人和在学校读书的孩子们提高对财务重要性的认识，学会利用 EverFi 和 Reality Stores 这样的平台。她讲到，许多成年人，无论读书时成绩如何，在个人财务管理上都是一头雾水。因为无知，年轻人很容易因为各种各样的原因掉进深不可测的财务无底洞。在走访过程中，吉列姆发现了一个十分严峻的问题：有些为人一向规规矩矩的年轻人第一次申请贷款时，竟意外地发现自己早已在不知情的情况下负债累累，而且过错还不在他。吉列姆还举了几个例子，主要是一些不堪债务重负的成年人以他们负责监护的未成年人的名义开办信用卡，就这样让孩子莫名其妙欠了数千美元的债。很多时候，等到真相大白的那一天，这些成年人与负债的孩子早已没有了关系。

讲完自己学生的故事，吉列姆又说起了自己在佛罗里达一所大学的亲身经历。这所大学里遍地都是信用卡公司的办公点，她申请了好几张，自信满满地认为自己完全理解了那些亲笔签下的财务条款。她给一张卡的结余设定了 500 美元的上限，结果却在上面欠下了 3 000 美元的债。因为拖欠还款，她的利率膨胀到了 27%。吉列姆用了整整 10 年的时间才最终还完债务。其间的经验教训对她后来的职业选择产生了重要影响。

吉列姆还提到了在竞选佛罗里达州州长过程中落选的亚历克斯·辛克（Alex Sink）。因为自己女儿在维克森林大学（Wake Forest University）的亲身经历，辛克呼吁将财务基础课程纳入高中教学体系。她女儿因为从银行账户中提款过多，导致了大额月度费用和极高的利率。辛克是投资银行家出身，当时便意识到了在高中阶段普及财务知识的紧迫性。她的女儿有个做银行家的妈妈，有这样的家庭背景，尚且会在财务上做出如此失败的决策，深陷泥潭无法自拔，那究竟有多少读大学的孩子会在财务问题上犯下天真无知的错误，并因此多年无法摆脱这些错误造成的阴影？

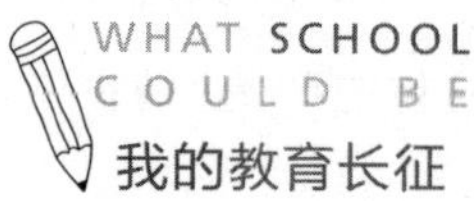

贷款危机的教育警示

得克萨斯州州长格雷格·阿伯特（Greg Abbott）的教育顾问本·巴蒂（Ben Bhatti）在本州公立学校的改革过程中发挥了重要作用。巴蒂在进入公共政策领域之前，曾在亚特兰大市做过小学三年级的教师，后又回到法学院深造，拿到了法学文凭。在给阿伯特州长工作期间，他的主要职责是为得克萨斯州教育部的预算和运营有效性提供顾问服务，为立法重点事项提供建议，例如最近通过的一项法案就允许“八年级学生选择按技能划分的高中学习路径，从而以更加理想的姿态准备迎接未来的大学和职业发展”。巴蒂还补充道：“我们取消了代数Ⅱ课程的要求，给学生更多的自由去选择其他课程，方便他们今后直接进入社区大学。”对于在公立学校和本地机构之间建立合作伙伴关系，为课堂注入真实的学习内容这件事，巴蒂有着极高的热情。他还给我讲了一个小故事。

奥斯汀有一位学生，是个文静的小姑娘。一次，她找到我对我说：

"参加项目制学习之前,我从来没在众人面前做过演讲。现在我可以了。"看到她身上的潜能得以释放,我仿佛猛然间觉醒了过来。而且,她是自己亲手释放出了自身的潜能,教师只不过是在一旁发挥了辅助作用。下一代与老一辈之间的区别太大了。他们搜集信息、利用信息的能力,让他们拥有了看世界的不同视角。如果我们不在这方面为他们提供帮助,就等于是错失了巨大的发展机会。目前的教育体系并不会敦促学生们在这方面进行探索。考试和应试过程只会压抑孩子们主动探索和求知的能力,而如何促进真正的学习才是至关重要的。教育不再是让学生们坐在教室里,告诉他们外面的世界发生了什么,学生们需要将在教室中学到的知识与自身的生活联系起来,结合为一体。

巴蒂制作了一部纪录片,名为《教育警示》(*eduCAUTION*),我建议每一位高中生、家长、指导顾问和教育官员都应该看一看。影片将矛头直指学生贷款危机及美国大学。影片中给出了令人警醒的数据,展示出了引人深思的学生访谈。这些学生因贷款而深受困扰,有人的欠款数额甚至高达 40 万美元。影片中提到了许多著名的政治家,如奥巴马、马尔科·卢比奥(Marco Rubio)、伊丽莎白·沃伦(Elizabeth Warren)等,而最令我感到震撼的则是美国国会议员凯伦·巴斯(Karen Bass)。巴斯议员的女儿不幸在一场车祸中遇难,事故刚刚发生,巴斯就收到了来自债权人的信件和电话,要求她立即全额付清女儿的学生贷款。债权人要求巴斯提供女儿死亡证明的复印件,巴斯照办后才发现,他们是为了将出事时已成年的女儿的债务转移到自己身上。

影片中,巴斯带着无比沉重的心情讲道:"如今女儿离我而去已经 6 年了,但我依然会不时接到找她的信件和电话,主题只有一个——还款。虽然我跟他们反复多次讲过,我女儿早已不在人世,他们依然誓不罢休。"

几十年前，大学文凭或多或少都能保证人们找到还不错的工作机会。如今，我们的每一个选择，每一个决策，都仿佛几十年前的情形依然适用。但大学文凭早已无法让我们高枕无忧，找到好工作。走进四年制大学的美国人中，约有一半能在合理的时间段毕业。毕业的人中，约有一半能找到好工作。同时，大学的成本在过去 30 多年间以每年 8% 的速度不断攀升。为了应对直冲云霄的大学成本，我们开启了学生贷款的闸门（见图 4-3）。在 2015 年的大学毕业生中，有 71% 的人背负着平均 35 000 美元的学生贷款。在美国成年人中，有 4 300 万人仍欠着尚未还清的学生贷款，其中 25% 违约。不可思议的是，有 280 万 60 岁以上的人依然在偿还学生贷款。学生贷款有可能伴随人们的一生，就连破产都无法将其抹去。英明的国会让人能轻而易举地获得学生贷款，却让人几乎不可能甩掉学生贷款带来的压力。

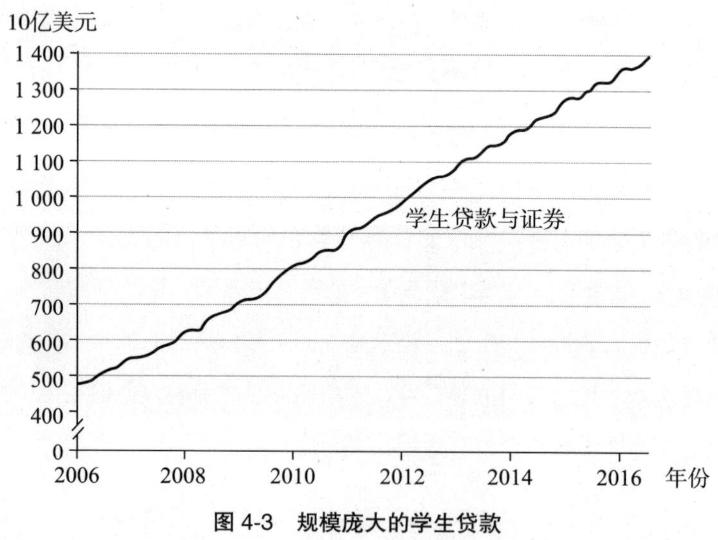

图 4-3　规模庞大的学生贷款

资料来源：联邦储备经济数据

读大学带来的财务负担令许多年轻人拒绝了起薪一般，但有意义、有趣味的工作机会，也不敢承担自己创业的风险（见图 4-4）。学生们早已习惯了埋头苦干的作风，背负着巨大的财务压力，他们纷纷来到大学的职业服务办公室，申请面试机会，然后选择薪水最高的那份，典型的浮士德式交易。① 一项美国大学健康联合会开展的调查揭示了另一种类型的伤害：在 2015 年参与调查的大学生中，有 85.6% 的人表示“不堪重负”，47.7% 的人称感觉“前途无望”，34.5% 的人称“太过抑郁，很难维持正常的学习生活”，还有 8.9% 的人曾严肃地考虑过自杀。

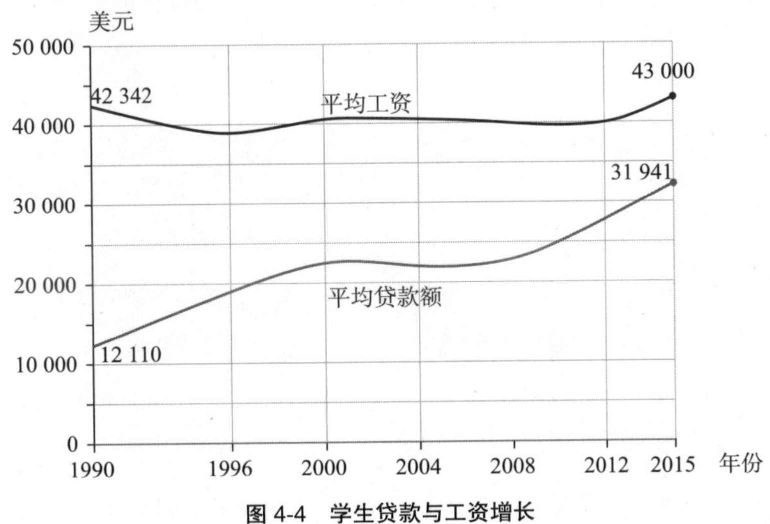

图 4-4 学生贷款与工资增长

资料来源：布拉德·赫什贝因、W. E. Upjohn 就业研究所、美国教育部、纽约联邦储备银行、《赫芬顿邮报》马克·坎特罗威茨文章

① 浮士德式交易是一种心理障碍，指一个人对一种看似最有价值的物质的盲目崇拜太过强烈，从而失去了理解人生中其他有价值的东西或精神的理由和机会。这种症状会使一个人永远沉浸在理念与结果的落差中，从而令他时刻不断地对他人的行为进行贬低。——译者注

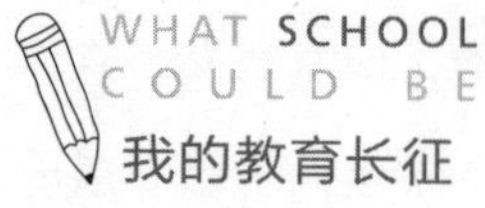

颠覆传统的教育创业公司

纽约城孕育了许多颠覆传统高等教育的创业企业，它们将主流大学视为正全速向冰山地带前进的巨大的远洋邮轮，而船上的旅客毫不知情，还在悠然自得地看着晚餐菜单琢磨吃些什么好。这些创业企业汇集了一群头脑非常聪明的人，行动十分激进果断，正在为学生们提供极富吸引力的选择，能在经济成本和时间成本都非常有限的前提下帮助他们改变职业发展前景。这些创业公司也正在日益吸引着人们的关注。

纽约城的 General Assembly 为学员提供为期 12 周的沉浸式编程、网站设计、数据分析、平面设计、市场营销和一般性商业课程。GalvanizeU 的纽约中心则提供为期 24 周的网站设计和数据科学课程。这些课程定价合理，还能让学生与行业专家、创新企业和正处于成长期的创业企业建立联系。创业企业 Revature 与纽约城市大学（City University of New York）建立了合作伙伴关系，为大学毕业生提供免费的 12 周沉浸式夏令营。在此期间，学生可以掌握与科技相关的实用技能，从而真正争取到优质的工作机会。熨斗学校（The Flatiron School，透露一下，我是这家企业的投资人）通过 3 个月沉浸式的编程、协作与沟通课程，助力年轻人的职业发展。建校以来，熨斗学校超过 98% 的毕业生都争取到了一个或多个工作机会，平均起薪达 74 000 美元。现在，这所学校的录取率仅有 6%。

这些学校用实际行动证明，人们无需经过大学的百转千回，就能直接驶向通往美好人生的康庄大道。仅需几个月时间，学生就能获得一张证明其技能熟练水平的证书。一些毕业生会在此基础之上，在今后几十年的职业生涯中继续磨炼其专长，有些学生则会转换到其他的职业选择上，还有一些人会在几年之后去做一些与当年的学习经历完全不搭边的事情。无论走上哪条路，他们都以绝佳的姿态从这些沉浸式学习项目中破茧成蝶，敲开了极具吸引力的职业大门。

美国的社区大学体系具有非常大的发展潜力。目前，社区大学被人们视作给那些考不上四年制大学的孩子们专设的“安慰奖”。许多社区大学在结构上都非常传统，科目、讲座，听满两年的课，换一张社区大学文凭。能坚持到最后的人屈指可数。但事实上，这些社区大学完全可以自我重塑，改个名字，叫作“职业与学习加速器”。学校可以提供与职业发展技能、能力或思想领域紧密相关的短期沉浸式学习项目，并授予数字证书，例如平面设计、文案写作、焊接、计算机编程等技能，销售、市场营销、领导力、项目管理等能力，维多利亚时代文学、史上的伟大哲学家、感动灵魂的诗人等思想领域；也可以对教师进行最先进、最优秀的教学法培训；将课程与真实世界的挑战联结为一体，为学生提供实习机会和导师；学生也可以在职业发展过程中多次返校深造。我们可以将全美 1 655 所社区大学转变成各个年龄阶段人士随时可以借用的战略资源，无论是高中生还是寻求突破的中年人，都可以到这里找到职业发展的全新动力，充实技能，扩展头脑和思想。

社区大学能满足我们的期望吗？也许可以。但如果社区大学做不到，还有一波接一波充满拼搏精神的创业企业，将高等教育视作亟待颠覆的巨大市场机会，千万不要小看这些创业者的能力。

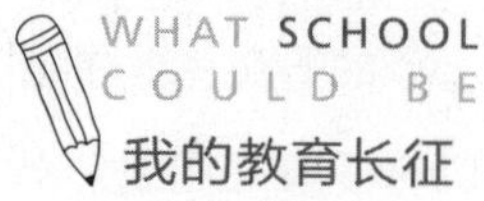

力的概念在实际中的应用

埃里克·梅热（Eric Mazur）是哈佛大学应用物理学系主任。他执教30余年，获奖无数，拥有多项专利，开办了数家技术公司。如今，他是享誉世界的最具创新精神的教育者之一，但他在职业生涯初期却并非如此。梅热读书时接受的是传统式的教育，到哈佛大学之后，他在教书的头10年也照搬了自己做学生时的传统学习方式，他的学生给予他极高的评价，考试成绩也非常出色。他原本可以继续沿用这种传统方式。

大约15年前，梅热看到了一份考试卷，上面只有25道题。这份名为“力的概念清查测试”（The Force Concept Inventory Test）的试卷是亚利桑那州立大学的教授设计的，其设计初衷是为了评估学生对物理世界的理解深度。试卷中列举了一些简单的问题，包括画出从行进中的飞机上掉下来的重物的掉落轨迹等。亚利桑那州立大学的教授称，试卷的完成情况令人十分不满，就连最优秀的物理系学生都得分不高。梅热的学生无一例外，在高中阶段都是数学和科学尖子生，他们的大学先修物理和微积分课程都是5分，在学术能力评估测试或美国大学入学考试中的数学成绩非常高，平时成绩也是全A。他很自信，这份“力的概念清查测试”不可能难得住自己的学生。但结果表明，学生们的成绩跟瞎蒙出来的得分差不多。上完一个学期的课之后，他又拿出这份试卷让学生们再做一遍，本以为哈佛大学里顶尖课堂中的一群学术尖子，通过一个学期的学习之后能取得真正的进步。结果，一模一样的试卷重做一遍，分数的提升程度却微乎其微。

梅热意识到，自己的学生根本没有学到真正的科学，于是下定决心对课程进行彻底整改。整改后的课程利用苏格拉底式教学法，要求学生对一些关于世界如何运转的、能激发人思考的问题进行辩论，同时还利用项目制学习的方法来反映物理学科的真实内容（见图 4-5）。通过梅热的方法，学生们都能掌握物理学的基本原理和最本质的真实知识，而这些知识也能令物理学的定义和公式变得更有意义，更容易记住。偶尔梅热也会让学生参加哈佛大学传统的以公式为主导的物理期末考试，学生们的成绩都名列前茅。而当传统物理课的学生来参加梅热设计的期末考试时，却基本没人能通过。梅热给我讲到了一位学生在年终课程评价时给他写下的评语："我在课堂上学到了太多知识，唯一不满意的地方是梅热教授什么都没有教给我们，所有的知识都要我们自学。"

有一次在哈佛大学，我亲眼见证了梅热的教学风格。当时，他向台下的众多教育界人士提出了一个问题。随后，听众们自发组成小组，对梅热提出的问题进行讨论。整个讲堂里瞬间有一种能量爆发的感觉，驱动课堂讨论向前发展的是这群"学生"，而梅热本人则一言不发，只在一旁观察。

在一个小水池中有一艘承载着一块巨石的小船，将巨石搬出后投入水池中，假设巨石沉没到了水池底部，水池中的水位将发生怎样的变化？

1. 比之前要高
2. 不发生变化
3. 比巨石在船中的时候低

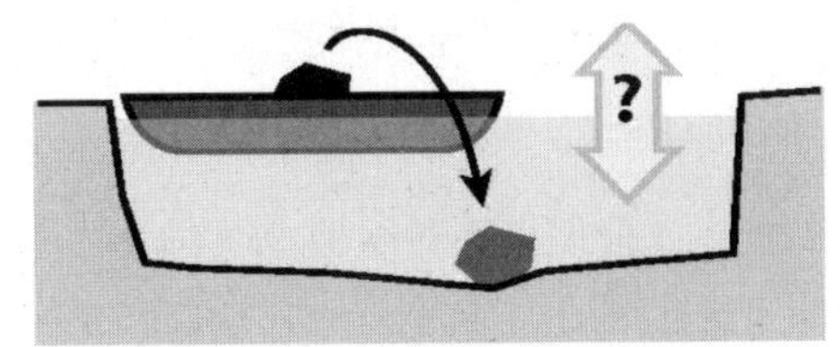

图 4-5　埃里克·梅热物理教学法示例

资料来源：哈佛大学教授埃里克·梅热

梅热在大学先修物理课程顾问委员会中担任委员一职长达5年。当时，他敦促委员会将这类物理学的基本问题囊括在大学先修物理课程考试中。大学委员会听取了他的意见，针对这些问题做了实地测试，但最终还是拒绝将这种类型的问题囊括在试卷里。因为擅长将数字代入公式的那些学生并不能顺利回答出有关世界如何运转的问题；反之亦然，懂得世界如何运转的学生并不擅长将数字代入公式。大学委员会的终极目标是为了产出他们想要的呈钟形曲线分布的总体成绩，而梅热的这些问题则会扭曲这个完美的分布形态。

从哈佛大学出来，沿着查尔斯河向南走3.2公里，就来到了麻省理工学院——世界上最德高望重的工程学府之一。可想而知，麻省理工学院的学生每天都沉浸在最先进的科学和工程知识之中。然而，在近期的一次麻省理工学院的毕业典礼上，一位教授给几个毕业生发放了电线、电池和灯泡等物件，让他们想办法将灯泡点亮。而在场的毕业生没有一个人能制作出一个正常运转的电路。在纸面上看来，他们都是最优秀的学生，他们在科学、技术、工程和数学方面遥遥领先。你能想到的任何一门考试，这些学生都能取得最好成绩。可是，就连电工看来最基本的活计他们都不会做。从这个角度来看，这些麻省理工学院的毕业生是否学到了真正的科学呢？

波士顿几位顶尖的软件开发商和创业家与我见了面，共同讨论有关教育的话题。许多人都说，当年读书时自己的考试成绩一点都不好，后来却在软件这个充满创造力的领域取得了优异的实战成绩。他们还讲到自己的公司以前也经常通过大学校园招聘的方式聘请程序员，而现在，他们都非常依赖GitHub这个开源代码储备库。因为这个工具能让他们直接对申请人编写的代码进行评估。从另一个角度来看，GitHub也是一份申请人的软件数字化档案。现在，他们会聘请高中辍学生，还有那些参加过短期沉浸式编程课程的人。在这些课程上，许多学生在3

个月的时间内学到的东西，比大学计算机科学专业的学生 4 年学到的东西还要多。在招聘四年制大学毕业生时，他们更喜欢像欧林大学、东北大学和伍斯特理工学院这样的院校，因为这些学校特别重视项目制学习和实习经历。其中一人对麻省理工学院和哈佛大学的毕业生给予了如下评价："这些学生在学校并没有学到很多有用的知识，却都以为自己懂得很多。他们向雇主提出的前三个问题全是关于职位、薪水，还有办公室的宽敞豪华程度的。"

从某个角度来看，有些物理学课程的涉及面可能的确比较窄，学会了库仑定律并不能真的让你明白电的运转原理。但是，沿着这种现象往深处去想，假设我们最优秀的学生都没有学到什么真正的知识，就像那些在劳伦斯威尔学院、哈佛大学和麻省理工学院的学生一样，又说明了什么？在学术圈如鱼得水，并不能真的反映出一个人的深度学习能力或对真实世界的理解。而深度学习和对真实世界的理解这两个至关重要的能力，是可以通过许多方式展示出来的。目前，这些展示方式还没有得到学校的重视。**如果教育能够以真实世界的理解为根基，就可以帮助学生在求学期间对各式各样的人生发展路径进行探索。无论是将来靠自己的手艺赚钱，还是去象牙塔中深造，这种对真实世界的理解都是有必要的。**

我们的学校完全可以都是值得信任的老师、积极投入的学生，以及使用富有 PEAK 精神的学习方法；我们的学校完全可以让孩子们准备好迎接未来的职业发展和公民责任，让学生们以有意义的方式去学习，帮助他们开启通往未来的大门；我们的学校也完全可以意识到教育的真正意义，跳出追求考试成绩的怪圈，让这种对教育的至高无上的追求感染到每一个美国人。是否选择这样的追求，就在我们的一念之间。只要有勇气抛开给学生的每一项学习成果打分的执念，我们就可以脱离无谓的痛苦。

WHAT SCHOOL COULD BE

INSIGHTS AND INSPIRATION FROM TEACHERS ACROSS AMERICA

05

把决定未来的权利还给孩子

家长对孩子总是怀着最美好的期望，但他们的实际行为有时却会起到反作用。家长要学会遏制本能，放手让孩子去探索、发现、失败，并寻找到真正属于自己的成功。

美国有 8 000 多万家长，其中的 4 000 多万对孩子的教育管得太多，另外 4 000 多万又对孩子的学习不闻不问。余下的几十个人，火候把握得刚刚好。每个家庭都面临着艰难的抉择，是不是要逼迫孩子走上难于上青天的传统求学道路？是否要保持开放的心态，任由孩子自己闯出一条与众不同的发展路线？很少有家长能够解释得清几种选择之间的利弊权衡，也很少有家长无条件支持孩子自己的选择，而不顾亲戚、朋友和大学招生负责人的眼光与评价。家长面临的选择一点都不轻松。每个做家长的人，都会在孩子教育的选择问题上进退维谷。

这一年的教育长征中，我遇到了太多的虎爸虎妈，他们都觉得自己没怎么帮到孩子，希望能通过和我沟通来缓解自身的愧疚情绪。他们会说："我们家孩子的平时成绩挺好的，绩点能拿到 4.35 分。我们去年上了 5 门大学先修课程，等到毕业的时候就能完成 12 门大学先修课程。去年暑假孩子就在一门心思地准备学术能力评估测试考试，最近一次的成绩是 745/780。现在我们正在写大学申请信。"我和这些家长聊天的内容基本不超过这个范围，每句话的开头都是“我们”这个词，紧接着便是带着一丝疑虑的问题：“我们这样做，没有什么不对的地方吧？”

家长们总是说，自己唯一的愿望就是希望孩子能够幸福。诚然，每一个做家长的都希望自己的孩子幸福，但一路上却太容易忘掉这个终极目标。家长们都应该读一读马克·布莱索（Mac Bledsoe）的著作《有尊严地做家长》（*Parenting with Dignity*）。布莱索认为，家长要逐步将决策的责任从自己身上转移到孩子身上。新生儿的决定需要家长来100%负责，而18岁孩子的决定，家长需要负担的只有0%。这里所说的决定并非是那些无关紧要的事情，而是所有的决定。**请让你的孩子利用自身的技能、经验和做出明智决定的信心，昂首挺胸地步入成人的世界。**布莱索的建议对于教育者来说也同样重要。学校应将自身的角色视为培养拥有自学能力，能够自我驱动的学生。但现实是，学校和家长都希望自己在孩子的人生中永远占据不可取代的地位。

一对母子留给我的深刻印象

在特拉华州举行的一次论坛上，有一位家长主动过来与我攀谈。我本以为她会讲到自己的孩子，但她直接将话题引到了百年之前的十人委员会，以及那个单纯的年代有关教育的理解上。她说，在今天这个世界上，我们需要在各种力量之间做出权衡。大学需要什么？21世纪的企业需要什么？充盈而幸福的人生又需要什么？这些内容都是不一样的。听到这里，我还在等着她讲到自己孩子的事情，但在短短几句话之后，她便对我表达谢意，退身一旁。我在自己的博客文章中写到，这位家长的思想很深刻，我真后悔当时没有问她的名字，我以为从今往后不会再与她相遇了。

特拉华州的本地人布赖恩·索沃茨（Brian Sowards）创办了USEED公司，主要是为大学提供一个平台，为做项目的学生与有意为项目提供资金支持的校友建立联系。目前已有35家大学与USEED建立了合作关系，为4 000多名学生提供支持。USEED的工作方式如下，如华盛顿大学的一个学生团队希望参加有关北极探险的国际海洋先进技术教育竞赛，进行人力潜艇的设计、建造和测试。这项复杂设计对高效潜水艇中配备的水下呼吸装备提出了挑战。为了应对这项挑战，学生团队深入到强大的跨学科学习和交流之中，发挥出了各项PEAK能力。华盛顿大学通过与USEED合作，为这个项目找到了校友支持，最终的融资额超出团队的预期目标。为项目投资的校友会定期收到项目进展报告，报告里面详细记录着项目进程中遇到的阻碍和取得的成就。这样一份报告，与写给校友的年度捐款感谢信形成了鲜明对比。

索沃茨今年36岁，在成长过程中，他最感兴趣的是小提琴、哲学、地球科学和计算机编程。16岁那年，他以优异的成绩考入特拉华大学，后来因创业中途辍学。在2011年成立USEED公司之前，他还创办过十几家其他类型的公司，其中有5家是在高中阶段创办的。他创办的许多公司都倒闭了，但这位创业家将这些经历视作自己所积累的经验教训，并不认为创业失败就说明他应该到世界500强的大企业里面去找个安稳的工作。我们聊着聊着，索沃茨漫不经心地提了一句："对了，你在博客里写到的那位在特拉华州遇到的女士，她是我的母亲。"我听后一惊，当即便决定要对这对母子专门进行一次访谈，以便对这位创业家有更深入、更全面的了解。

凯瑟琳·冯·杜伊克（Katherine Von Duyke）可不是个普通的家长，她饱览教育类书籍，称杜威、蒙台梭利和霍尔特对她产生了重要影响。索沃茨从小便在家上学。凯瑟琳讲道："我一直很重视索沃茨的想法，养育孩子的过程就是一个不断发现的过程。小孩子一路成长为成年人，对于家长来说，这个过程充满了许多奇妙的体验。"他们曾经购买过一套课程套餐，但在学习过程中"觉得很累，又把课程退掉了。这种疲惫的感觉是因为索沃茨失去了学习的自主性。从那时起我们便开始思考：'怎样才能建立起一个最适宜的学习环境。'"凯瑟琳认为，强迫孩子待在死记硬背的课程体系之中，就相当于剥夺了他们自由探索的权利，并由此导致无聊和疲惫等一系列问题。那个时候的特拉华州，在家上学还是非法的。"我们当时很害怕社工会把孩子领走，那种恐惧感令我们每天都提心吊胆、坐立不安。"后来，他们所在社区中所有有孩子在家上学的家庭联合在一起，以宗教名义组织了一个合作办学联盟，并通过这个途径争取到了法律支持。

索沃茨在家上学一直很顺利，直到13岁那年，他对母亲说，自己已经准备好自行制定学习规划了。母亲说道："我一直以来都在教他如何自我思考、自我引导，但他提出这个要求还是比我预期的要早了许多年。"就连如此开明的家长关键时刻都很难做到放手。"你怎么知道他们是在学习还是在混日子？他们成长的证据在哪里？"索沃茨讲道，"我就想拥有自己选择、自己做事的自由。我会同时对多个科目进行探索，然后选择自己最喜欢的一门课，深入其中。其他科目则点到为止。"索沃茨15岁那年就完成了高中阶段的学习目标，但因为是在家上学，所以没有获得官方认可的高中毕业证书。

第二次遇到难关，是在索沃茨从大学辍学的时候。这是凯瑟琳不得不吞下的另一肚子苦水，但她还是决定对孩子报以充分的信任。就在索沃茨准备完全脱离学术界，走向创业这个全新的方向时，凯瑟琳本人也正在为拿到教育学博士学位而努力。凯瑟琳略带讽刺地说道："我博士论文答辩的那一天，正好是我儿子登上《高等教育年鉴》封面的那一天，而我儿子就是个高中和大学的双料辍学生。"索沃茨评论道："我母亲这个人的与众不同之处就在于，她不会将不确定的因素与倒霉事儿和厄运画等号。许多家长都认为，如果他们不能确保孩子将来成功，那么他们就要积极地干预进来，将孩子从现状中拯救出来。这些家长亲手放弃了发现孩子成长潜力的机会。没错，我母亲也对我从大学辍学的决定感到担忧，但是她内心对见证我未来成长的好奇心更加强烈。"

在创办 USEED 公司的过程中，索沃茨"看到了一个机遇，发现有许多人像我一样，希望去创造，喜欢和同伴共同学习。但我们很难在现有的教育体系中自己闯出一条路。我想，要是能帮助其他人完成他们心中想要创造的东西，那该是多么美好的一件事情。而利用数字化方法去学习如何建立一个社区，带着目标感和彼此之间的认同感形成一个团体，这样的理念还处于早期阶段"。索沃茨强调，常规的学术教学仪式总是会避开一些关键问题，比如，学习这个知识的原因在哪里？为什么这个知识对你来说很重要？学习这个知识对其他人有什么意义？从这个思路拓展开来，他便成立了一家公司，将这些问题放在了公司的使命中。

索沃茨认为，如果当初他选择了走传统的发展路线，现在也能做得很好。但是他也认为："每个人都希望能够创造出价值，不同之处就在于你是否愿意将自身置于现行体系之内。"索沃茨最近也做了父亲。在教育理念上，他也选择了母亲走过的老路。"我们总认为家长的职责就是确保孩子的安全，告诉孩子应该达到哪些标准，什么时候达到这些标准。我们眼前摆着一个完整的教育体系，它会告诉你要学哪些东西，之后你就能成为一个自主的人。但在这个体系之中，你其实永远也做不到自主。引诱你往前走的那根胡萝卜会一直不停向前，让你一直够不着。"

在一年的教育长征途中，我听过太多关于家长的故事。许多家长都过多地参与到了孩子的成长过程中，有些人的行为甚至不靠谱到让你瞠目结舌的程度。有的家长会不惜一切代价劝说老师给孩子打个高分，这样的事情从高中到小学低年级都有。家长会负责决定孩子要上哪些课外班，要参与哪些运动项目，还会负责管理和监督整个大学申请过程。孩子一旦离开家去大学深造，家长会成天给他们发短信，不断提醒他们各种事项，帮他们检查作业、修改作业、和教授联系，甚至和校长联系，目标只有一个，就是给孩子争取高分。有的家长甚至还会提出要求，在招聘面试时陪同自己即将大学毕业的孩子一同参加。家长会给雇主打电话，因为他们拒绝了自己的孩子而提出抗议，还声称自己的孩子具备充分的自我引导能力。最不可思议的一位家长，曾给雇主打电话向他们解释，为什么自己家孩子不能按时参加面试，并要求自己替孩子去进行面试。上面举的这些例子，都是在这一年里我从雇主、教师和大学校长那里听到的真实故事。

说句题外话，多佛市是我一年间走访过的全部42个州首府之中的一个。旅行期间我发现，在家长眼里，州首府有着我之前从未意识到的特别意义。许多人都说："当我知道孩子需要背诵50个州的州首府名称时才发现，如今的教育理念出了问题。"很明显，背诵州首府这项任务刺激到了某些家长的神经。这些家长在学校读书时都曾经背过州首府的名称，而现在他们终于意识到，死记硬背这件事是多么无意义。我鼓励这些家长去想象一个全新的学习任务，让学生们去研究为什么这些州决定将首府设立在现在的这些城市，让学生展开辩论，分析一下特拉华州将首府定在多佛市或是威明顿市之间的利弊；研究一下加州 1849 年决定将首府从蒙特利搬到萨克满多这个决定的初衷。用那些能激发人思考的分析来替代死记硬背，我们就能发现设立首府所在地的原因和意义。只要老师、学生和家长联合起来做出一些小小的改变，就能将这些看似不经大脑的作业转变成为能激发兴趣、引人思考的任务。而且我还发现，在了解到每一座州首府背后的历史故事之后，我就更容易记住这些州首府的所在地和它们的名字。

如何应对两种压力

一年间，我访遍了美国各地的学校。旅途中，我会有意避开那些精英学校，更多地关注主流学校。而在康涅狄格州，我拜访了乔特罗斯玛丽中学（Choate Rosemary Hall），这是一所资产达 4 亿美元的私立寄宿制学校，师生比达 1∶6，每个班级平均有 12 名学生。学校环境非常壮观，有新建的 I. D. 实验室，专供学生进行各类探索和创新。这所学校完全不是我们常规理解中的普通高中。

和我共同走访乔特罗斯玛丽中学的是著名的教育思想家迪克·赫什（Dick Hersch），他也是畅销书《失去理智》（*Losing Our Minds*）的作者。在一次社区论坛上，一位家长提出了一个经常被富裕家庭强调的问题：孩子压力太大。不用说，孩子身上承受的压力的主要来源，就是整天盯着孩子成绩不放的家长本身。赫什讲道："压力有两种类型，一种是外部的压力，源自逼迫孩子在自己不感兴趣的事情上做到最好；还有一类是能发挥积极作用的良性压力，这种压力来自设定远大的目标，来源于自我激励，在挑战和时间的限制面前不断精进，越挫越勇。"人们在想做成一些令自己感到骄傲的事情时都要面临压力。解决压力问题，最关键的就在于要将学生的学习任务和自身的目标感结合为一体。

在乔特罗斯玛丽中学访问期间，我更加深刻地意识到了美国孩子在接受教育过程中因人均预算的不同而造成的巨大差异。像乔特罗斯玛丽中学这样的地方，每个学生每年的预算在 6 万美元左右。而附近的公立中学每个学生每年的预算是 14 000 美元，比美国的平均水平高出 15%。开车出去不远，就会来到一个叫东哈特福德的地方。那里的学校预算捉襟见肘，每个学生每年只能分得不到 10 000 美元。诚然，偶尔也会有东哈特福德的学生获得乔特罗斯玛丽中学的奖学金，但是对于绝大多数孩子来说，美国的教育体系依然锁定在特权阶层和贫穷阶层的圈子之内。而像乔特罗斯玛丽中学这样的学校有能力在打破圈子的过程中发挥重要作用。这些学校可以通过授予奖学金的方式，甚至可以通过引导学校进行彻底重塑的方式，来改变美国现在的教育生态。

WHAT SCHOOL COULD BE

INSIGHTS AND INSPIRATION FROM TEACHERS ACROSS AMERICA

06

每个孩子都有人生出彩的机会

机会面前人人平等。“教育公平”是“社会公平”的起点，关乎未来。如今，教育鸿沟日渐加深，需求最大的人却得到的最少，这样的现象会导致极其可怕的后果。教育呼唤公平。

美国是一片充满机遇的沃土。每一个美国人都秉承同样的信念，始终坚信每一个人都拥有公平的机会。而到了孩子身上，这样的信念更是具有特殊的意义。回顾学生时代的历史课，我们曾经了解过“布朗诉教育委员会案”的最高法院裁决。这项裁决意在敦促美国教育向所有人平等开放，但即便如此，大家都知道，美国并没有做到这一点，美国的孩子并没有在学校中获得公平的待遇。

为了修正这个错误，美国的教育政策将目光局限在缩小成绩差异这个总体目标上。有些人将这个差异的原因归结为家庭收入，另一些人则将差异的原因归结为种族。但是所有人都同意，对这种差异的衡量主要是通过标准化考试成绩来实现的。我们利用的数据，都是那些最容易拿到的数据。

我们不妨上网做几道标准化考试的练习题，然后扪心自问，如果没有外界的压力，哪个孩子会愿意对着这些题目没日没夜地做练习？我相信，没有几个孩子会主动作出这种选择。但是，家长，尤其是那些富裕、受过良好教育的家长，特别明白这些标准化考试的重要性。他们给自己的孩子很大的压力，让孩子小小年纪便开始踏上备考的不归路。为了获得最好的资源，这些家长不惜下血本，不停买书、买设备、买各种软件。他们花高价请来辅导老师、保姆和常春藤盟校毕业的大玩伴，来进一步确保自家的孩子在人生的起跑线上能够先人一步冲到前面。每当孩子有所懈怠，家长便会积极干预，少则拿点钱作为奖励，多则以一辆宝马车作为诱饵。就这样，这些富裕家庭的孩子都纷纷聚拢到了成就鸿沟的右侧。

生活在艰苦环境之中的孩子则往往得不到家长这样日复一日的督促。单亲家庭成长起来的孩子，唯一的一位家长经常为了赚钱而辛苦工作，这样的孩子晚上也不可能用最先进的学习软件去背单词。整天忙着帮家庭农场干农活的青少年更没有时间去请辅导老师，或是在暑期去参加寄宿制的学术能力评估测试集中训练营。他们都在通过日常面对的各种挑战来练就自身的生存技能。但他们身边没有人会不遗余力地敦促他们在标准化考试上下功夫。而每当他们的考试成绩不够理想时，我们的解决办法就是在他们面前堆上更多的试卷和考题。虽然我们以为自己下足了力气，但成就鸿沟仍旧顽固不化地长存于此（见图 6-1）。

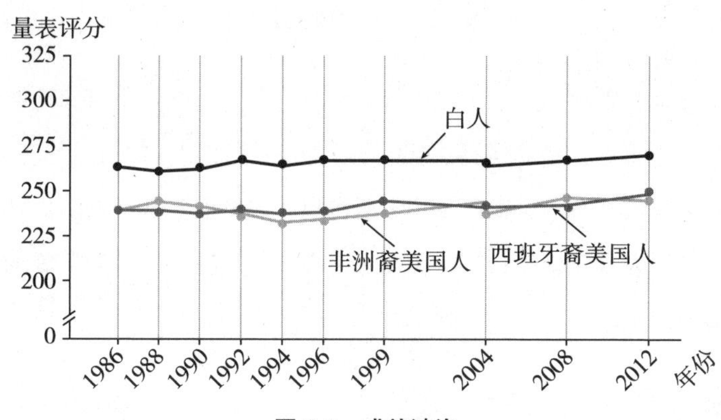

图 6-1　成就鸿沟

资料来源：美国国家教育统计中心

如果我们将目标局限在消除标准化考试成绩之间的差异上，那么解决办法只有一个，那就是现在赶快死了这条心。这些考试成绩反映出来的是家长的动力，而不是孩子内在的驱动力。说到这里，我们不妨来构思一下另一种成就鸿沟。学生在混乱复杂的真实世界面前表现如何？**为了解决真实世界中存在的问题，我们需要的是足智多谋，需要跳出盒子去思考的能力，需要顽强坚韧、面对困难毫无惧色、跌倒了再爬起来的能力。放手让孩子去迎接真实世界的挑战，还能帮助孩子培养起竞争力、坚韧的性格和内在的驱动力，而这些品质远比家长的威逼利诱要宝贵得多。**教育界人士总是一遍又一遍地告诉我，每当看到平时学习成绩不好的孩子开始做一些他们认为很重要、与自身的目标感保持一致的事情并取得成功时，这些孩子所取得的进步是多么令人惊喜和欣慰。这种现象给我们提出了一个很重要的问题，如果我们将学校中的学习与人生中的经历结合为一体，那么我们是否能让所有孩子的学习都更上一层楼，并因此来缩小真正的成就鸿沟？

相隔 16 公里的两所高中

在密西西比州首府杰克逊市时，我有一点点自由时间，于是便在谷歌地图中输入了“高中”两个字。就这样，我发现了位于杰克逊市中心的拉尼尔高中。我想，管他呢，先去学校大门口看看，说不定还能找人聊聊天。敲开大门，一位管理人员很热情地带我参观了学校。而这次走访，也让我清醒地认识到了美国学校中存在的不平等问题。

拉尼尔高中有着悠久的历史，从这里毕业的许多校友都是民权运动的领导者，帮助密西西比州的学校废除了种族隔离制度。如今，拉尼尔高中的校舍早已破败不堪。停车场上有一个铁栅栏围起来的区域，上面挂着牌子，写着“网球场”几个字，里面却没有标配的球网。校园里的步行道是由破碎的水泥板围成的小小的一圈走道，中间满是垃圾、杂草和碎玻璃。教学楼里面的情况更糟糕，墙漆已经脱落，储物柜破旧得不像样子，灯光昏暗，四处散落着一些早已过时的设备。

我走访过许多第三世界国家的学校，没有几所学校会比拉尼尔高中的情况更糟。招待我的行政人员说，这所学校每年的预算比每个学生一万美元的标准还要低许多。她说，学校招聘老师难度很大，优秀的老师只要找到机会就会立刻离职。许多新生的阅读水平都比同年级的学生落后许多年。学生在学校每天要做大量的试卷，因为这是“上面的要求”。总体来看，中途辍学的学生比例约为 40%，而老师们能将辍学率保持在 40% 已经是一件很了不起的事情了。我不清楚这所学校具体的学生种族分布情况，但是我在里面看到的每一位学生基本都是非洲裔美国人。

离开拉尼尔高中，我来到了里奇兰高中。这所学校距离拉尼尔高中只有约 16 公里，却让我仿佛置身于另一个星球。校门外的宽阔场地上有一个大型橄榄球馆，旁边还有两个标准的橄榄球训练场，场地里铺设着碧绿厚实的草皮。学校的棒球馆可以和美国绝大多数大学的体育场馆相媲美。我来到这里的时候正好有十几位工人在修整草坪，空气中弥漫着鲜草的香味，崭新的教学楼窗明几净，教室和实验室的设备都堪称世界一流。

拉尼尔高中所在的社区满是破旧的房屋和用木板简单拼凑起来的商店，里奇兰高中周围则满是漂亮的住宅和高端商场。商场里面，布克兄弟、苹果商店，J. Crew 等品牌琳琅满目。学校周围还有一个专门供应各类葡萄酒的陈酿市场。

两地税率之间的巨大差异使得里奇兰高中能拿到更多的资金支持。走遍美国后我发现，这样的差异往往是以种族为界限划分开来的，而此地的情况则不同。里奇兰高中的大部分学生也都是少数族裔。但是对于拉尼尔高中的孩子来说，他们所遭受的歧视，无论是由于收入差异还是种族差异所导致的，都无关紧要。因为不管怎样，他们在人生的起跑线上早已落后其他人一大截。

我的教育长征

启智行动中成长起来的教育部长

布伦达·卡西利亚斯（Brenda Cassellius）是明尼苏达州的教育局局长，她的成长过程堪称一部与命运抗争的励志史。卡西利亚斯从小生活在贫困家庭，有一段时间甚至无家可归。因为有针对贫困家庭儿童的早教计划“启智行动”（Head Start），她才得以接受学前教育。到了小学，为了帮助母亲养家糊口，她每天都在明尼阿波利斯的街头卖花。卡西利亚斯出身于教育世家，20 世纪 30 年代，她祖父曾在弗吉尼亚州诺佛克的黑人教师工会中担任主席。作为黑人教师的代表，面对黑人教师的收入比白人教师低许多的现状，她祖父通过法律手段提出了收入公平的主张。在一位年轻律师瑟古德·马歇尔（Thurgood Marshall）的帮助下，最终获得胜诉。从小，卡西利亚斯的家人就经常告诉她：“你的人生充满无限可能。”我想，虽然他们当时这样说，但是应该无论如何也想不到，卡西利亚斯会在 43 岁的时候成为明尼苏达州的教育局局长。

卡西利亚斯始终致力于为明尼苏达州的所有孩子提供更加优质的教育机会。她认为，那些没能从高中拿到毕业证书的孩子，如果只是因为他们在州里规定的数学考试中答错了几道题，那么这些错误不过是因为没有掌握“他们这辈子也不可能用到的知识”，没什么要紧。她将十一年级的数学考试称作最有效的“除草剂”，还不遗余力地与这些强制性考试规定作斗争，最终争取到了更为宽松的考试要求。在卡西利亚斯的敦促下，明尼苏达州设立了“创新学区”。这些创新学区不受官僚规定的限制，可以自由发展。但令她失望的是，只有 3 个学区申请成为创新学区。

对此，卡西利亚斯打了个比方：如果你将一头大象拴上铁链很长时间不放开，那么当你最终放开铁链的时候，就会发生一件很可笑的事情——这头大象还是认为自己哪儿也去不了，并且在原处一直待着不动。我们对教育者做的事情也是这个道理。我们用标准化考试的铁链将他们牢牢拴在原处，几十年不变。而现在我们需要解开铁链让他们知道，他们已经重获自由，可以向前奔跑。她还提到，许多生活在贫困环境之中的孩子总是会听到一些让他们非常受打击的反馈意见，说他们不够聪明，不是学习的料。他们没有像她那样，从小就在家人那里得到无限的鼓励，让她对未来充满希望。“我们不能再继续这样对待孩子们了。”

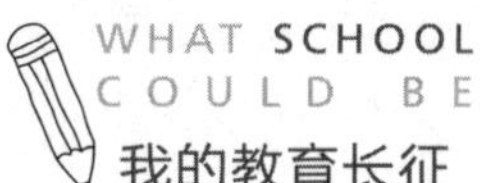

与世隔绝的阿拉斯加

阿拉斯加州有 8 个村，每个村下面附属着许多部落。走进这些村落的唯一方法，就是乘坐阿拉斯加的特色小型螺旋桨飞机，从一处布满大石头的崎岖跑道上起飞，再到另一处布满大石头的崎岖跑道上降落。飞行员总是很紧张飞机的限重和平衡。贝瑟尔是阿拉斯加州 8 个村之中的一个，总人口约 4 000 人。有几位居民说，之所以生活在这里是被此处原生态的美丽景观所吸引，但我无论如何也找不到同感。村中只有一条环形马路，旁边满是简易房搭就的商店，锈迹斑斑的仓库，几家味道实在不敢恭维的餐厅，一家一星级的酒店，还有各种移动房屋和低成本住宅拼凑成的居住区。所见之处到处都是垃圾，让人分不清哪些地方是正规的垃圾投放点，哪些地方不是。

生活在这些与世隔绝的村落中的阿拉斯加本地孩子，他们的国家教育进步评价（NAEP）分数都低得惨不忍睹。许多孩子的生活里充满了酗酒、毒品、人身虐待以及性虐待，而且自杀率一直居高不下。在贝瑟尔，我见到了一位在当地高中工作过多年的教育界资深人士。面对我的问题，他没什么头绪。说到毕业率，他也不太确定，于是给别人发短信询问，经别人告知我们才知道，当地学生的毕业率大概在 50% 左右。问他为什么毕业率会如此之低，他答道："这个问题问得很好，我也不知道。"我又问他毕业要求，他说，就是一般的要求。语文，两年的科学，高中数学，两年的外语，外语的选择只有德语。我问他为什么？他说是因为当地的外语老师只会教德语。说到这里，我大概明白为什么会有这么多孩子选择辍学了。

实际上，在贝瑟尔的学校里还是可以找到亮点的。有一所小学向学生提供沉浸式的语言教学，帮助小孩子从小接触当地的古老语言——尤皮克语。当地的老年人都很担心自己的部落语言会渐渐绝迹，因为如今孩子们的成长环境里充满了卫星电视节目和成天讲英语的大人。在贝瑟尔当地的小型机场等飞机时，我见到了 5 个兴高采烈的青少年。其中一个孩子敲着本地特有的部落鼓，另外几个孩子都在快乐地跳着舞。当他们停下时，我上前做了自我介绍，并问他们在哪所学校上学。原来他们都在贝瑟尔的一所替代型学校读书。孩子们告诉我，学校会给他们提供很多工具，教给他们非常实用的技能，帮助他们远离违禁药品和酗酒的威胁。我问他们毕业之后打算去哪里生活，他们异口同声地回答道："我们想要留在这里，这是我们的家乡，我们的家人都生活在这里，为什么要离开呢？"

我乘着飞机飞越了荒无人烟的冻原，没多久就来到了一个名叫通图图里阿克的小村落。此地的人口总数为 450 人，村里没有公路，只有宽阔的土路以及偶尔经过的大轮子车。这里的住宅比贝瑟尔的房屋还要简陋，许多房子都没有自来水和卫生间。唯一的两个小商店里的商品物价奇高，村中沿途随处可见满地的垃圾，只有一所 K-12 学校，里面有 15 位尽职的教师和大约 150 个孩子。阿拉斯加的社区规划由于 1972 年最高法院对胡驰案（Hootch case）的判决而发生了根本性的变化。该裁决要求阿拉斯加为所有的本地居民提供正规高中教育，无论这些居民生活的村落有多么与世隔绝、人迹罕至，也不能被忽略。将高中教育带到部落村庄中，就意味着要在当地建设校舍，为外来的非本地教师提供支持，还需要配备交通、商店、新建住宅和通信等基础设施。这些活动将部落村庄中的居民暴露在卫星电视、违禁药品和酗酒等外界问题面前，而这些问题一旦出现便很难绝迹。

通图图里阿克学校的教师中约有一半是外来人口，还有一对在这里生活了 10 多年之久的夫妻。他们都居住在面积不大的公寓里。教师们的住宅中基本都配备了卫生间，但没有淋浴的条件。他们的社交生活局限在村落中的 450 人范围内，否则就只能购买昂贵的机票飞到其他地方。就连周末飞到贝瑟尔的短途旅程，往返票价也高达 260 美元。由此，教师们的大部分时间都在村庄中度过。在这里，他们可以利用互联网在亚马逊购物网站上买东西。亚马逊的物流服务十分发达，即使是在这样与世隔绝的村落中，也可以享受会员免运费服务。对于这些外来教师来说，阿拉斯加最大的吸引力，就是能在夏季漫长的极昼期到当地壮丽的荒原上去探险。

学校里的孩子都十分热情好客，老师们也很敬业，对孩子们很好。但我还是想着重讲一讲这里的日常教学内容。科学课教师告诉我，这里的孩子在户外基本学不到什么东西，尤其是生活在这样荒凉的村落之中。在初中阶段的数学课中，老师有时会在课堂上组织拼字游戏，拿出一个由几个字母组成的单词，要求学生找到同样形状但不同大小的字母，再拼出同样的单词。语文课则严格遵守着标准课程安排。当地一位老师说，他们的高中生要读乔叟。我并不反对乔叟，但我认为这根本不是高中孩子的兴趣点所在。在走访阿拉斯加学校的过程中，我没有看到任何一点教育内容是与部落生活和本土文化传承相关的。

鉴于《让每个孩子都成功》法案接受弃权申请，我认为阿拉斯加州可以将教育重点转移到以实际表现为基础的全新评估体系上来。学校可以为这些通图图里阿克的可爱孩子们提出全新的挑战。比如，让他们利用从村落垃圾堆中捡来的部件组装风力发电机；利用数学和科学知识来制定更加有效的捕鱼和捕猎策略；发明出成本低廉的方法为村落中的公寓供暖或配备室内卫生设施；创造出一些新颖的方法帮助他们所在的社区远离违禁药品和酗酒的威胁；用批判性分析的方法来阅读用当地语言写成的文章等。

我无法预测阿拉斯加州未来会朝哪个方向发展，但在看到一位当地高级官员在参加完《为孩子重塑教育》纪录片社区放映活动之后给我写的一封信，我备感欣慰："参加完周日举办的电影放映会后，我对影片所展示的内容进行了深刻的思考。这部影片以及最近阿拉斯加州颁布的取消某些标准化考试的新规定让我充满信心。我知道，我们走上了正轨，在这个自上而下、标准化、统一化、由规则驱动的公立教育体系之中，我们可以保持清醒的认识。我对我们的教育者怀有最大的信心和最高的敬意，但他们所处的教育体系恐怕是为错误的事情赋予了较高的重要性。在这个问题上，我能一直讲下去，讲个不停，但在此我只能点到为止。简言之，看过这部纪录片后，作为一名教育界领导者和一位母亲，我深感震撼。

震撼之余，我还没有想清楚应该具体做些什么，但是很感谢这部纪录片，很感谢你为此作出的贡献。”

一年的教育长征路上，我在土著社区发现了一个规律：普遍看来，土著社区的孩子在标准化考试上表现得并不理想，经常被所在州称为成绩最差的一小撮人。但是，在阿拉斯加州、亚利桑那州、夏威夷州、堪萨斯州以及俄克拉荷马州，我亲眼见证了当地的孩子也可以在协作方面，在利用创造力解决问题和动手学习方面，取得令人刮目相看的成绩。他们考试成绩低真的是因为天资不够聪颖吗？还是说这些较低的成绩反映出摆在他们面前的标准化考试试卷，与他们的文化、成长环境和兴趣点存在太大的差异？问题是出在孩子身上，还是出在考试上？

对于土著社区的孩子来说，教育无异于不断从天上掉下来的“馅饼”。这些标准化、以西方文化为基础的课程，被人定期、强制性摆在他们面前，上完课还要对他们进行相关技能测试。事实上，这些测试与他们的日常生活以及本身的优势和长处毫无关联。尽管如此，土著社区的教育还是存在许多亮点的。在俄克拉荷马州的总共 65 万名学龄青少年中，20% 都有土著血统。而俄克拉荷马州教育界人士的人口比例也能反映出同样的多元化特征，有 50 名督学、128 名校长、110 名学校顾问以及 3 500 多名教师都拥有土著血统。许多俄克拉荷马州的学校都将印第安语课程作为外语的选择之一，但从整个国家的角度来看，我们并没有为土著孩子提供立足本地社区、扎根当地文化的学习氛围，也没有为这些土著孩子提供与 21 世纪新机遇保持一致的学习方法。

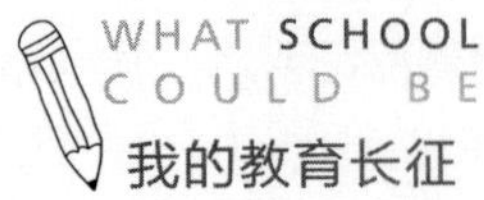

灵感勃发的 FIRST 机器人大赛

读者若想见识一下大规模的灵感勃发，一定要来 FIRST 机器人大赛看一看。FIRST 是科技启迪与认可组织（For Inspiration and Recognition of Science and Technology）的简称，由一位名叫迪恩·卡门（Dean Kamen）的发明家创办。卡门当年为了能够将全部时间投入发明创造，选择了从伍斯特理工学院辍学。现在，他持有 440 项发明专利。这些专利五花八门，有体感车、胰岛素泵、电动轮椅、斯特林发动机及净化水设备等。有意思的是，卡门的父亲当年曾是《疯狂古怪科学》（*Mad, Weird Science*）杂志社的一名插画家。卡门总是在各类会议间穿梭，看起来更像是一位风风火火的赌场老板，而非身穿白大褂的发明家。

1989 年，卡门意识到了在高中宣传科学与技术的重要性，想让成为学霸变成一件很酷的事，并由此提出了指导原则："我们的事情要在放学后做，而不是在学校里面做。我们的事情要靠兴趣来做，而不是由别人要求去做。没有人会给你出考题和小测验，你要自己去参加比赛，争取拿奖。你没有老师，只有教练。你要不断培养自身的技能，没有人去评判孰优孰劣。你要在所有参与者之间建立起团队合作精神。我们会认为体育赛事中的团队合作是合理的，但是为什么一到教室里，就将团队合作称为作弊呢？"

后来，卡门和麻省理工学院的教授伍迪·弗劳尔斯（Woodie Flowers）达成了合作。弗劳尔斯提议开设一个机器人大赛，设计机器人并不是终极目标，而是为了找到让孩子们对科学、技术、工程和数学产生兴趣的方法。从 1992 年在新罕布什尔高中体育馆举办的第一场只有 25 个团队参加的比赛开始，如今的 FIRST 机器人大赛已经成为一场囊括来自各个年龄阶段的 40 万名学生，影响力覆盖全美甚至全世界的大规模比赛。

在通常情况下，FIRST 团队由十几名孩子组成，还有成年人志愿者来提供支持服务。每年 1 月份，FIRST 会公布当年春季竞赛的新规则。这些团队成员会依据新规则，在课后和周末将大把时间投入到机器人设计活动中。这些孩子设计出来的行动灵敏的智能机器，有些看起来很像是小型军用坦克的模样。我亲眼看着一个重达 57 公斤的机器人和另一个机器人发生冲撞，而后凭借自身的背部力量跃身而起，在几秒钟的时间内又重新站稳。值得注意的是，我们并没有在高中开设任何工程类的课程，这些学生都是自己从头学起的。在团队中，成员身上的许多能力都令人敬佩，例如软件开发、硬件开发、机械和电子设计知识以及解决故障的能力、建筑思维、财务知识、市场营销知识、项目管理知识，以及万年不败的让每个人随时保持开心的本领。FIRST 机器人大赛涉及的知识范围远远不止科学、技术、工程和数学这几个领域。这场大赛既鼓励脚踏实地的实践精神，又欢迎极富创意的艺术思维。

经过在全世界各地举行的淘汰赛之后，来自 42 个国家的两万名孩子会聚集到位于圣路易斯的决赛现场，共同庆祝他们对技术的热爱和对团队协作精神的追求。从团队制服（例如戴上斯伯克博士的耳朵）到富有创造力的团队名称（GearHeads，TeamClutch，Kil-A-Bytes），都可以看到孩子们的学霸精神与创造力的完美融合。许多团队都会设计并分发带有团队标志的纪念品。大会现场布置着一排排的小隔间，团队成员会共同聚集在小隔间里，为下一轮比赛做准备。这里也会诞生出许多富有创意的标志、海报和照片。有一个团队的标志是一道闭型积分题，当你做出这道题时，就能得出他们团队的序号（见图 6-2）。而当他们看到智能手机应用 PhotoMath 可以瞬间给出这道题的答案时，都异口同声地抱怨道："为什么我们要在数学课上傻乎乎地用纸笔做题？"

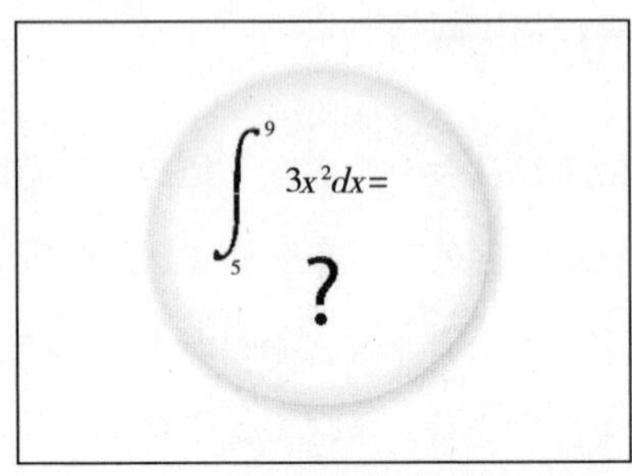

图 6-2　FIRST 机器人大赛团队标志

这些机器人的竞技场就像是一个小型的室内足球场，两端配有看起来很像中世纪城堡的设施。团队并非单打独斗，而是和另外两支团队结为联盟，共同与对方的三个团队进行较量。在比赛初期的几个回合中，团队之间的搭配是随机组合的。随着团队一步步向上晋升，他们就可以从比自己积分低的团队中进行选择，精心组建出一支强大的联盟。比赛初期的对手后来很可能成为合作伙伴，这就进一步培养了孩子们的运动员精神。

比赛开始，只见 6 个性能强大的机器人同时冲入场内，蓝队由来自堪萨斯州、佛罗里达州和安大略的三支团队组成，而红队则由来自特拉维夫、加州和北达科他州的三支团队组成。这些机器人或是打球，或是穿越障碍，或是举起胳膊抵御其他机器人的进攻。几个行动看似笨拙的机器人在场内左转右闪，上蹿下跳，场外的工作人员还会出其不意地向场内投掷保龄球，目的只有一个，就是要制造混乱，增加难度。

年轻人的竞技赛事往往充斥着大声喧哗的家长和情绪极不稳定的参赛者，但 FIRST 机器人大赛现场却散发着一股冷静的氛围，充分反映出了“优雅的职业风范”。就算在比赛进行中，团队成员有时也会停下手为其他人提供帮助。孩子们对自身的表现都很骄傲。当比赛结束时，你很难看得出谁是赢家、谁是输家。FIRST 机器人大赛的终极大奖会对孩子们积极参与其中的合作精神予以奖励，而不仅仅看比赛的总得分。在现场，我亲眼见证了一支来自内华达州最贫穷社区的团队拿到了 FIRST 机器人大赛的“主席奖”。这支团队成功筹集了 200 万美元，利用这笔钱为内华达州各地的贫困社区开办了科技中心。在这支团队领奖时，在场的 4 万名观众同时爆发出了欢呼声，我也同样激动得无以言表。

FIRST 机器人大赛邀请我在决赛期间播放纪录片《为孩子重塑教育》。影片播放时，总计有 350 位家长和学生前来观看。其中许多学生上的都是传统学校，但并没有因身在传统体系之中而止步不前。一个孩子告诉我，学校的老师有时会催促他们早几分钟放学，这样就可以尽快投入到机器人的研究工作中。还有一个学生说道：“我很喜欢这部纪录片，能不能帮帮忙，让我的学校变得更能忍耐一点？”

一位七年级学生告诉我，我和瓦格纳共同撰写的电影同名著作《为孩子重塑教育》就摆在他父亲的床头，他父亲不仅认真读了我们的书，还买了许多册分发给学校的老师。这些孩子在 FIRST 机器人大赛创造出的 PEAK 环境中茁壮成长，而这种环境正是传统学校所稀缺的。我鼓励他们一定要充分利用课余时间做自己感兴趣的事情，要充分调动起自己的创业家精神，尝试着和团队成员一起开办一家公司，想办法让当地的机构为他们设计的机器人解决方案买单。

FIRST 机器人大赛充满了乐趣，能帮助孩子开拓出拥有无限可能的职业发展道路，也能体现出真正的 PEAK 学习。而问题就在于，为什么这只是一个课外活动，只有不到 1% 的美国学生能参与其中？如果学校都能办成 FIRST 机器人大赛的样子，那对于学生们来说该是一件多么令人向往的事。同时，FIRST 机器人大赛也反映出了美国各地的学校所能获取的资源之间的差异。要想参加 FIRST 大赛，组建一支团队，至少需要一万美元的费用，还需要成年人提供数百小时的支持。对于富裕社区的学校来说，这些资源简直是唾手可得。而贫穷社区的学校若想获得同样的资源则是难上加难。虽然 FIRST 机器人大赛对社会公平这个问题十分重视，但事实上也没能缩小贫富学区之间的差异。FIRST 机器人大赛的决赛现场有着来自世界各地的两万名参赛者，其中绝大多数都是白人，少数族裔屈指可数。

一位曾辅导过市区学校机器人团队的科学教师对此深有体会。他说，他的孩子们都有着坚定的意志、丰富的创造力和刻苦的精神。一只来自圣路易斯的团队获得了区域赛的第一名，打败了许多富裕社区的学校。富裕社区的学校拥有得天独厚的优势，不仅有充裕的资金，学生们之前还都有过学习设计机器人的经历，参加过编程夏令营。学校多配备有设备精良的练习场地，也有高年级学生之前做过的机器人成品可供学习，家长们也有许多是技术方面的人才，他们都乐意到学校为 FIRST 机器人团队做志愿者。

这位市区学校 FIRST 机器人大赛的教练对我说，他面临的最大挑战是学校烦琐的行政事务，这些琐事将他和身边其他教师的时间和精力榨得精光。他给我描述了一个画面，有一处建筑里面坐着数百名员工，他们每天不干别的事情，就是为辖区内的教师制定极富官僚气的规章制度。和许多出色的科学教师一样，他也经常收到来自其他学校的邀请。后来，他离开这所市区学校，选择了另外一所官僚作风没那么强的学校。他感慨道："我特别舍不得离开这些优秀的孩子，但我也真的忍受不了那帮官僚了。"

如果美国最贫穷地区的孩子们无法参加 FIRST 机器人大赛这样能充分调动

起积极性的学习活动会发生什么事情呢？你到密苏里州的杰克逊郡山顶拘留所（Hilltop Detention Center）看一看就会知道了。全美范围内像山顶拘留所这样的机构负责着约 5 万名孩子的教育。所有这些孩子基本上都是非洲裔美国人，有着拉美血统，或是美国印第安人。山顶拘留所里大约关押着 100 名青少年，这些孩子都犯过大错，有些是刑事案件，有些则是一连串的行为问题。正是因为这些严重过失，他们才会被监禁在拘留所中。山顶拘留所的资源极其匮乏，当罗特利俱乐部捐了几百美元为其购买了新的书架和书籍时，竟然令这里的老师受宠若惊，还特意将此事登上报纸。而谈及参加像 FIRST 机器人大赛这样的活动，他们连想都不敢想。

山顶拘留所的教师们比我们约定的会议时间提前了 45 分钟到达。其中一位老师讲到了他的一名学生，说这个学生对焊接工艺非常感兴趣，但他以前所在的学校却强迫全部学生都投入大学备考课程中去。这里并不是说这个孩子学不会大学备考的相关知识点，而是他根本不愿意学，怀有很强的抵触情绪。就这样，这个孩子出现了各种行为问题，最后进了拘留所。另一名老师补充说，这些孩子知道他们想要做什么，比如建筑、烹饪、医疗等。他们需要一所能帮助他们过渡到职业生涯的学校。我们面临的最大挑战，就是如何将学校置于一个真实世界的大环境之中。这些教师之所以到山顶拘留所来工作，是因为他们从内心相信这些孩子。因为这里没有人担心考试成绩，所以老师们都拥有很大的自由度，也为此感到庆幸。举例来说，一位教数学的老师可以在课堂上让学生进行建筑设计，对旅行成本进行估算，并对信用卡贷款进行管理。这些孩子面临的最大障碍是社交和情绪问题，而非学习。但是“在普通学校里，如果你和孩子交往过深，互动太多，就很可能会丢掉自己的工作”。

一位年轻教师谈起了如下感想，听后令我十分感动："我们的主要目标就是为了让这些孩子找到希望。他们的成长过程充满坎坷，从小便深陷贫困。一路走来，他们遭受了来自社会的各种不公平对待。他们没有其他要求，只想维持生存。记得有一次，我给学生出示了一道测试题，题目是一幅图画，画的是一位孕妇坐在医生诊室里。我给他提出的问题是，这个地方是哪儿？我的学生答到："急救中心"，而正确答案并不是急救中心。设计这些考试题的人可能根本意识不到，我们的许多孩子这辈子从来都没去过医生的诊室（见图 6-3）。"

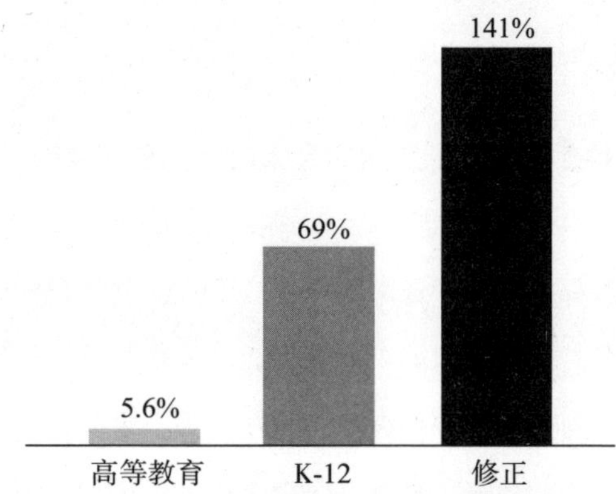

图 6-3　教育投资不足导致的长期后果

1986—2013 年间美国一般性经费支出（经通货膨胀调整）。
资料来源：美国预算和政策优先事项中心

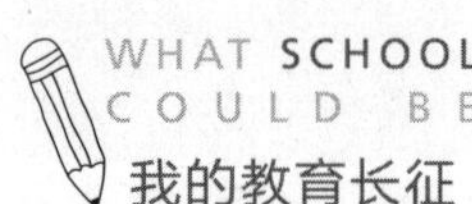

贫困儿童支持者

一路上，我遇到了许多人，他们都在为贫困儿童提供支持，默默奉献着自己的力量。这些慷慨而高尚的行为就是爱的真实表达。特里莎·爱丽丝（Teresa

Ellis）是达特茅斯大学服务中心的主管，服务中心的使命是让学生通过参与到为他人提供服务的过程中，实现富有目标感的人生价值。爱丽丝是一位母亲，孩子年龄尚小，而她不顾家庭负担，每天坚持从波士顿北岸来新罕布什尔州汉诺威上班，在路上花费大量的交通时间。在繁忙的工作和家庭责任之外，她还专门抽出时间为一个贫困家庭的女生提供帮助，爱丽丝这样讲道："过去4年，我为一位年轻女性提供了许多帮助。记得她曾经跟我说过许多遍，她所在学校的老师觉得她脑袋笨、不聪明。每次听到她说这样的话，都让我心碎不已。我问她为什么这么说，她告诉我，不管怎么努力，她都无法在那些标准化考试中达到所谓的合格标准。她说，如果连考试都达不到合格，自己又怎么可能在人生中做到合格呢？对于一个12岁的孩子来说，如果内心形成了这样的固化认识，那她的一生将背负多么沉重的负担。"

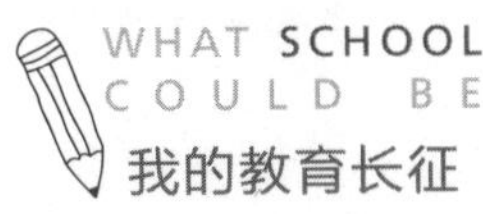

"人生面包"收容所

美国在全国范围内为无家可归人士提供8万张床位，其中20张床位就位于缅因州奥古斯塔的"人生面包"收容所。对于那些命运悲惨到不得不流落街头或进入收容所的人来说，人生无异于炼狱般的痛苦折磨。有很多种情况都会让人步入这般田地，比如心理问题、毒瘾，或是失业而无人接济等。只要读过理查德·莱缪克斯（Richard LeMieux）的《莎莉家的早餐》（*Breakfast at Sally's*），你大概就能理解成功人士为什么会在一夜之间沦落到无家可归。

在"人生面包"收容所中，有一位母亲带着三个孩子，孩子的年龄分别是16岁、14岁和11岁。和其他家长一样，这位母亲也对自己的孩子充满希望，在面对不可想象的挑战时，这位母亲会为了孩子去奋不顾身地抗争。和其他收容所一样，“人生面包”收容所也对入住人员的停留时间有所限定。这位母亲和她的三个孩子只能在此停留6周时间，6周过后，要么继续流落街头，要么就去寻找下一家收容所。无家可归的孩子们每年都要辗转于多家收容所和学校，他们所有的教师、课程、同学、俱乐部或运动项目都是暂时的，前后无法衔接。在“人生面包”收容所，校车会到学校门口接孩子。这样一来，其他孩子都知道这些孩子是无家可归的，并因此嘲笑他们、欺负他们。这些孩子没有电脑，更没有智能手机，只能去图书馆上网。每一天，他们的日子都在煎熬中度过。

美国每天都有200万名学龄儿童处于无家可归的状态（见图6-4）。在这个个人主义至上的国度，人们早已习惯对流落街头的成年人置之不理。记得有一次，我和同事路过旧金山市区。从乞丐身边走过时，同事脸上置若罔闻的表情令我至今无法忘却。他还对我说：“没事的，过一段时间你就适应他们的存在了。”但是，在这个全世界最富有的国家，我们真的可以眼看着200万个孩子无家可归而置若罔闻吗？

在那些以讲授内容知识为重点的学校读书，如果学生中途转学，就很难跟上新学校的进度。而无家可归的孩子在学习上则更是落后，每次考试都备受打击，在学校也交不到朋友，经常受人欺负，由此信心缺失，生活无望。如果学校能将关注点从考试和内容知识上转移到应对真实世界挑战的关键技能上，就能让这些新来的学生更容易参与进去。如果成绩报告单能够采纳斯科特·卢尼的精熟成绩单，那么许多无家可归的孩子就可以在与性格相关的指标上取得非常突出的成绩，尤其是在“与逆境抗争”这项技能上拿到远高于常人的评估结果。

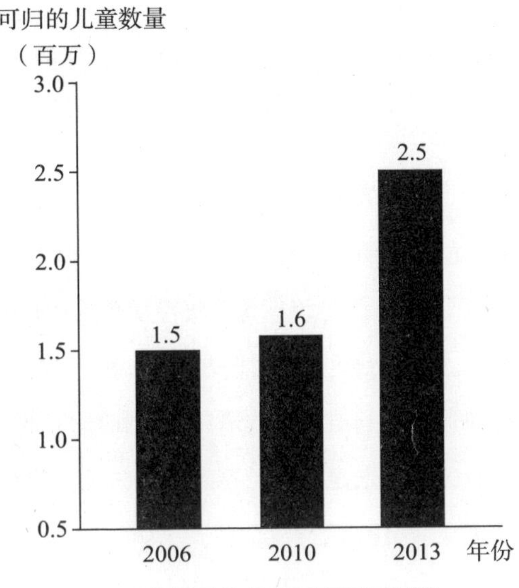

图 6-4 日趋严重的儿童无家可归问题

资料来源：美国研究协会全国无家可归问题中心

本书主要涉及美国的 K-16 教育体系，不包括学龄前的教育内容。之所以做出这样的选择，并不是因为笔者不关注学龄前儿童，而是我在这一趟旅行、这一本书中，只能专注于 K-16 这一个重点。在美国各地走访的过程中，我亲眼见到了许多身处贫困环境之中的孩子。他们缺乏最基本的营养，无家可归，没有任何安全感可言。而美国社会则对这些孩子置之不理，还期待着 K-16 教育阶段的教师能创造奇迹。如果孩子的考试成绩不够理想，我们不应该去责备教师，而要先去看看学生们是不是因为缺乏营养而注意力不集中，是不是因为担心晚上没有地方睡而过度忧虑。

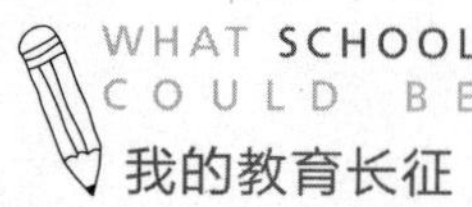

古桥上的思索

我们在去往亚拉巴马州蒙哥马利市的路上途经了历史悠久的塞尔玛市，因为之前从未来过此处，所以我看到路标时的第一个想法就是开出高速，到这座老城中转一转，参观一下历史悠久的埃德蒙·皮特斯桥（Edmund Pettus Bridge），然后再继续下一段旅程。但我到达此处时已是傍晚，时间很不凑巧。经过一番思索，我还是决定放弃已在蒙哥马利市订好的酒店房间和预付过的房费，在塞尔玛市过夜，然后第二天清晨去桥上走走。为了不虚此行，我决定在清晨时分起床，到这座历史悠久的古桥边观赏日出。

第二天一早，我早早起床驱车出发，去往古桥方向。我一边开车一边听着收音机，这时收音机中传来一段话：让非洲裔美国学生到得克萨斯大学读书对他们并没有好处，因为他们在这所学校里跟不上进度，而如果将他们送往低端一些、进度更慢的学校，他们就可以取得更好的成绩。广播里的声音接着说道，一次研究显示，美国绝大多数非洲裔美国科学家并不来自像得克萨斯大学这样的名校，而是出自知名度没有那么高的普通学校。在这些学校中，他们不会觉得自己为了在班里拿到好成绩而承受着巨大的压力。由于此时身在亚拉巴马州，我便想，这不过是一个反映美国南部残存的种族歧视情绪的小故事而已。

但这段话远非无关紧要的小故事，而是由一桩当时被炒得火热的诉讼案——费舍对得克萨斯大学奥斯汀分校案引起的。这起与平权法案有关的案件最终摆到了美国最高法院的面前，于2015年12月9日进行了口头辩论。经收音机传来的声音，来自当时美国最有权势的人物之一——最高法院法官安东尼·斯卡利亚

（Antonin Scalia，已去世）。关于平权法案和种族问题在大学招生录取过程中的影响，曾发生过一连串的诉讼案件，而这起案件就是其中之一。

1997 年，得克萨斯州颁布了《588 号众议院法案》，要求包括得克萨斯大学在内的州立大学接收所有在高中班级中排名前 10% 的申请人。富裕社区那些平均成绩十分优秀的学校中，如果有白人学生没能排到班里的前 10%，就算拿到非常高的学术能力评估测试和大学先修课程考试成绩，也有可能被州立大学拒收。这位白人学生的位置很可能会留给拉美裔学生，而这些少数族裔的学生大都是从贫困社区里成绩不好的学校选出来的前 10%。2008 年，有两位富裕家庭出身的白人学生阿比盖尔·费希尔（Abigail Fisher）和蕾切尔·米凯勒维茨（Rachel Michalewicz）都被得克萨斯大学拒收，并因此向法院提出诉讼，认为大学的招生录取政策存在种族歧视倾向，违反了《第十四修正案》中的平等保护条款。

斯卡利亚提到了一份报告，里面讲到了加州大学洛杉矶分校一位法学教授理查德·桑德（Richard Sander）的研究结论。这位教授是白人，曾在哈佛大学接受教育。桑德在著作《不对等》（*Mismatch*）中对自身观点进行了详细阐述。他认为，如果精英大学为了接收学术水平不合格的少数族裔学生而更改自身的招生录取标准，那么从平均角度来看，他们接收的学生成绩会更差，辍学率会更高。而如果这些少数族裔学生能去那些学术水平更低、名气更小的大学，则更容易拿到毕业文凭。将好学生与好大学对接起来，让差生与差大学对接起来，这样每一个人都能得到更好的结果。

值得一提的是，美国最高法院的成员基本都是哈佛大学或耶鲁大学的毕业生。最近几十年来唯一的个例，就是从斯坦福大学毕业的桑德拉·戴·欧康纳（Sandra Day O’Connor）。正如乔治城大学法律中心的司法学者帕特里克·格伦（Patrick

Glen）所言："一言以蔽之，如果某人的大学文凭是从剑桥大学或耶鲁大学之外的其他学校获得的，那么他最好不要有太高的事业心。如果过往的经历被视为人生起点，那么他们根本没有希望在最高法院的大理石建筑中占据一席之地。"在如今的美国，只有那些从顶尖精英大学拿到文凭的人才有资格对能影响到美国主流社会的规则发表意见。

斯卡利亚的话令我如鲠在喉。不管哪一天，听到这样的说法都会让人心里很难受，但那天又是如此与众不同。因为我身在埃德蒙·皮特斯桥。这座桥以一位联盟军准将兼三 K 党大龙头的名字命名。在这里，马丁·路德·金领导的民权运动倡导者于清晨时分在桥头汇集，准备出发前往亚拉巴马州首府，抗议阻止黑人投票的阴险计划。也是在这里，警察对抗议者进行了残暴的镇压和殴打，也就是我们如今常说的"血腥周日"。警察的暴行全部由电视台记者通过摄像机记录了下来向全国观众进行转播，并由此激发了全国民众对民权运动的声援。

皮特斯桥本身并没有什么特别之处。遍布美国各地的国家历史名胜大多配备有精美别致的设施和博物馆，而这里位于桥头南侧的国家投票权博物馆看起来更像是一个荒废已久的餐厅，旁边的一栋建筑曾是一座可容纳 6 辆车的独立车库。大门上布满了涂鸦，其中还有一句话："教育是掌握命运的关键。"从此处向东，穿过 80 号公路，有一个面积不大的公园，里面陈列着几块牌子和一座石质纪念碑。可以说，皮特斯桥及其周围的景致没什么令人驻足的魅力。但是在清晨时分踏足这座历史名桥，思考一下 50 多年前在此地发生过的事情，还是给我的内心带来了强大的震撼。

也是从这一天起，我开始重新思考自己想要寻求的答案究竟是什么。自从 9 月份踏出家门开启这次教育长征，我的关注点始终集中在教学法上。如果现如今的学校只是为了让孩子去死记硬背那些他们根本记不住也永远用不上的知识，那么我们完全可以在未来做得更好。**如果年轻人想要在这个被创新大潮席卷的世界中拥有四处闯荡的勇气和发明创造的动力，那么我们就不能再去忍受那些将“勇敢”和“创意”等宝贵品质扼杀在摇篮中的教育政策**。我们不能再将大学文凭作为雇主面试的先决条件，除非大学可以做得更好，学费可以降得更低，可以为更多的人提供在大学就读的机会。

而如果教学法仅仅是表面现象，真正的问题埋藏在更深的地方，我们又该何去何从？美国曾英勇地对大英帝国统治予以反抗，最终实现了精英治国。在美国这片土地上，天赋和努力是决定人生成功的关键，而非血统。《美国独立宣言》中的内容包括：“我们认为下面这些真理是不言而喻的：人人生而平等，造物者赋予他们若干不可剥夺的权利，其中包括生命权、自由权和追求幸福的权利。”的确，我们用了几百年的时间才从“所有白人生而平等”最终过渡到“所有人，无论种族、性别、宗教、性取向，都生而平等”。而在这个过程中，美国人民联合起来，一次又一次对歧视进行反抗，争取到了为所有人提供平等机会的大环境。这才是美国这个国家最值得我们为之骄傲的精神。

几乎所有人都会认同这样的观点，即歧视是错误的。但是以价值为基准的歧视眼光不但被人们所接受，而且成为一种放之四海而皆准的态度。苹果公司拒绝雇用水平不够的设计师，我们不会因此而抵制苹果公司的产品。堪萨斯城交响乐团直截了当地开除水平低劣的音乐家，我们也不会对其进行批评。著名的洛杉矶道奇棒球队曾于1947年勇敢地将杰基·罗宾逊（Jackie Robinson），这位历史上首位黑人棒球选手请到自己的队伍之中，而如果道奇队将水平不够的球员从花名册中剔除，我们也不会觉得有什么不妥。这些组织之所以能取得成功，就是因为他们可以有效采取以价值为基准的歧视行为。

美国社会将人的受教育水平作为筛选、评估和歧视的捷径。在美国人的日常生活中，歧视几乎每时每刻都在发生，从鸡尾酒派对到大型会议，从婚恋网站到猎头门户。某人若拥有哈佛大学的毕业文凭，我们就会在内心将此人置于崇高的位置，而对于那些没什么学术背景的人，我们只会无形中提高他的准入门槛。而问题就在于，这样的歧视是真的以价值为基准，还是以人的出身为基准?

美国历史上，高质量 K-12 教育曾经是免费的公共品，大学学费也是绝大多数人都支付得起的。学校教育会培养孩子的实用技能，以价值为基准对人进行分类。但现在一切都变了。杰克·肯特·库克基金会（Jack Kent Cooke Foundation）最近的一份报告显示，美国竞争最激烈的大学中，只有 3% 的学生来自收入在社会底层 1/4 的家庭。最精英的大学里，来自收入最高的 1/100 家庭中的学生数量和来自收入在底层 60% 家庭的学生数量是相等的。大学由富人主宰，为富人开设，属于富人阶层。

生于贫困家庭的孩子不但不具备富裕家庭的优势，进不了好学校，没有辅导教师和应试训练，没有精英体育项目的教练，更享受不到什么社区服务。在学术能力评估测试这项大学录取的黄金标准上，穷人家的孩子无论如何也拼不过那些富家子弟。正如《华尔街日报》所言，学术能力评估测试这项考试更适合被叫作“学生富裕程度测试”（Student Affluence Test）。而大学的招生录取政策则进一步为富人增加了筹码，比如许多大学都更愿意接收父母是校友的学生，让有特长的孩子享受提前录取的待遇等。毫无疑问，在敲开顶尖大学校门的过程中，金钱发挥了至关重要的作用。

从费希尔的案子中我们可以看出，整个社会怀有一种强烈的执念，那就是大学申请人是否有资格被录取，要通过他们的考试分数来进行判定。如果某个大学接收了考试分数不达标的学生，就是违反了这条规则。每当大学出现这种例外情况时，都会被人们视作要么是为了给大学体育团队补充力量，要么是为了满足学生多元化的指标。而我们在这里的核心假设是，公平环境下，考分不够高的孩子就理应被弃之门外。这种假设是如此深入人心，就连那些破例进入顶尖大学的人，都会感觉自己不属于这个地方。而他们这种不合群的感受又通过同学、教授、费希尔这样的主流学生，或像是斯卡利亚这样的最高法院法官，得到进一步的强化。

美国最高法院会针对放松大学录取规则这样的问题进行辩论，却跳过了关于这些规则正确与否的辩论。美国人都笃定地认为最高法院的学术精英们可以在谁有资格成为学术精英这个问题上做出明智的判断。我们在考试成绩的神坛前卑躬屈膝，虽然眼前摆着无数的证据，证明考试成绩预测不了未来的任何事情。我们的先辈之所以构思出了最高法院这样的机构，就是因为他们能超越眼前的狭隘利益得失，展现出足够的远见和智慧。但我们血统纯正的最高法院却无法真正做到高瞻远瞩。没有一个法官提到过，最关键的问题其实是大学录取究竟应该以什么样的指标为参考。大学录取过程中是应该重视申请人为了让他们所在的世界更美好而展示出来的与逆境抗争的能力，还是应该重视那些只能体现家庭环境，而无法体现申请人性格的考试成绩？

在动身去往蒙哥马利市之前，我走访了塞尔玛高中。这所学校的历史生动地展示出了美国南方的教育发展历程。20 世纪 70 年代中期，塞尔玛中学曾有两所以种族划分开来的公立学校。后来，法院强制两所学校合为一体。由于担心会导致动乱，学校在几十年间一直保持着种族融合的态势，塞尔玛高中也成为种族融合的典范。但到了1990年，一切都改变了。当时的学校委员会做出决定，拒绝为学区的第一位黑人督学续签合同。另外，由于学校的学生成绩跟踪系统造成了事实上的种族隔离，学校中的紧张情绪日益累积，几周时间内，数百名白人孩子就转到了白人占绝大多数的私立学校。到了2011年，有着近千名学生的塞尔玛高中只剩下5名白人孩子。在学校看来，如果建起崭新的教学楼，白人孩子就会回到这里继续读书。但事实证明，他们不愿意回来。

提到亚拉巴马州的教育局局长汤米·比奇（Tommy Bice），塞尔玛高中的助理校长脸上立刻露出了欣赏的神采。当天下午我就见到了比奇局长本人。这位助理校长认为，比奇给予了本州的教育界人士充分的信任。而没想到几个月之后，比奇就被罗伯特·本特利（Robert Bentley）州长开除了。如果从州政府争议强度的角度来看，亚拉巴马州无疑位于全国之首：州长本人面临着性骚扰指控，众议院发言人面临着受贿罪指控，而州法院首席大法官则面临着道德指控。这些迹象都进一步证明，美国这个国家早已不是我们的先辈梦想之中的那个未来国度。

我知道，这个话题说起来有些沉重。我们总是喜欢讲述那些励志故事，比如某个孩子出身于贫困家庭，一路向上拼搏，从名牌大学毕业，最终取得了成功。的确，对于极少数孩子来说，这条路还是有可能走得通的。于是我们就固执地认为，美国的一切都没有改变。但事实并非如此，教育已经成为现代美国的社会等级体系。我们紧盯着考试成绩造成的差异不放，认为社会不公平这个问题，根源存在于教室中的教学。我们整天哀叹着“成就鸿沟”，但是对“成就”和“鸿沟”的理解却大错特错。成就应该以富有挑战的真实世界中存在的问题为基础，而不是以在规定时间内完成拼写和数独游戏这样

的标准化考试为基础。我们眼前的鸿沟，是富人家教育孩子所投入的资源与穷人家孩子所获得的资源之间的鸿沟。**我们可以一直对孩子们不停地进行测试，但不管你再怎么测，也无法将富有意义的公平注入年轻人的生命之中。就像美国中西部的一位教育界人士曾经跟我说的一样：如果一头牛肚子饿了，我们不是要给他称重，而是要给它喂食。**

WHAT SCHOOL COULD BE

INSIGHTS AND INSPIRATION FROM TEACHERS ACROSS AMERICA

07

潜能需要发掘而非排序

如今，学校的目标根本不是对孩子身上的潜质进行发掘和培养，而是对孩子的潜质进行排名。更糟糕的是，我们对潜质进行排名所参考的指标不仅没有实际意义，而且还为富人阶层赋予了极大的优势。学校的使命到底是什么尤其值得我们反思。

学校的目标是开发人的潜能，还是对人的潜能进行排名？这个问题的答案似乎一目了然。**孩子们上学是为了找到自身的天赋和兴趣所在，开发自身潜能，获得充分的教育，从而踏上充实而富有责任感的人生旅途。难道还会有人对此有所怀疑吗？**

是的，这次教育长征一路走来，我认为如今美国学校的目标就是对人的潜能进行排名，而不是对人的潜能进行开发。更有甚者，学校对潜能进行排名的方式，是以毫无意义的知识掌握程度为基础的，而这种评价基础为富裕家庭出生的孩子赋予了极大的优势。这样的现象造成了诸多后果。虽然美国有着“有教无类”的美好愿望，但我们还是为了给学生、学校、学区和州进行教育数据排名，将数以百万计的孩子落在了后面。

试想一下，你现在要为一个实力强大的国家在体育赛事上拿名次的问题提出策略上的建议。这个国家的首要目标就是要在夏季奥林匹克运动会上取得好成绩，众所周知，夏季奥运会由数百场大型运动赛事组成。而这个国家在奥运会上一直拿不到好成绩，在上一届中，该国只排在第40名，比国土面积很小的马耳他和斯洛伐克名次都要靠后。这并不是因为这个国家的运动员不够努力，这里的年轻人比任何一个国家的运动员花在训练上的时间都要长，每一个人都在努力拼搏，希望能走进国内德高望重而选拔规定极其严格的训练学校。这个国家已经因奥运会的成绩问题而被消耗得精疲力竭。

走进第一家学校时，你看到运动员在抱着大石头进行投掷，你可能会想，这可能是热身运动吧。但是没想到，走了一整天，每一个运动员都在做同样的投石运动。这里的官员解释道，投掷石头的运动项目起源于名为“投石”的竞技赛事。说起投石运动，官员用掩饰不住骄傲的神情继续说到，这个国家曾经在1906年的奥林匹克投石大赛上同时获得了金牌、银牌和铜牌。虽然后来投石运动这个项目被取消了，但是本国的运动统计学家在经过多次研究后发现，运动员在投石方面的专长与其整体的综合实力呈正相关。而投石成绩可以随时进行衡量，这就进一步方便了人们对运动员进行排名，对他们的进步进行监测。投石所取得的成绩，也被用来作为一个客观基础，决定谁才能敲开精英运动学院的大门。同时他们还发现了另外一个好处，那就是小孩子们因为成天不停地投石而无聊至极，所以这项运动又进一步强化了孩子们身上坚毅顽强的性格品质。

在体育运动上，没有国家会真的这样做。但是静下心来想一想，我们在学校里做的事情是不是与此类似？我们的标准化考试是不是相当于学术上的投石运动？我们是不是在挑选出为数不多的几个擅长于某一项过时运动项目的优胜者的同时，将数以百万计的善于各类运动项目的高潜力运动员排除在外了呢？我们是不是也正在阻碍着孩子们去创造全新的运动项目呢？在走遍美国的教育长征途中，我始终将投石运动这个比喻牢记在心。现在想一想，学校究竟是在开发人的潜能，还是在为人的潜能进行排名呢？

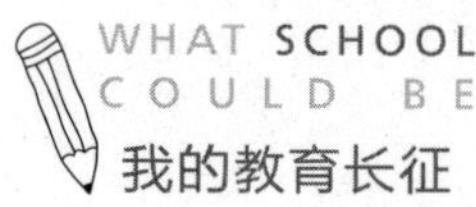

献给阅读障碍人群的颂歌

有阅读障碍的人在学校的日子都不好过。尽管如此，许多人还是在人生中取得了非常出色的成就。对任何一个孩子来说，到学校上学就意味着每天在教室里快速消化阅读材料，将其暂存于短期记忆中，然后在有时间限制的考试过程中，尽快将这些材料从脑子中提取出来，变成答案。但有阅读障碍的人一看到文字或数学表达式，就会觉得脑子一片混乱。对他们来说，这些考试无异于人间炼狱。有阅读障碍的孩子每在学校度过一天，对其自身价值感的打击就会增加一分。

犹他州的谢莉·伯罗（Shellie Burrow）一直在为有学习障碍的孩子提供坚定的支持。她成立了先进个人化学习解决方案学院，以帮助那些采用不同方式学习的孩子在学习上取得成功，并将自己全部的精力和热情投入这项使命之中。伯罗发现，自己学校的孩子有着特定的学习规律。传统学校对待这些孩子时，要么是消极地坐等他们成绩不及格，要么就是给他们施加更大的压力，让他们以传统方式去学习。伯罗评论道："传统教学模式始终在为学生传达一个信息，即他们是废掉的人，或者天生就是不合格的人。这种评价会对孩子们产生深刻而持久的负面影响。我亲眼看到年龄很小的孩子在听到这些令人心碎的评价时，会伤心地落泪或愤怒地反抗。我也见到了一些不得不在这样的传统教学环境中成长起来的成年人，因没有得到帮助而留下终身的遗憾。"

我和伯罗聊天时，谈到了学校利用在规定时间限制之内完成选择题的方法来决定谁是优等生，谁是差等生。而这种类型的测试在成年人的世界中根本不存在。通过这样的测试，学校以快速答对题为标准来确定哪些人拥有学习天赋，而从来不关注学生们的深度思考能力。而且没有证据显示，能快速答对题和能深刻地思考这两件事存在相关性。每一年都有数以百万计的学生被学校认定为是不合格的，而从来没有人去关注这些孩子在回答选择题之外拥有的能力和天赋。患有阅读困难症的学生则更是在这个过程中屡受打击。

伯罗向我讲述了她在教育学生时采用的创新方法。每一天，这些“神奇的思想家”都会产生许多伟大而独特的想法，还经常在最不合时宜的时间段将想法提出来。于是，伯罗就在每一天都留下一块专用的“智囊团讨论时间”。每当学生提出天马行空的想法时，她便将这些想法放到第二天的智囊团讨论时间讨论。这种方法既保护了学生的创造性，又不会打扰到正常的课堂进度。伯罗还讲了最近发生的一个例子，一位学生上课时突然没头没脑地说了一句：“我们能在做数学题的时候听音乐吗？”绝大多数老师听到这样的说法都不会去理会。但是在伯罗的课堂上，这个问题被放到了第二天的智囊团讨论时间。第二天，学生们围绕音乐问题展开了激烈讨论，谈到了音乐对注意力的影响、音乐和数学的关系等，并以学生为主导整理出了一份指导原则，明确在学校的哪些时间段可以播放音乐。

伯罗说，《为孩子重塑教育》这部纪录片是“献给阅读障碍人群的颂歌”。我告诉她，电影中拍摄的高科技高中存在阅读困难症的学生比例比其他学校要高出许多。她说，这一点都不奇怪。如果学校的教育过程以有趣的项目、宏大的目标和好奇心为主导，那么一切都会发生改变。学生会越来越擅长动手完成作品，构思出富有创意的点子，提出深刻的问题。学生的成就通过他们制作出来的作品进行展现，没人在意他们要花多长时间才能完成材料的阅读，没人在意他们是通过网络视频进行学习，还是从身边的同学那里获得指导。这就像真正的人生一样。伯罗说，有阅读困难症的学生会在这样的学习环境中茁壮成长。她还引述了纪录片中的一句话："所有人的学习方式都不一样。"

在踏上这趟为期一年的教育长征之前，我并没有很多公开演讲经历，更没有每天都要面对大批观众的机会。在这一年间，每次举办活动，我都会在活动结束之后抓紧一切机会和观众交流。而许多人在电影散场后也迟迟不愿离去，前来与我分享他们的故事。下面就来讲讲几个我听到的比较典型的案例。

◎ 一位母亲带着她 13 岁的女儿前来问我，如何才能进入像哈佛大学或斯坦福大学那样的顶尖学府。母亲讲到，她的孩子非常有天赋，曾经跳级两次。谈话中，小女孩忍不住流下了眼泪。母亲看到孩子这样，也不禁开始啜泣并问道："这份名牌大学的录取通知书真的值得我们为此承担如此难熬的痛苦吗？"

◎ 一位 30 岁出头的年轻人在等了一个小时之后，终于抓住机会前来与我攀谈。他讲到，因为自己没能拿到高中毕业文凭，心中始终怀着一种挥之不去的自卑感。他现在是当地一家酒店的总经理，为了做好这份工作，他需要时刻不断地利用创造力去解决问题，与他人协作和沟通。当讲到这部纪录片对他的影响时，他强忍住眼中的泪水说到，纪录片中反映出的那些真实的能力，才是人生中最有价值的品质，而不应该将文凭看得那么重。

◎ 一位20岁出头的年轻女士在等待了90分钟之后，终于和我说上了话。她在高中时染上了毒瘾，并因此遭遇了多年的困扰。几年前，她在一家戒毒中心的帮助下，重新找到了自我引导和自主解决问题的动力，学会了与人沟通和协作。她说："如果我的学校能够将对这些能力的培养作为重点，那么我当年很可能不会步入歧途，这样我就能将丢失的那 6 年人生重新找回来。"她希望美国的教育模式能对日趋严峻的毒品问题予以关注。

◎ 有一同前来的 5 位老师告诉我说，他们所在学校的校长每天都要对教师的课堂教学进行检查，确保他们正在讲的课是规定之内的那一页课本内容。如果不是，教师就要受到惩罚，而且惩罚方式总是令人备感屈辱。他们希望能够获得建议，使所在学校的教学环境发生变化。

◎ 一位女士给我讲到了她的两个女儿，说其中一个女儿智商高达 146 分，而另外一个女儿的智商只有 80 分。她对智商高达 146 分的女儿抱以很高的期望，而将 80 分的孩子送到了特殊教育机构。这位天才女儿在 24 岁那年精神崩溃，被送往精神病院进行治疗。而另外一个孩子如今却成了知名演讲人。这位母亲喃喃地说道："谋事在人，成事在天。"随即消失在了人群之中。

高尚影响力组织

小石城是 eSTEM 高中的所在地。这所高中是"高尚影响力组织"（Noble Impact）教育创业项目的试验点。高尚影响力组织由史蒂夫·克拉克（Steve Clark）、查德·威廉森（Chad Williamson）和首席执行官埃里克·威尔逊（Eric

Wilson）共同成立。此三人是创业领域、以目标为驱动力的教育及扩大商业规模的专家。25 年前，克拉克创办了一家包装和物流公司，在其客户沃尔玛的带动下，公司逐步发展壮大。后来他又杀入创投领域。克拉克说，他对重塑教育的热情源于他和儿子之间的故事。

有一次，我和我儿子安迪聊到了他在学校上的某一门课。当时，他这门课的成绩很不好。他跟我说："爸爸，上这门课真不值得我花那么多时间，我不知道我为什么必须要上这门课。"后来，我儿子得出了这样的结论："如果我找不到目标，那就没有学习这门课的理由。"从一个父亲的角度来看，我当时很想对他进行批评教育。但我利用这个机会进行了反思，我很好奇儿子的这番感想究竟是因为他的懒惰，还是因为这一代青少年所独有的思路。

"高尚影响力组织"非常强调由学生驱动的学习过程，而教师的职责只不过是帮助学生在机会的海洋中进行探索，而不会成为船只行进的舵手。教师们帮助学生去相信自身的潜力，找到人生的意义。孩子们则通过解决所在社区中的重要问题或创办起全新的组织，来锻炼自身的关键技能。学生们会公开展示自己的成就，并通过实实在在的工作来获得学分。一位 11 年级学生向我展示了她自己制作的数字化档案，里面有她拍摄的纪录片片段，主题是"激励社区中的人们采取行动"，令我耳目一新。这些孩子一有机会就会提出各种各样的问题，比如怎样才能发起一个行动，比如关于学校，关于暑假兼职，关于如何踏上职业生涯等。这些孩子当晚基本都参加了《为孩子重塑教育》纪录片的放映活动。一位十年级学生在凌晨 3 点钟给我发邮件，与我分享了他的博客文章。文章中讲述了以学生为驱动力的学习和与真实人生相关的学习具有多么大的重要性。还有一位女生给我发邮件说："你做的事情很有意义，请不要停下。我这么说可以代表每一位高中生的心声。他们需要从内心喜欢上学习这件事。”看到这些邮件，令我感到这趟教育长征中的每一天都如天赐般幸运。

让孩子去发现新行星

史密斯堡的人口规模为 85 000 人。昔日，这里曾经是欣欣向荣的制造业中心，如今，那些公司早已破产，市中心随处可见简陋的汽车旅馆和酒店。在走访男生女生俱乐部（Boys and Girls Club）时，我看到了一群精力充沛的孩子，他们或是在进行各项运动，或是在做作业，或是在热热闹闹地聊着天。俱乐部中的学生基本全部是初中阶段的非洲裔美国孩子，来自史密斯堡最贫穷的社区。美国范围内像这样的男生女生俱乐部共有 2 000 多家，保障着 400 多万名美国孩子的安全、支持和教育。

当天下午，我听了特里什·弗拉纳根（Trish Flanagan）的演讲。弗拉纳根当时正在创办一所全新的高中——未来学校。她问在场的 30 位初中生：“你对什么职业最感兴趣？”在场的每一个孩子都举起了手。我想，如果我在他们那个年龄段时遇到这样的问题，八成会回答“棒球明星”，于是也想当然地认为这些孩子的答案会和体育与娱乐相关。但是，孩子们却回答——外科医生、地理学家、计算机程序员、记者。我很想了解这些答案背后的原因，于是询问，是不是他们的父母就是做这些工作的？但事实上，家长们的职业背景和孩子们的答案根本不沾边儿。那就是他们最近参加了与此相关的职业探索活动？也不是。这些孩子单纯就是内心充满了动力和好奇心，希望在未来的人生中做出有意义的事情。

弗拉纳根向在座的学生简单介绍了我的个人情况，也提到了我的科技背景。她讲完之后，有几个孩子难掩激动的神情，迫不及待地和我聊起了计算机编程。一个小女孩说，她通过 Minecraft 这个游戏学会了基本的编程技能。一个通过在线论坛认识的人告诉她，她以后很有可能在编程方面有所建树，而如果掌握了编程这门手艺，就有很大机会找到好工作。她对编程的热情也感染了周围的朋友。我提议说，他们可以找到所在社区中存在的问题，并通过编程的方式来给出解决方案。

我建议他们去找阿肯色大学史密斯堡分校的计算机科学教授寻求帮助。他们有些迟疑，我又鼓励他们尝试与教授建立联系。我用手机搜索到了当地大学计算机系主任的联系方式并给了他们，随后目送他们上了校车，离开学校。真希望他们能够尝试着和这位教授联系一下，希望他们的梦想能够在弗拉纳根和克拉克等人的帮助下，距离现实更近一些。这些孩子就是史密斯堡的未来。和弗拉纳根聊天时我问她，为什么能有如此强大的动力，坚持每周投入 70 个小时去创办一所学校。她说道："我们不需要那些让孩子死记硬背各个行星名称的学校，我们需要的学校是能给孩子充分的启迪，让他们去探索并发现新行星。"

顺便提一句关于编程的问题。现在很流行的一个观点是，计算机编程是每一个人都需要的基础技能。这种认识在教育圈里也十分普遍，只因为学编程这件事听起来非常高级。而事实上，只需少数几位程序员制作出的软件，就可以让我们所有人的生活都变得更加轻松便捷。举例来说，数以百万计非程序员出身的人都可以利用为数不多的几位优秀软件开发人员编写的程序来建设网站。除此之外，还有许多计算工具都为人们提供了各种方便。而随着机器智能的发展，美国社会中程序员职位的数量并不会因此而产生爆炸式增长，甚至有可能会减少。而对于那些有能力利用并主宰机器智能的人，他们的工作机会才会出现井喷式飞跃。

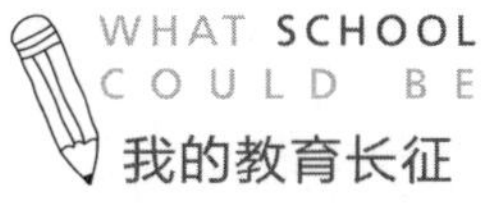

成长为“滚石明星”的女孩

埃伦·斯多芬（Ellen Stophen）是美国真正需要的那类“滚石明星”。她拥有地理学博士学位，在她口中，地理学也被称为“石头科学”。斯多芬的父亲是美国国家航空航天局的一位工程师，斯多芬在 4 岁的时候就亲眼见证了第一次火箭发射。像许多人一样，她从小就对科学特别感兴趣，而和其他小孩子不一样的是，对科学的兴趣在她心中一直没有消失。到了 10 岁那年，斯多芬想明白了一件事，那就是未来要成为一名航天科学家，而不是一名踏足宇宙空间的宇航员。她至今还记得，当她意识到自己对宇宙空间的兴趣可以成为一生追求的事业时，心里充溢着饱满的幸福和快乐。后来，斯多芬成了美国国家航空航天局的首席科学家。

作为美国国家航空航天局工作的一部分，斯多芬经常走访各类学校，向孩子们介绍与科学、技术、工程和数学相关的职业发展规划。有一次，在威廉与玛丽学院的一次座谈会上我正好坐在她身边，也有幸欣赏到她为在场的成年观众发表的激动人心的演讲。如果是面对年纪更小的孩子，斯多芬的影响力无疑会更大，她知道如何唤起人们去迎接新机遇的热情。斯多芬在演讲中说道：“我们整个社会都面临着巨大的问题，如果由年轻女性和有色人种学生构成的 60% 的人口都被拒之门外，导致他们无法通过自身的努力实现改变，我们又该怎样去解决那些重大的社会问题呢？”斯多芬认为自己的人生使命就是改变现有教育体制，让每个人都有敲开科学、技术、工程和数学职业发展大门的机会。

关于女性从事科学、技术、工程和数学学术深造与职业发展的问题，斯多芬提出了许多引人深思的观点。小学阶段的很多女孩子都对科学抱有很大的热情，但最后很少有人真的踏上科学、技术、工程和数学职业发展路线。斯多芬一直强调，很有必要向大众尽量多地讲述科学界的女性的故事，居里夫人、霍珀和古道尔应该像爱因斯坦、牛顿和达·芬奇一样为人所熟悉。她讲道："科学非常有意思，但我们将其变成了一门枯燥无味的学科，我们将科学和死记硬背画上了等号。每当我问孩子们在学什么时，他们总是鹦鹉学舌般说出'线粒体能为细胞制造能量'之类的话，已经完全丧失了对科学的好奇心和求知欲。"斯多芬也讲到了一个令人备受鼓舞的趋势，那就是如今的许多科学、技术、工程和数学课程都带有真正的目标感，例如以可持续发展为目标的工程研究，以为第三世界提供能源和电力为目标的工程研究等。许多女性都乐于参与到这类工作之中。她说："年轻女性更愿意将科学、技术、工程和数学视为一种解决重大而富有挑战性的问题的途径，并以此为切入点，投身科学、技术、工程和数学事业。"然而，目前绝大多数学校的科学、技术、工程和数学课程都处于与世隔绝的状态，只会讲授微积分、热动力学、有机化学等彼此孤立的学科。

在与大学招生负责人深入交流之后，斯多芬的观点让我耳目一新，我也开始从与以往完全不同的角度对问题进行思考。如果大学录取完全不看申请人的性别，那么新生班级中60%～75%的学生都会是女生。平均来看，高中阶段女生的学习成绩要比男生好出许多，而学生们选择大学专业时，常常以自身学术上的长项为标准。一些在学术上表现卓越的年轻女性更愿意去选择那些具有真实挑战的课程，比如文学研究等，而不是将好奇心和创造力扼杀在摇篮里的科学、技术、工程和数学课程。一些女生选择避开这些专业，而那些选了科学、技术、工程和数学专业的女生，就会感觉越来越孤立无援，由此陷入恶性循环。如果将目标感和在真实世界中的应用注入到科学、技术、工程和数学教育之中，在吸引更多女性投身相关事业的同时，是否有可能因此将所有学生的学习都提升到全新的高度呢？

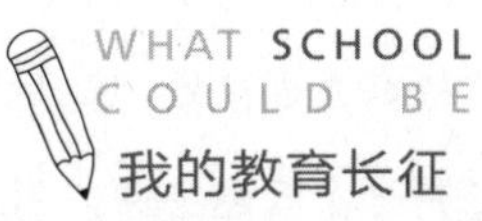

重新看待可汗学院

加州是全球创业者和风险投资家的圣地。直到最近，这里的人们都没有踏足教育领域的意愿，认为教育不过是一个规模不大的市场，不如留给非营利性组织去做。而如今，教育版图已经发生了巨大变化。自从2011年以来，教育科技公司已经吸引了累计高达数十亿美元的投资，其中一些公司未来预计会取得成功，而大部分公司不过是将传统的背题卡、学习指导和学习管理系统进行了数字化处理，可以说是“换汤不换药”。

可汗学院是一家规模庞大的在线教育机构，拥有数千万名用户。2006年，萨尔曼·可汗（Khan Acade）[①] 在YouTube上录制了几段课程，用以帮他侄女辅导数学。侄女又将这些课程与自己的朋友分享，没想到一传十十传百，很快流行了开来。可汗的教学法以简短的视频讲座和选择题小测验为基础，现在已经将课程范围拓展到数学、物理、化学、生物、经济学、计算机以及历史等多个学科。如果可汗学院是一家营利机构，那么现在的价值绝不会低于数十亿美元。但可汗真正的动力来源于他的使命感，而不是赚钱。

① 著名教育工作者，可汗学院创始人。——编者注

我第一次与可汗见面时，他已经是家喻户晓的名人了。那时，比尔·盖茨给了他许多支持，还将可汗学院称为“教育的未来”。在可汗学院，在线讲座、笔记本电脑和选择题小测验取代了传统的教室、教师以及同学之间的互动。其背后是大数据在帮助学生在迷宫一般的个性化学习布局中不断前行。第一次聊天，我就直言不讳地表达了对这种学习方式的怀疑，因为我不确定，富有意义的学习是否真的能通过这种方式来实现。我们聊到了他的著作《翻转课堂的可汗学院》[①]，讲到了他在麻省理工学院上课听讲时的糟糕体验，以及他在教育方面的观点。后来我们聊天的主题又转到如何帮助可汗学院争取到更多的支持这个问题上来。我们讲到，可以开设一家实验学校，让孩子们去承担富有意义的开放性挑战，偶尔利用可汗学院的教学资源实现“及时学习”，在可汗学院现有的以低水平解题步骤为基础的讲座之上，补充更多富有意义的数学挑战。我将这样一个全新的产品称为“可汗科学探索博物馆”，或者建立一个中心，将其定位为教育领域的贝尔实验室，并以此为据点，激发起全球范围的创新思潮。

为了将“科学探索博物馆”的理念解释得更加清楚，我讲到了自己亲眼见证过的最棒的课堂数学挑战。这源自我在一所初中的社会研究课上旁听的经历。课堂上，老师提出让学生通过各种办法来预测 2100 年的世界人口数量。学生可以独自进行研究，也可以组队共同研究。学生们也可以利用任何可以找到的资源。计算过程可以用纸笔，可以用计算器，可以用 excel 表格，也可以自己编写代码（有些学生真的会自己编写代码）。随后，学生要在全班同学面前介绍自己的研究成果，并回答同学提出的问题。当有人在介绍他们的工作成果时，其他同学要负责在掌握充分信息的基础之上提出有意义的问题，并给出富有建设性的意见和建议。之后，全班同学共同讨论每一个关于未来世界的预测会带来什么样的影响和

① 本书中文简体字版已由湛庐文化策划、浙江人民出版社出版。——编者注

后果。当时班里同学预测的人口数从 0 到 300 亿都有。这个挑战与孩子们平时在学校里做的数学题完全不同，为了得出自己的答案，学生需要动用创造力。这道题没有正确答案，学生需要在面向未来的大背景下，逐个学习相关概念，如曲线拟合、外推法、本征值等。在这类学习过程中，以往的数学差生通常会有令人刮目相看的表现，而那些被传统课堂视为天赋异禀的好学生却屡屡受挫。我们现有的数学教育体系，与培养孩子成长为一名伟大的数学家所需要的创造力和概念化能力没有半点关系。学生从来不会想着将学到的数学知识应用到真实世界的挑战之中。如果我们的 K-12 学校能够为孩子讲述那些真正有意义的数学知识，而不仅仅是向学生传授符号化代数运算的方法，那么一切都会发生改变。

自那次谈话之后，我本以为不会再和可汗有什么联系，但他几个月之后还是主动找到我，与我讨论一项研发行动的计划。听罢，我当即决定解囊相助，还帮他从其他人那里筹集了一些款项。后来我发现，他的组织从没有在过分沟通方面出过错,而我也一直在期盼和等待来自可汗学院的信息更新。他在硅谷一带的“边走边聊”活动中曾说过，可汗学院的用户数量一直在持续增长，还提到了他们推出的全新的在线备考方案，以及让硅谷的孩子们沉浸于开放式挑战教学之中的实验学校。但是，除了完成一些法务工作之外，他们关于可汗实验学校的经验如何向全世界的学校推广的计划，并没有取得什么实质性进展。

在去往萨克拉曼多的路上我一直在思考一个问题：为什么可汗学院这个如此优秀的团队会将应试教育作为工作重点，而没有将真正的教育创新放在重要位置上？我想起了第一次和可汗聊天时的经过，我问他：“为什么要用数百节课程的内容来教孩子怎么用纸笔进行积分运算？现在孩子们的笔记本电脑和智能手机完全可以在一瞬间准确无误地完成这些运算。为什么不将这些机械化的工作交给计算机来做，然后教孩子们如何利用数学知识去解决真实世界中的问题？这种学习才是我们如今的传统学校所做不到的。我们应该帮助孩子们学会利用技术，而不是与技术去竞争。”说到这里，可汗学院的一位员工回答道：“我们需要将关注点集中在现有市场上。”对于一家将提升教育水平作为自身使命的非营利性组织来说，在我看来，这样的工作重点很是古怪。

我与柯契拉谷联合学校学区督学达里尔·亚当斯博士（Darryl Adams）见面时，他第一句话便开门见山地说：“从贫富的角度来看，我的学区在全美排倒数第二。”我问他，那最穷的学区是哪一个？他答道：“我不知道，但不是我的学区，我深感欣慰。”亚当斯的人生从音乐起步，至今他依然会在俱乐部和教育主题活动上登台表演。

> 大学毕业之后，我一直活跃在音乐创意领域。当时，我加入了曼菲斯一个名叫“沙维亚”的乐队，我们这个乐队由6个贫穷非洲裔美国人家庭出身的男孩子组成。我们很幸运，拿到了一个录制唱片的合约，这让我们在随后的五六年间吃喝不愁，远近闻名。我们最流行的一首歌名叫《伤心》。Hall & Oates乐队全国巡演时，我们还作为特邀嘉宾出场支持。我们过了一段这样的摇滚人生，但没过多久乐队就解散了。后来，我来到洛杉矶，想继续在音乐之路上追寻名气和财富，但并没有成功。而我在音乐方面的文凭却给了我教书的机会。踏入教育行业之后我发现，自己很喜欢这个行当。

亚当斯的学区距离奢华的棕榈泉只有48公里的距离，而其中的学生却全部生活于贫困线之下，无一例外。许多孩子都住在房车里，被遗弃的火车厢里，甚至无家可归。两万名学生，每日都要为生计发愁。这些孩子的家庭月收入都不到

1 000 美元，他们连食物都买不起，更别提电脑了。这个学区的面积比罗德岛还要大，而孩子们走出学校就根本没有互联网可用。亚当斯提议，学校应该为所有学生配备平板电脑，并为他们提供一天 24 小时、一周 7 天的持续 WiFi 接入服务。如何做到这一点?

亚当斯说:“为什么我们不能将路由器安装在学区内 100 辆校车的车顶上，然后在晚间将这些校车停在孩子们的居住区内? 一开始，人们听到我的提议都觉得我是脑子进水了，但后来，他们也都同意了。”亚当斯笑着补充道:“如果能帮上我的学生，让我给鸽子身上安一个 WiFi 路由器都行。”在经历了漫长的申请和力排众议的坚持之后，这个学区于 2012 年批准了价值 4 500 万美元的教育公债，为“移动学习行动”提供资金支持。现在，校车每天晚上都会停在孩子们的集中居住区附近，这样学生们放学后也能利用在线资源，帮助他们在家学习。之前曾有人提出过对蓄意破坏公共财物的担忧，但直至今日还没有出现过这类问题。

亚当斯的学区充满了各种以扎实知识为基础的创新活动，其中一项名为“全力前进”的科学、技术、工程、艺术和数学活动，致力于帮助学生找到适合自己的职业发展方向。“我们将关注点集中在有实际需求的职业领域。我们是在提高教育与实际需求之间的相关性。现在，学生们都在学习航空学、环境科学、健康医疗、无人机、建筑、电子等相关领域的知识。”亚当斯在争取当地企业为学校提供支持时很有办法，他甚至说服一家公司为他的航空学院捐赠了一架湾流 II 公务机。他的学生现在可以在学校学习飞机驾驶。亚当斯感慨道:“真希望哪天我也可以驾驶一把飞机。”他一直在不遗余力地帮助教师明白一件事的重要性，那就是帮助学生学习如何利用这些设备，并将其视作创造新事物的工具，文章、电影、音乐、博客和科学实验都在创作范围之内。我们希望教师能够帮助学生去破解、去分析、去解剖、去创造、去研究，去获取所需信息，去解决实际问题。

关于考试，亚当斯的态度直击要害："仅凭借一个指标去决定一所学校是好是坏，简直是愚蠢至极。我们都知道，有些学生虽然考试成绩不理想，但他们极具创造力，或是非常具有说服力。而且，学生们现在学的东西是他们真正想要学习的东西吗？为什么我们要针对那些和他们的生活完全无关的知识进行考试呢？"亚当斯指出，共同核心标准被一股脑地推广到全国各地的学校，目的只有一个，就是为了实现更高效的考试和排名。"我们这么做就是在给自己埋下祸根。还有许多其他的技能急需我们这些教育者去培养，比如人生技能、性格、公民责任等。"他还补充道："这辈子我就要顽抗到底，我才不要掉进他们设的局里。"

科切拉学区的努力成果令人备受鼓舞，学生毕业率从 2011 年亚当斯就任督学时的 69% 增长到了如今的 84%。40% 的学生进入了四年制大学深造，40% 的学生进入了社区大学，还有 20% 的学生直接就业。亚当斯讲道："我们将辍学率降低了一半。你可以去跟孩子们聊聊天，他们是真的在学习、成长和创造，他们身上的这股动力是我之前从没见到过的。"亚当斯非常感激科切拉学区对他的"富有创新精神的公仆风格领导力"所给予的大力支持。

时值 2016 年，我问亚当斯，如果有一天就任美国教育部部长，他会有什么样的计划。亚当斯回答说："我会在全国复制我们在此地获得的经验。从普及阅读和写作能力开始，之后将关注点集中在学生们的职业兴趣和热情上。我会设立各类职业学院，帮助学生们创造出之前社会上不曾存在过的全新工作机会。我会对学生性格的培养和公民责任的树立给予更多的关注。"他还补充道："在华盛顿哥伦比亚特区的政策里，官员们十分关注特许学校。相反，我没看到有多少代表公立学校利益的人。我们现在在做的事情，就是向世人证明，公立学校同样可以取得非凡的成绩。总有一些富有创新精神和创造力的人因为政策上的守旧而受到限制，我们应该创造出一套全新的体系来为他们提供支持。”

教育长征途中，我总是时不时会回想到有关技术、课程、人的潜能以及社会公平等问题。可汗学院致力于为所有的孩子提供免费的教育资源，而无论他们的出身如何，但是走遍美国，我并没有在中低收入社区的学校中看到可汗学院的身影。绝大多数出身于贫困家庭的孩子连可汗学院的名字都没听说过，而许多衣食无忧的孩子却在利用可汗学院为自己的大学申请增加优势。

硅谷聚集着美国最顶尖的 1% 的人群，他们手里掌握着真正的权力和影响力。通过创造、创新和整合各类资源的能力，他们时刻不停地大赚其钱。走进硅谷的咖啡厅，你总能听到人们激情四射地讨论着人工智能对未来的影响。这些人本应最先认识到，无所不在的智能手机将对孩子们的学习方式产生翻天覆地的影响。尔后，我们又遇到了达里尔·亚当斯这样的人。谈到学术传承、净值、委员会席位和政治影响力，亚当斯说，什么也比不了硅谷的那些大佬。而在有关技术的问题上，这位身处穷困到一无所有的科切拉学区的音乐家出身的教育者，却拥有比硅谷那些全球思想领袖更先进、更全面的观点。

也许，那些不惜一切代价想要脱离贫困的孩子的需求，与那些衣食无忧、安全感强大到无以复加的富裕家庭的孩子的需求完全不同。但问题就在于，亚当斯并不能决定美国的教育政策，他的想法根本不可能传达到政治领导者的耳边。在国家政策和数学标准的制定过程中，他的意见更无人参考。而美国的富人阶层不仅能影响到自己的孩子接受的一对一辅导内容，也会影响到亚当斯的孩子为了拿到毕业文凭而必须学习的内容，影响到亚当斯的教师获得评价的方式，影响到贫穷学区之中的孩子们究竟应该拼搏出一条什么样的出路，才能逃离食不果腹的命运，为自己争取到更加美好的人生。

对于硅谷的大佬来说，最重要的事情是帮助孩子们掌握那些他们这辈子再也用不上的数学知识。学习的目的是为了在大学招生负责人的面前看起来更有吸引力，还是应该为硅谷文化所代表的精神而不断奋斗？这种精神意味着创造、胆魄、利用技术力量的能力以及拥抱未来的能力。

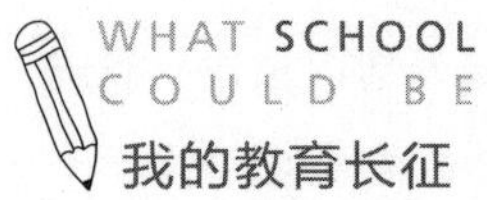

用性格打比赛的男孩城

第一场超级碗冠军赛始于 1967 年，这场比赛被称为超级碗 I。超级碗基本上是我们用上那些小学三年级到六年级所学的罗马数字的唯一机会。超级碗第 50 届冠军赛（他们最终还是放弃了天书般的罗马数字）只有 2～3 场还不错的比赛。对于大多数观众来说，比赛最精彩的部分是广告。但是男孩城的人们对此却有着不一样的态度。

1917 年，一位名叫爱德华·弗拉纳根（Edward Flanagan）的年轻神父，立志要为奥马哈无家可归的孩子们提供帮助，一直在寻求更为理想的救助方法。他借到了 90 美元，租了一处住宅，开办了“弗拉纳根神父的男孩之家”，欢迎所有种族和信仰的男孩子前来入住。短短几个月的时间，就有 100 多个无家可归的男孩来此生活。但弗拉纳根后来不得不搬离奥马哈，因为在那个年代，将不同种族和信仰的孩子们聚集在一起是一件颇有争议的事情。4 年之后，他买下了距离市中心 19 公里的“远望农场”。随着时间的推移，这里逐渐建起了学校、宿舍楼和管理大楼。1936 年，此处正式被命名为“内布拉斯加州——男孩城”。

弗拉纳根神父的决心十分坚定。之前，由于男孩之家里面生活着黑人孩子和犹太孩子，三 K 党便威胁他说，要一把火将这里夷为平地。对此，弗拉纳根反问道："除去外表的不同肤色，看看你的内心，一个人的灵魂又是什么颜色呢？”在他面临严重的财务问题时，一位捐赠者提出要给他 100 万美元，但前提是他要将所有的非天主教徒驱逐出去。弗拉纳根拒绝了这笔钱，留下了孩子们。他总是说："这世上没有坏孩子，有的只是不好的环境、拙劣的训练、负面典型和不良思维习惯。”

史蒂芬·伯斯神父 (Steven Boes) 是现在这个不断发展、充满创新精神的男孩城背后的主要驱动力。他将美国的福利体系称作“最失败的社会系统”，说这套体系无异于容纳着数百万急需帮助的孩子的真实的、活生生的“加州旅店”（“但是你永远也不能离开”）。美国的福利系统提供财政支持背后的主要目的，是为了让福利院的床位尽量住满，而不是帮助孩子们掌握技能和获得自信，从而成长为独立的人才。伯斯神父正在积极呼吁改写相关的儿童福利法案，希望将更多的资源投入预防机制和家庭教育上。

伯斯神父说，男孩城帮助的这些孩子基本都属于同一个类型：生活中随时随地面临着危险，一直处于身体和心灵受虐待的状态，食不果腹、衣不蔽体、无家可归。随后他举了一个例子。沙奎尔·巴雷特（Shaquil Barrett）是男孩城 2010 年的毕业生。在前一晚我们观看的那场超级碗比赛中，他还曾出场参赛。巴雷特成长于东巴尔的摩，这是一处充满危险的地方，在这里生活很容易给自己惹上麻烦。在街上遭人抢劫之后，巴雷特决定离开自己的家，来到男孩城。他的父亲是一位橄榄球教练，拿不出钱来陪孩子到内布拉斯加州，于是选择割舍下亲情，与儿子道别，放弃球队中最棒的球员，甚至错过观赏儿子比赛的机会。这是一位令人尊敬的无私的父亲。

男孩城的体育运动项目教孩子们要“用性格去打比赛”，这是在赛场表现出最高水平所需要的社会技能和情感技能，也正是巴雷特在走出男孩城之后所表现出来的特质。一开始，他进入了内布拉斯加大学奥马哈分校读书，恰逢学校正式成立橄榄球队。后来，他又到科罗拉多州担任职业球员，但在 2014 年美国国家足球联盟比赛时没能入选最终的 256 名球员之中。巴雷特还申请加入丹佛野马队，最终又被刷了下来，于是他拼尽全力闯入了练习队。2015 赛季，凭借自身的努力，巴雷特终于登上了 53 名球员的花名册。赛季中，他在一个队伍中争取到了初级位置，最终这支队伍大获全胜。于是，第 50 届超级碗上就出现了这名男孩城的校友。巴雷特高举着这个伟大组织的火炬，同时让数以万计的男孩城兄弟们为他而感到骄傲。

自从伯斯神父于 2005 年担任男孩城的领导者以来，男孩城就逐渐发展成为一家全国性组织，拥有遍及全美的 12 家机构，为 32 000 多名孩子提供支持。自 1985 年以来，男孩城也开始接受女孩子住。每一处设施都有群体家庭、住家家庭服务，福利设施、家长课程以及行为健康服务。男孩城建起了一座国家规模的研究医院，为研发项目提供支持，以期寻找并提炼出最合理、最适宜的福利实践。他们的创新家庭项目会为生活在寄养家庭中的孩子提供支持，为寄养家庭中的夫妻提供培训，让他们成长为“住家教师”。如今，该项目已经覆盖数十万人。伯斯神父正在不断扩大男孩城的影响力。

伯斯神父送给我一本男孩城出版的著作，《向年轻人传授社会技能，182 项从基础到复杂技能的进阶指导》(*Teaching Social Skills to Youth, A Step by Step Guide to 182 Basic to Complex Skills*)。这本书由许多课程组成，讲述了如何以尊敬的态度和成年人交流，如何处理自身的情绪，如何进行项目管理，以及其他179种实用的生活技能。伯斯神父说，在男孩城，学术功课被视为掌握重要人生技能的一种方法。他还讲道:“帮助年轻人成为他们所在社区有贡献的一员，真正有用的是他们身上具备的社会和情感技能，而不是代数知识。”男孩城赋予学生信任，相信他们能成长为自身所在社区的领导和管理者。学生组建起自己的政府，选出市长、委员会和行政长官，还会制定关于纪律等问题的政策。这里的孩子们都得到了成年人的尊重，也能满足成年人赋予他们的期望，就像他们的球星校友沙奎尔·巴雷特一样。

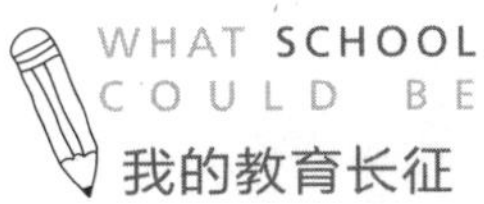

罪犯和世界级化学家

连续创业者哈尔·凯托(Hal Cato)是蓟草农场的首席执行官。这家位于纳什维尔的组织正处于快速成长过程中，其座右铭是“爱的治愈”。蓟草农场的主业是设计、生产并销售身体乳液、熏香蜡烛、面霜和被子。成立至今，他们已拥有3万多名客户，年收入达数百万美元，产品可以在亚马逊平台和遍及全国的全食超市中找到。最近他们还开了一家餐厅，用这种方式为当地社区创造就业机会并提供举办活动的场所。

与我打过交道的创业公司数不胜数，为什么看到蓟草农场这家机构，还会让我觉得如此印象深刻呢？原因就在于，这家公司里面的员工全部由想要改写自己命运的女性组成。凯托讲到，员工中的很多人在成长过程中都遭到过忽视和虐待，辗转于各寄养中心，受过性虐待，在十五六岁的年纪就走上街头开始卖淫，随后又染上毒瘾，踏上犯罪之路（见图 7-1）。许多人都在州监狱有过服刑经历，我遇到的其中一名员工曾经被逮捕过 86 次。蓟草农场正在做的事情，就是帮助这些女性回到生活的正轨上来，给她们机会去掌握重要的人生技能，同时让他们利用自身技能，帮助蓟草农场这家组织不断成长。

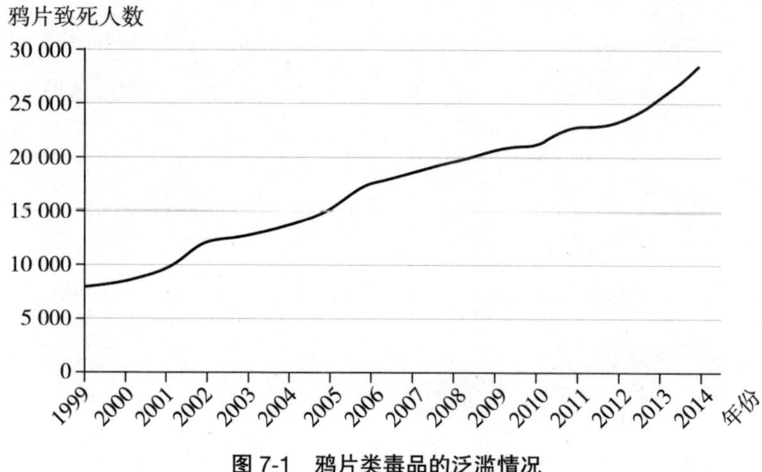

图 7-1　鸦片类毒品的泛滥情况

资料来源：美国疾病预防控制中心

一位员工告诉我，她在高中毕业之前两个月选择了辍学，因为书根本读不下去。我问她在蓟草农场能学到多少东西时，她说："在这里一个月的时间比我在学校 12 年学到的都多。"我称赞一位员工说她很会表达，这位员工毫无惧色地问道："'表达'是什么意思？"关于学校对这些女性的影响，凯托的说法非常到位："她们一生都在不断听别人告诉她们自己哪方面不行，她们会将这样的信念背在自己身上扛一辈子。"蓟草农场的香薰蜡烛首席设计师每天都不知疲倦、加班加点，最终创造出了独特的香薰系列产品。在来到蓟草农场之前，她曾因制造冰毒而入狱。这个励志故事告诉我们，罪犯和世界级化学家之间只有一步之遥。

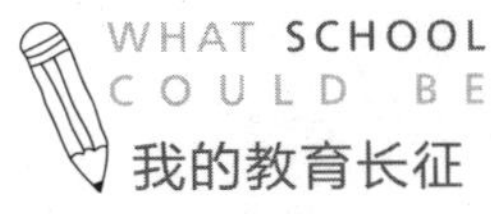

把工作机会视为“学校学习”

25 年前，埃德·布莱克本（Ed Blackburn）加入了波特兰的中城关注组织（Central City Concern）。这家组织专门致力于为无家可归者、违禁药品成瘾者和精神病患者提供帮助。一开始，他担任的是戒毒中心的主任，后来于 2008 年升任首席执行官。在布莱克本的领导下，中城关注组织的规模扩张了两倍之多，已成为拥有 800 名员工，年预算 6 500 万美元的庞大组织。其世界级医疗中心吸引到了来自世界各地的顶尖医生。目前，中城关注组织拥有 90 处住宅楼，还有另外 70 处正在建设过程中。这家组织实力强大，能吸引到管理和募捐等关键职位上的优秀工作人员。其极高的知名度也吸引到了诸多捐赠者、合作伙伴、专家和客户。成功接踵而来，来自世界各地的访问团也经常出入于中城关注组织，想要学习其创新模式。

和布莱克本聊天的过程中，他总是会时不时将话题引到教育上来。中城关注组织的员工中有一半人都曾是这里的患者或入住人员。布莱克本将中城关注组织的工作机会视为某种形式的“学校学习”，员工在获得服务业、建筑业、计算机编程和数据分析等领域专长的同时，也能习得关键的技能。社工也会帮助中城关注组织的入住人员与当地 250 家企业建立联系，帮他们找工作。一年一度的教育盛会能吸引十几所大学前来参加，向这里的人们介绍大学课程和学费补助方案，还能申请中城关注组织新设立的奖学金。以前很多年，布莱克本都不得不遵照公司的要求，就人才多元化的问题对员工进行培训，而培训的材料则是预先录制的无聊的视频课程——“无效的教育”。如今，中城关注组织已经彻底改写了其人才多元化的培训方案，打造出了“多元化奥林匹克运动会”，通过这种方式将各类活动、团队和多元化人才融合为一体。

中城关注组织会为居住于此处的家长提供教育服务，告诉他们怎样才能用最佳的方式帮助孩子迈向全新的人生。布莱克本讲道："在许多家长的眼中，你都能看到他们重燃希望的光芒，因为他们可以将自身作为成年人的问题与如今围绕学校和家庭而产生的各种儿童问题联系起来。"中城关注组织中建有俄勒冈健康科学大学（Oregon Health Sciences University）的实习医院，在此处工作的住院医生经常对布莱克本说："这就是我选择行医的原因。"这些住院医生能通过实践来习得医疗技能，并对无家可归者、违禁药品成瘾者和精神病人的监禁治疗产生深刻的理解。

布莱克本是创业社区服务的坚定拥护者，还开办了中城关注组织的社区志愿者兵团。兵团成员的主要工作是帮助波特兰的非营利性组织对问题进行识别和明确，之后以团队的形式共同合作，创建并执行解决方案。布莱克本将其称为"成年人的蒙台梭利学校"。几乎所有的参与者都能顺利完成工作项目，并且非常看重随后的毕业典礼。仪式现场，家人和朋友都会前来共同见证他们的成就。许多人对布莱克本这样说道："这是我这辈子第一次找到毕业的感觉。"

无家可归人士的收容所总会面临严重的臭虫问题，而中城关注组织则将这个问题转化为了一个商业机遇。2009 年，中城关注组织需要购买 220 张床，便四处去寻找能预防臭虫的床品。找了一圈没有结果，他们便与当地的钢材加工商和床垫制造商达成合作，自己设计了一款能够预防臭虫的床，还放在网站上进行销售。如今，床品销售的年收入已超过 200 万美元，而参与这个项目的员工也发展出了宝贵的工作技能。一位名叫莎拉的员工，之前在中城关注组织中只找到一个微不足道的低端职位。在预防臭虫床品的开发过程中，她主动找到布莱克本，提出了自己对提升运营效率的一些想法。如今，她已是这家组织的高层，还利用晚上的时间重返校园，攻读商科学位。在预防臭虫床品业务成功的基础之上，中城关注组织又开发了咖啡业务，将产品销售到了21个州。布莱克本说道："好咖啡才配得上高尚的使命。"

布莱克本讲到了许多关于他哥哥的事情。他哥哥是一位高中英文老师，却因为一些做法惹怒了学校委员会。学校委员会对所有学生必须阅读的书籍名称有着严格的规定，但是布莱克本的哥哥却执意要帮助自己的学生去找到他们真正想读的书籍。这种做法让学生们非常开心，却给自己惹上了麻烦。临别之前，布莱克本对我说，人生的全部意义就是对人的尊严、动机和选择给予尊重，他还提到了中城关注组织的使命宣言——"帮助人们实现自给自足"。

在对中城关注组织的正式访问期间，出于保护个人隐私的考虑，我被限制对患者进行采访。对此，我表示非常理解。而会议结束之后，我在外面逗留了一会儿，恰巧遇到了几位途经此处的患者。对我这样一位素不相识的人，这些患者讲到，中城关注组织给予了他们在人生中继续前行的技能和信念。其中一人说，学校是他开始自我放弃的地方。另一个人说道："中城关注组织给了我希望，而这种希望在我的人生中有很长一段时间都是缺失的。"一位年轻女性说，自己曾经是别人眼中完美的高中生，成绩优秀，外形姣好，分别在两家学生俱乐部担任主席，又拿到了顶尖大学的录取通知书。成长过程中，她的母亲帮她安排着生活中的一切事项。而到了大学，她的生活彻底乱了套，酗酒、疯狂的派对、混乱的男女关系，每周都要去精神科医生的办公室进行咨询，后来还染上了毒瘾。她泪流满面地向我诉说着自己曾是多么绝望地想要填补内心的空虚，因为她"从来都没觉得自己做得足够好"。

州参议员阿尼·罗伯兰（Arnie Roblan）和州众议员玛格丽特·多尔蒂（Margaret Doherty）共同担任俄勒冈州教育委员会的联席主席，二人在之前的职业生涯中都曾经有过教师经历。他们都认为《不让一个孩子掉队法案》将俄勒冈州教育局变成了只会上传下达的架空机构，而且还将创造力和创新精神从学校中驱逐了出去。他们都对动手学习在学校中发挥的作用充满热情。罗伯兰还热情洋溢地给我讲述了一个关于气压计的故事。

一次物理课考试上，学生遇到一个问题："如何利用气压计来计算出一座楼的高度。"这位学生的答案是："来到这栋高楼的房顶上，在气压计上拴上一根长长的绳子，从房顶将气压计顺到楼底下，之后测量这根绳子的长度，从而确定建筑物的高度。"教授的打分是"不及格"，学生不服，于是得到了第二次机会。她将自己的答案更改为"从楼顶将气压计扔到楼下，计量出气压计摔落到地面所用的秒数，并通过公式 $h = ½ \times a \times t^2$ 来计算出建筑物的高度"。结果又是不及格，学生仍不服，教授不情愿地给了她最后一次机会。于是她给出了好几个不同的答案：第一，晴天的时候测量气压计的高度，气压计影子的长度，以及建筑物影子的长度，利用勾股定理来计算出建筑物的高度；第二，测量出气压计的高度和每个台阶的长度，数一数建筑物中共有多少级台阶，利用比例来计算出建筑物的高度；第三，将气压计作为钟摆的重物；第四，"如果所有方法都失效，那么就找到这栋建筑的管理员，将气压计送给他，以换得你想知道的具体答案"。教授看到这些答案后怒不可遏，最终还是给了学生一个"不及格"。学生说道："我当然知道你想要听我给你什么样的答案，但科学精神不就是要鼓励人们想出富有创意的替代性解决方案吗？"说完，她转身离开，再也没有回来。

俄勒冈州教育局的官员们告诉我说，自从 2008 年经济危机以来，教育局就极大地削减了学校里面的创新活动，不光是在财务上不予支持，而且在态度上也不鼓励。经济危机已经是 10 年之前的事了，现在还这样说，让我觉得非常不可思议。如果学校放任数以百万计的年轻人以毫无招架之力的姿态暴露在这个创新世界中，那么改变的紧迫性又在哪里？难道我们不应该努力让学校将学生们培养为有能力创办起中城关注组织的创业者，而不是成为需要进入这类组织的患者吗？

我们总是想当然地认为，学校是我们学习的地方，而组织里的岗位就是我们工作的地方。如果我们在这里讨论的是有关学习内容的话题，那这样的理解没有错。但是如果我们讨论的是有关 PEAK 学习的问题，情况就完全不同了。许多人都非常善于学习，只是在学校的环境中学不好，一个适宜的工作机会无异于他们人生的救赎。实习、学徒和初级工作机会既可以为年轻人打造出充满希望的未来，也可以将他们的前途毁于一旦。我们的 K-12 学校需要帮助学生培养起自身独特的竞争力，并将这些竞争力转化为富有意义的职业发展方向。以上我去过的地方，都是那些为在人生中遭遇各种问题的人们提供支持的地方。有些人可以从一连串的失败中复原，而许多人则没有这个能力，如果学校让孩子们彻底丢掉了个人潜能，谈何个人潜力的发掘呢？

WHAT SCHOOL COULD BE

INSIGHTS AND INSPIRATION FROM TEACHERS ACROSS AMERICA

08

不要努力去做过时的事情

几十年来，教育政策的关注点始终都是如何从过时的模式中压榨出一点点进步，怎样“把事情做得更好”。传统教育的道路已经是一条死胡同，而教育政策制定者却一而再、再而三地将政策重点落到那个方向。破局，需要全新的思考角度。

每一位教育行业的从业者内心都怀有最美好的愿望。没有谁早上醒来第一件事就会想到自己今天要做点什么才能毁掉孩子们的未来，才能将最好的老师驱逐出这个行业。我们每个人都在尽自己的所能来帮助孩子们取得成功。这是个再好不过的现象。

但是我发现，许多人，尤其是那些位高权重的人，只是在努力将“事情”做得更好，而实际上，他们是在将过时的“事情”做得更好。打个比方，传统学校就像是大马拉车，带着一帮孩子想要赶上如今这个飞速前进的世界。“将事情做得更好”类型的领导者，是在现有模式中追求更高的运营效率，他们采纳的政策就相当于是甩开鞭子抽大马，再更加频繁地测量马车的行进速度。而“做更好的事情”类型的领导者能够意识到大马拉车早已过时，更愿意将精力投入寻找现代化高速替代方案上。

一年的教育长征路上，我在与“将事情做得更好”类型的领导者接触的过程中，更加深刻地理解了他们的观点。这些人无一例外都有着无懈可击的学术背景，求学经历让他们的人生锦上添花，帮助他们不断历练“头悬梁，锥刺股”的刻苦精神，并将他们送入官僚机构的高层。他们都对学术怀有深刻的信仰，相信大学在人生中有着不可取代的地位。这些人成功的职业生涯中，始终都在以自上而下、以指标为驱动力的方式来督促组织的发展；通过政策和流程对人的行为进行管理；不断追求增量收益，并将风险降到最低。这就是官僚机构中的管理者所特有的思维方式。

本书的主题是围绕那些勇气可嘉，敢于“做更好的事情”的教育者展开的。这些人不会将自身的价值观强加到学生身上，而是创造条件，让学生在其中茁壮成长，自己发现成功的定义，并通过努力去实现成功。这些富有变革精神的领导者将自身定位为学习过程中的合作伙伴，为教室中的学生提供支持。但是，若想真正理解这些优秀人才的卓越之处，我们还需要设身处地地从“将事情做得更好”类型的领导者的角度去思考，才能明白为什么许多出于一番好意的政策实际上却办了坏事。让我们从美国政府的最顶层开始看起。

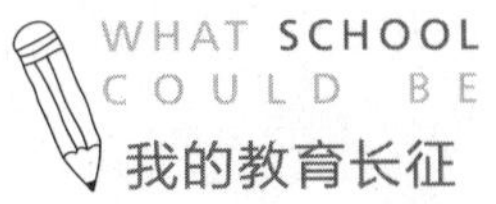

白宫峰会上的微积分讨论

我最初的计划是将首都作为此行的最后一站，在访遍全国 50 个州之后，再去与白宫、参议院、众议院和教育部等部门的政策制定者见面，希望其中有人会对我的观点感兴趣。但是，在我收到邀请参加奥巴马总统举办的白宫峰会，就“下一代高中”这个话题参与讨论时，整个计划的日程表也随之改变。而当卓越教育联盟的领导者，西弗吉尼亚前任州长鲍勃·怀斯（Bob Wise）邀请我在峰会开幕的当晚播放纪录片《为孩子重塑教育》的片段，并邀请我作为座谈会嘉宾，共同讨论重塑学校的紧迫性时，日程的更改就变得格外有意义。在我开始正式讲述华盛顿哥伦比亚特区发生的故事之前，需要告诉读者的一件事是，2007—2008年总统竞选时，我是奥巴马总统最热情的支持者之一，做了许多志愿工作。2012年，奥巴马总统委任我代表美国参加2012年度联合国大会。会上，我提出了有关教育和年轻人创业的议题。因此，我对联邦政府政策的关注和忧虑并不是因为我本人对华盛顿哥伦比亚特区怀有敌意，也不是因为我对美国第44任总统缺乏尊重。

奥巴马总统和他才华横溢的白宫工作人员，始终在不知疲倦地为美国人民服务。他在总统任期过程中取得了许多值得称赞的成绩。但是，他的教育政策却比小布什总统推出的《不让一个孩子掉队法案》造成了更大的负面影响。奥巴马的“力争上游”教育改革计划令应试教育成了学校全部的关注目标，消耗掉了老师和学生身上所有的精力。但在2015年奥巴马总统也说过：“学习远远不只是填答题卡这么简单，我们要与州政府、学区、教师和家长合作，确保我们不再只围着考试转。”如今，白宫召开了这场关于重塑教育的活动，请来了富有号召力的教育界先锋。也许，这就是美国教育朝向富有希望和变革发展的历史性转折点。

活动当天的开场演讲嘉宾是美国教育部部长约翰·金博士（John King）。他在讲完令人动容的成长故事后，将话题转入了辍学这个严肃的问题上来。从全美范围来看，19%的孩子会从高中辍学。他还指出，在监狱服刑的犯人中有2/3都是高中辍学生。那么他有什么计划呢？“让更多的学生去学习难度更高的课程，比如代数Ⅱ和化学。”我怎样也想象不出来，百无聊赖的青少年如何才能发挥出自身的积极性，心甘情愿去背诵元素周期表。金博士经常将“虚假的二分法”这个说法挂在嘴边，这个说法认为我们应该在沿用现有过时模式的基础之上对其进行重塑，这就好像是国防部长想要通过密集的弹功训练来实现军队现代化一样。

金博士的演讲之后，还有其他一些在美国教育界举足轻重的人物纷纷登场，而他们讨论的话题却将重点落在了一个让我意想不到的问题上——微积分。一位白宫的工作人员拿出一张地图，上面标出了美国没有开设微积分课程的几个郡，他用沉重的口气说到，美国有数以百万计的学生被剥夺了学习微积分的基本权利。听到这里，其他一些知名的政策制定者和慈善家也争先恐后、头也不回地跳进了微积分的大坑里。白宫新闻发布会将微积分的前世今生翻了个底朝天，对此次“前无古人”的教育峰会给出了如下评论：“从美国教育部人权办公室的统计数据来看，美国只有 50% 的高中提供微积分课程。”最终的结论是，“我们必须确保所有学生都能够享受到全套课程，为他们在创新经济中取得成功做好准备”。

如此说来，微积分就成了“在创新经济中取得成功”不可或缺的知识，成了通往那些富有诱惑力的未来职位的大门。但现实情况并非如此。除了高中微积分教师之外，没有哪个成年美国人会用笔进行低水平、机械化的微积分运算。而这种运算正是高中微积分课程的核心。少数一些因工作需要用到微积分知识的人，也都会利用一些计算资源去进行微分和导数运算。关于微积分，美国高中的最大问题就是有太多的学生在上这门课，而且课堂上的讲授方法也是隔靴搔痒。

微积分的确能反映出教育中的“真实二分法”。在这个随时随地能利用计算资源的世界里，我们需要重新思考一下，哪些知识和技能才是必不可少的。智能手机可以随时进行微分和导数运算，而高中生在微积分课上要花整整一年的时间，不断练习这些低水平的机械运算。学生在学校所学的微积分实际上是取代了统计学这门课程，而统计学才是在职业发展、公民责任和个人决策过程中拥有极大价值的知识。企业和组织不需要员工拥有动手计算微分和导数的能力，却迫切需要员工具有数据分析的专业技能。

若能对数学课程进行重塑，让学生随时随地用上在线资源，那么学生就可以有时间去学习统计学、计算机编程、财务知识、数据分析、算法建模、问题解决策略和数字化建构等内容。但这些真正有用的东西却并没有出现在美国的课堂之中。学生不得不将自己的智能手机放在一边，对着低水平数学知识不断刷题。由于这些题目占据着标准化考试的绝大部分内容，学生们便舍本逐末，成天只关注微不足道的东西，根本理解不了数学强大的应用能力、潜在力量及其内在美感。想知道我们偏离正轨的程度吗？从全美范围来看，只有不到 20% 的成年人会用到超越初中水平的数学知识。近 1/3 的美国人宁愿去打扫厕所，也不愿意去做数学题。

许多人都像约翰·金博士一样，总是想尽各种办法为学生提供帮助，还会不惜一切代价去拯救那些深陷贫困的孩子们。他们提出的政策代表着“将事情做得更好”的想法和努力（见图 8-1）：帮助底层 1/4 的学校向顶层 1/4 的学校看齐；开设更多的代数Ⅱ、化学和微积分课程；将学生从速度缓慢的马车转移到速度更快的马车上。这些政策从高高在上的讲坛上传达下来，听上去是如此美好。但是，一旦放到这个人工智能横扫一切的现实社会中，却是害人不浅。

一天的活动即将结束时，在所有的教育界明星和官员全部离场之后，一位公立学校的教师对还没走散的人们说道：“我们需要为教师赋予更大的权利，调动起学生的积极性，为他们提供全新的学习体验，我们需要认识并面对的一个现实情况是，在学生未来的人生中，数字化设备唾手可得。”通过这两三句话，她清楚地表明了极富前瞻性的政策立场，比我们当天早些时候从教育界人士那里听到的那些内容要先进太多。教育界官员们真的应该听听她的意见。

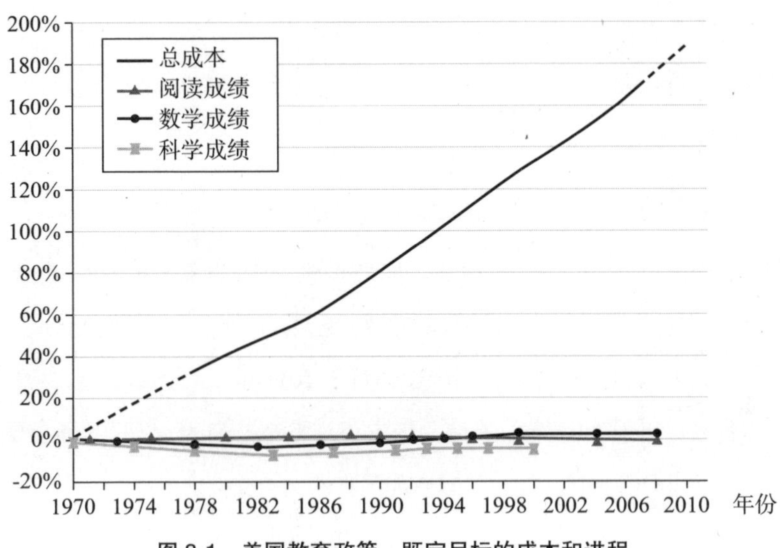

图 8-1 美国教育政策：既定目标的成本和进程

资料来源：改编自美国教育进展评估

教育阵营的拔河比赛

新奥尔良市正在进行卡特里娜飓风过后的特许学校教育重建工作。PBS 新闻时段著名记者约翰·梅罗（John Merrow）用了多年的时间对路易斯安那州的教育情况进行了追踪。他指出："在卡特里娜飓风发生之前，新奥尔良学区的平均成绩是 F-，很可能是全美最差的。经过 10 年的努力，他们将成绩提高到了 C-。在以标准化考试为基础的教学策略指导之下，能有如此幅度的提升已经很不错了。"梅罗在他拍摄的优秀纪录片《重生：新奥尔良》（*Rebirth: New Orleans*）中以时间顺序对这些变化进行了记录，他发现，新奥尔良是在模仿乔尔·克莱因（Joel Klein）为纽约城制定的工作规划。克莱因在职业生涯中为教育领域做出了许多积极贡献，也为多位领导人的职业发展出了一臂之力。但是在他的考评策略在纽约城停止执行之后，克莱因转而担任了 Amplify 公司的首席执行官，酿成了一场巨大的商业灾难。

路易斯安那州教育局局长约翰·怀特（John White）是新奥尔良特许学校重建工作的积极支持者。怀特个子很高，年纪不大，常常穿着笔挺的西服。他曾于2006—2011 年彭博任纽约市长期间，在乔尔·克莱因手下工作。同时，他还在“为美国而教”组织有过管理经验。后来，怀特于 2011 年来到新奥尔良，担任学区重建工作的领导。而 2012 年，在路易斯安那州教育部门的一把手位置空缺出来时，他便搬到了巴吞鲁日，坐上了教育局局长的头把交椅。

在与怀特攀谈的过程中，他说："我见过的最优秀的老师就是教练"，还提到了年轻人参加体育比赛的重要性。他还支持大力发展职业教育。担任教育局局长期间，怀特发布了一份报告——《路易斯安那州的信念》，其中提出一个计划，用以确保路易斯安那州的每一个孩子都在上大学或为职业发展做准备的正轨上。这份蓝图文件对许多数学标准进行了强调，比如，“对于指数模型以对数形式给出 $a \times b^{ct} = d$ 的解，其中 a、b、c 和 d 为数字，底数为 2、10 或 e”，或“根据上下文求解线性函数、二次方程或指数函数的参数”。如果路易斯安那州有哪个成年人会用上这类数学，那也算得上是奇闻了。

“刀片”·默里什（Blade Morrish）是路易斯安那州参议院教育委员会的主席。默里什成长于一个名叫詹宁斯的小城，从小就在父亲的五金店里面打工。上大学时，他离开家在麦克尼斯州立大学（McNeese State）获得了农业学位，想着从此踏上农业之路。我以为“刀片”这个绰号源于他在五金店打工的经历，但实际是因为他在大学橄榄球队打比赛时，身材非常瘦小，队员们才给他起了“刀片”这个外号。

默里什是他所在社区的商会领导，于 1996 年经选举加入州议会，并于 2007 年进入参议院。当参议院教育委员会的主席席位空缺出来时，没有人主动请缨，而他指着自己的秃顶说：“我脑袋上空地儿多，足够写下‘傻子’两个字。”他的妻子发现，这个全新的职位令默里什的眼中多了一抹光芒。“她说是因为激动，我说是因为恐惧。”在这个新的职位上，默里什如鱼得水，他的妻子将毕生都奉献给了教育事业，所以时常会提醒他：“现在学校所做的一切事情都是在教孩子怎么准备考试。”

默里什说得很好：“我一直认为，关于许多教育问题的态度都取决于你个人的受教育经历，其中包括你自己，也包括你的孩子。”关于这一点，他举了几个例子。他的侄子从四年制大学毕业后到 UPS 国际快递公司做了快递员。后来，他辞掉快递员的工作，获得了以职业发展为目标的两年制社区大学学位，找到了一份天然气设备操作员的工作，年收入 10 万美元。他的女儿获得了护士专业的四年制大学学位，但是并不喜欢护士这个职业，后来她又去参加了一个两年制的实践项目，获得资质，成为一名儿科牙齿保健医生，她对自己的工作非常满意。他的哥哥从内心对大自然和森林的热爱出发，踏上了伐木设备销售的职业发展路线。当地民众根本不在乎什么国家排名或国际排名，他们都希望自己的孩子能留在路易斯安那州继续发展。这样说来，默里什的工作重点以及辖区内选民的关注重点就是为孩子们提供良好的教育，让他们能在本地找到好工作。

从许多角度来看，路易斯安那州都是一个典型。像许多州一样，路易斯安那州也存在需要相互权衡、彼此竞争的发展规划。一个阵营强调要提高考试成绩，特许学校就是其工作重点。而另一个阵营则认为现有的教育重点存在一些根本性的错误。两个阵营中的人们就这样开始了一场拔河比赛，彼此较劲、互不相让。而孩子就成了中间那根被拉扯的绳子，停在原地哪也去不了。

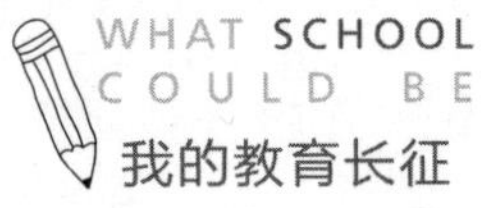

如何真正跨越深渊

科罗拉多州参议员麦克·约翰斯顿（Mike Johnston）有着无懈可击的履历，他本科毕业于耶鲁大学，获得了耶鲁大学法学学位，后又从哈佛大学获得教育学硕士学位。约翰斯顿在密西西比州的“为美国而教”组织有过两年的教书生涯，是《内心深处》(*Deep Heart's Core*）一书的作者，在科罗拉多州东北部的一所高中担任了6年的校长。奥巴马总统和邓肯部长将他委任为“力争上游”教育改革计划的特别顾问。同时，约翰斯顿也是对冲基金改革者的典型，在教育改革民主党联盟等组织获得过重要奖项。

2012年，约翰斯顿发表了一次“史上最优秀的教育演讲”。他声情并茂地讲述了自己学生的故事，听众无不动容，潸然泪下。他说，他所在特许学校中的十二年级学生全都考上了四年制大学，并由此创造了科罗拉多州的历史纪录。约翰斯顿要求所有新生都签署一份宣言，承诺要通过自己的努力考上大学。每一位学生向大学目标攀登的进度都会被公开展示出来，一张张记载着个人学习进度的卡片逐渐累积出了一座小山的形状。每当有学生接到大学的录取通知，学校就会举办一场声势浩大的庆祝活动，让低年级的学生感受到考上大学带来的群情振奋。

约翰斯顿在他的演讲和文章中对终身教职制度进行了严厉的抨击。在他看来，这种制度无法激励人们提高工作水平，无法保证学生实际的学习成果。“而当你可以随时随地聘请或开除老师时，就能在以前那些想都不敢想的地方取得令人赞叹的成果。”约翰斯顿说:“那些让人感受到希望的时刻就是在提醒我们，任何目标都是有可能实现的。”他的团队一直在争取机会,扩展特许学校的覆盖范围，取消终身教职制度，他们认为“终身教职制度几乎是美国每一个州都存在的早已腐朽掉了的政策体系,该体系只能为旧势力和错误的价值观服务”。约翰斯顿讲到，有一群规模越来越壮大的教育改革者正在竭尽全力拯救孩子们于水火之中，他还将这些改革者比喻成为林肯的内阁成员和马丁·路德·金起居室中的同僚。约翰斯顿的演讲充满了对真实与希望的信仰，他愿意将自己的毕生事业奉献给这个国家的改革，并迫切地希望“将美国扛在肩头，助其跨过深渊，就像自己的学生塔莎所说的一样，‘是的，我们真的可以做到’”。

约翰斯顿有着光明的职业发展前景，很可能在他所在的州步步高升，甚至成为国家层面的领导人。约翰斯顿怀着对教育和公共服务的热情，呕心沥血，想要为孩子们提供帮助。在他富有号召力的引领下，学生们都会完成他所制定的目标。他为教育改革指明的方向是以他之前所获的成功为基础的:设立更多的特许学校，让学生拿到更高的考试分数，让更多的孩子走进大学。这样简单明了的信息最能抓人眼球。而简单明了，正是美国人最愿意接受的表达方式。问题在于，用作家门肯（H. L. Mencken）的话来说:“每一个复杂问题都有一个清楚、简单而错误的答案。”约翰斯顿这个清晰而简单的信念并没有直击要害。考试成绩没有什么意义，特许学校鱼龙混杂，而大学更是成本高昂的赌注。将过时的事情做得更好很难真正带我们“跨过深渊”。

此行中，我遇到了一位对冲基金领域因投资优步而身家暴涨的改革派人士，他全盘接纳了麦克·约翰斯顿的政策和态度。这位投资家的大额政治捐款令他有能力影响到国家层面的政策制定，使政策向改革派呼吁的问责制倾斜。我与这位改革派人士之间的对话也暴露出了一些实际问题。他在听说学生们根本不受这些问责考试的影响时感到非常奇怪。他不知道的是，老师们一般拿不到问责考试的分数和反馈，也无法据此来提高学生的学习成果和教学实践。我敢打保票，他从来没有将类似的政策强加到自己孩子所在的私立学校，或是推广到他所投资的商业机构中。

特许学校设立的初衷，是为了在少数几所学校中培养深层次的教育创新，随后再将成功经验向全国推广开来。许多早期的特许学校都取得了令人瞩目的成绩，例如《为孩子重塑教育》纪录片中为大众所熟知的高科技高中。对于想要进行深层次教育创新实验的教育者来说，特许学校是一个非常有效的载体。在某些地方，特许学校也为大规模传统学区注入了人们迫切需要的能量和动力。但是，如今许多特许学校都将关注点赤裸裸地集中在考试成绩上，分数就是他们判定成功的标准，是他们吸引学生的手段，也是他们募集资金的说辞。学校里的创新仅限于小打小闹的小圈子。有人说，接受太多的创新教育，孩子们就没有机会考高分。更有甚者，还有一些特许学校存在欺诈和虐待行为。因此，当你听到特许学校这个说法时，千万不要着急去对其质量做判断（见图 8-2）。

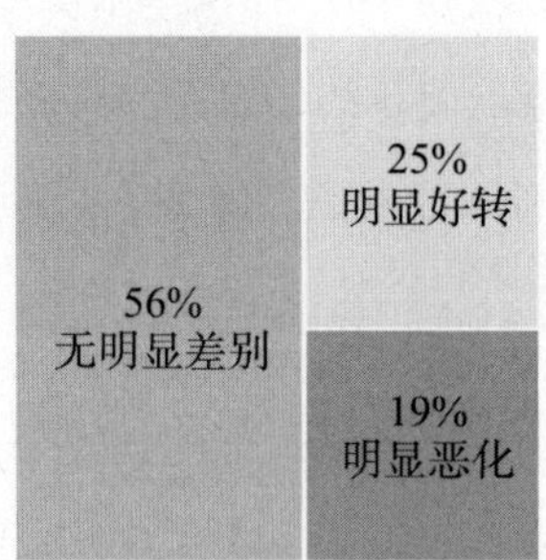

图 8-2　特许学校与公立学校之间的微弱差别

资料来源：斯坦福 2013 CREDO 报告

提升所有 K-12 教育阶段孩子的学习体验，是美国面临的现实而紧迫的挑战。机器智能正在飞速发展，不可能坐等我们解决教育难题。特许学校开办 25 年之后，在美国的覆盖范围只有 5%。就算将油门踩到底，全速前进，特许学校的扩张范围每 10 年也只能增加区区百分之几。我们现在不妨抛开那些令人困扰的非此即彼的问题，去真正关注孩子们应该学什么、怎么学的问题。我们需要找到办法，让所有的学校都拥有创新精神。我们还要将《不让一个孩子掉队法案》的外衣从主流公立学校的身上脱下来，想办法让社区中的所有学校从彼此的创新实践中习得经验。而对于那些将自己比喻为林肯内阁成员或马丁·路德·金起居室同僚的改革派人士来说，请先不要着急自我神圣化。历史上的伟大运动所肩负的使命何其远大，根本不是“将过时的事情做得更好”这点小动作可比的。

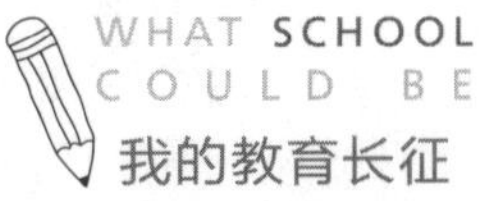

财政预算对学校的影响

2012 年，堪萨斯州州长萨姆·布朗贝克（Sam Brownbeck）将一项商业税减免法案写入法律并向选民保证，随之而来的经济增长大潮会抵消税收损失。但没想到，税收的急剧下降导致了整个堪萨斯州的大规模预算危机和全部门预算削减。布朗贝克的教育顾问在与我聊天时提到了这场财政危机，其口气仿佛遭遇了人力控制之外的天灾一样。他还解释说，教育系统可以将预算削减消化掉，因为在过去 10 多年间，州教育体系内新增的行政职位数量比新增学生的数量还多。的确，中央政府机构不是花钱的地方，但在信封背面做做加减乘除就能轻易推翻他的结论。

若想了解州财务政策的影响，不妨看看辛西娅·莱恩（Cynthia Lane）这位极具活力的督学所经历的故事。莱恩负责的是堪萨斯城这个拥有 22 500 位学生的贫穷学区，其中有 90% 的学生享受着免费午餐。经过深思熟虑后，莱恩制定出了全新的工作重点，她决心在教育创新上全力以赴，希望能一改教师们心目中“学区不让他们这样做”的认识。但是，将原本的 3.55 亿美元预算削减掉 5 500 万美元，就算是全美最能干的督学也很难在提升学习效果方面取得什么进展。作为一名饱经商海沉浮的商人，我可以向州政府的领导们保证，通往商业发展的最佳路线就是建设出高质量的学校。因为从高质量学校里走出来的毕业生能随时以最佳姿态踏上职业之路，而仅凭这一点就能将商业机构和家庭吸引到本州。

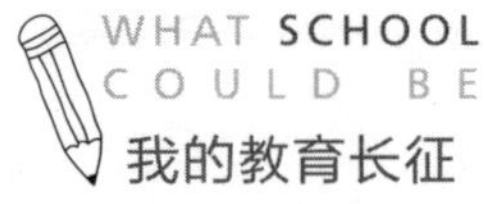

他们为什么选择离家更远的学校

到密尔沃基的公立学校参观时我惊讶地发现，有的学生竟然要在上学路上单程花费 45 分钟的时间。更严重的是，因为家距离学校很远，他们不得不放弃课后活动，也就相当于错过了读书时最美好的一段时光。究其原因还要追溯到 1990 年。当时，威斯康星州颁布了新的法律，允许拿到教育补助金券的家庭用代金券支付孩子在私立学校就读的学费。7 年之后，州政府继续跟进，颁布了开放入学政策，允许家长为孩子选择任何一所公立学校。

这种选择模式是威斯康星州州长和受商业利益驱动的改革派人士所采用的重要政策条目，目的在于凭借自由市场原则去修复美国的学校。在他们看来，有了选择，父母就会将孩子从“辍学工厂”中转走，迫使这些学校生源尽失，关门大吉。而更好的学校则会因为吸引到更多的学生和资源而蓬勃发展。一条潜在假设就是，受人欢迎的学校基本都是不属于教师工会管理的特许学校。这样一来，选择的力量就会在削弱教师工会实力的同时提升教育质量。这真是一箭双雕。

但是，根据我在密尔沃基的所见所闻，事情并没有那么简单。许多家庭选择某所学校，不是因为这所学校更好，而是因为离家更远。如果孩子每天能在校车上多花点时间，家长就能多工作一会儿，而不用担心照顾孩子的问题。一位在密尔沃基工作多年的教育界领导这样说道："成千上万的孩子每天都要坐着校车在城里往返，去一所不怎么样又离家很远的学校读书，而不去选择那所同样不怎么样但离家很近的学校。威斯康星州的口号是'向前'，但自从1990年以来，这个州在教育领域一直在'后退'。"政策总会引发相应的后果。密尔沃基花在为选择权提供支持上的钱，完全可以用在将PEAK学习纳入学校体系之中，为教师提供培训，为学生提供午餐。如果说在理想状态下，密尔沃基的选择开放政策能带来更高质量的教学和更包容的种族大融合，我在现实中却丝毫没看到这方面的迹象。

我来到密尔沃基是为了参加这里著名的电影节。纪录片《为孩子重塑教育》的放映吸引了大批观众前往市中心的东方剧院，当电影节的教育纪录片专家对在场观众说"这是教育改革领域最优秀的一部影片时"，我备感欣慰。活动现场，我与电影节的一位志愿者攀谈起来。他曾在密尔沃基的公立学校有过多年的执教生涯，当时的他并不知道我的观点和立场。那位志愿者直接给出了他关于教育的建议："给教师们更多的尊重、培训和职业发展机会。让孩子们有更多机会通过做事来学习，而不是整天对着习题背书。"

电影放映结束后，有100多人留在现场不愿离去，在那个周日的午后，我们就教育话题展开了长达3个小时的讨论。而当时，一场绿湾包装工队的比赛正在电视上进行现场直播。在这些来自不同种族的年轻家长身上，我看到了他们对教育所怀有的十足热情。当天活动结束之后，我与在密尔沃基教育界工作多年的15位社区领袖进行了座谈。我请他们用头脑风暴的方法，讨论怎样能在10年间令密尔沃基的学校超越芬兰的教育水平。他们都纷纷表示不可能。这些老一代领导者似乎早已被现实折磨得疲惫不堪。多年努力之所以毫无成果，与那些听起来冠冕堂皇却对学校毫不奏效的政策有着不可分割的直接关系。

我们总是想当然地认为，家长会在充分了解情况之后做出明智的决策，为孩子选择最理想的学校。而绝大多数成年人都只知道从表面上来判断一所学校的优劣——基础设施、考试分数、工作人员的外表，有时候还要看学校的宗教信仰。错误的印象造成了许多家庭的错误选择。他们需要为此支付极为高昂的私立学校学费，为了追求更高的考试分数而去购买天价学区房，要么就是将孩子送到城市另一端的学校上学。每当遇到赋予人“选择权”的政策，这些选择都仅停留在学校大门之外。一旦走进学校，学生和老师都会因整个社会强加给他们的全力以赴追求考高分的任务而彻底丧失主动性。这些教育“选择”政策只允许家长在几个早已不合时宜的选项中进行选择，无异于自欺欺人。**教育变革的关键，在于为我们的学生和老师赋予真正有意义的选择权。**

我也不看好终身教职制度，无论是K-12学校、大学、政府，还是任何企业或机构，这种制度都不适用。而我此行一路上所见到的教师，全部都对教育事业充满激情，非常敬业。只要为学校配备一位优秀的领导者，其教学团队便会很快开始追随这位领导的脚步，而学校究竟是私立、公立还是特许并不重要。同样，教学团队的快速发展也能带动校领导的进步。然而，20多年来，教育界只知道围绕着终身教职制度、特许学校和教育补助券等话题打转，根本没有考虑到“重塑学校”这个首要问题。

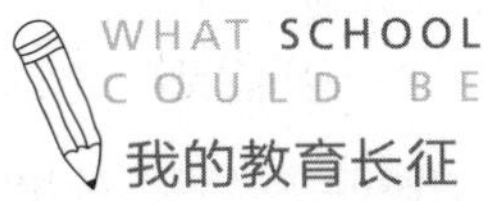

被迫离职的教育部长

2011—2015 年间，凯文·哈夫曼（Kevin Huffman）担任着田纳西州教育局局长一职。他这样讲道：“在读大学时，若有人跟我提到选择教育作为自己的事业，我肯定会觉得荒谬可笑。”但他在史瓦兹摩尔学院（Swarthmore College）读大四时参加了“为美国而教”组织的面试，并于 20 世纪 90 年代早期去往休斯敦，开始了其执教生涯。当时，以休斯敦为总部的“知识就是力量”组织和 YES 特许学校网络掀起了“没有借口”行动的热潮。任期结束后，哈夫曼回到了法学院深造，之后又重返“为美国而教”组织。10 年间，这家组织的年预算从 1 000 万美元增长到两亿美元，而哈夫曼在其总部所承担的责任也越来越多。工作期间，他结识了全美“没有借口”行动中最著名的人物米歇尔·李（Michelle Rhee），尔后两人结为夫妻。

2011 年，田纳西州新上任的州长委任哈夫曼担任新一届的教育局局长，而此时正值田纳西州拿到“力争上游”教育改革计划的拨款，在全州的学校推行严格的问责制评估方法。哈夫曼新官上任三把火，开展了一场他所谓的“大规模重整”：增加特许学校的数量，将教师薪酬的 35% 与考试成绩挂钩，并以绩效和职责为标准订立分级薪酬体系。举例来说，如果学生的考试成绩提升，教师就能拿到更多钱；教师有能力同时讲授科学课和数学课，也能拿到更多钱。哈夫曼敦促学校在田纳西州综合评估项目（Tennessee Comprehensive Assessment Program）

的关键科目上力争卓越，其中包括代数Ⅱ和化学。他将自己的工作计划与共同核心结合为一体。2013 年，田纳西州公布该区在国家教育进步评估（人们常说的国家成绩单）上的分数有所提高。尽管如此，哈夫曼还是说："人们对这些改革颇有怨言。左派不喜欢特许学校、选择权法案和问责制，而右派不喜欢共同核心标准。我们这里的民粹主义情绪和 2016 年总统大选时弥漫的民粹主义氛围如出一辙。"

哈夫曼说，田纳西州是个以农村为主的多元化地区。"人们不会讨论关于农村问题的解决方案，有 1/3 的美国人生活在被决策者所忽略的世界中。"他认为，此地的"美国未来农民项目"有着不错的进展，但感觉许多职业教育课程都没有跟上步伐。"只要稍微深挖一点就会发现，这些课程纯属娱乐。"哈夫曼讲到了他的一次旁听经历，学生们在课上假扮警察，在地板上画出人形图案。说到这里，他不禁笑了出来："我们什么时候才能开始真正的学习？我们这个地方有许多打着应用数学旗号的课程，但实际上根本就是经不起推敲的胡闹。"哈夫曼支持让职业教育在社会中承担更加重要的作用："让学校和教师转而提供更加优秀的职业教育课程简直是难上加难，但是孩子们喜欢这类课程，也能从中受益。"

哈夫曼是坚定的标准支持者。如果没有标准，"人们就会以为孩子们在学习，而实际上并没有。2010 年以前，田纳西州的孩子中有 90% 都能拿到'优秀'评定，但放在全美国来看，他们又是垫底的。这些教师都真心关爱孩子，希望他们能拥有最美好的未来。如果说他们做的这份工作对孩子们起了反作用，真的是让人很难接受。人们会对学校里发生的事情胡编乱造。如果没有通行的标准，这些人就成了脱缰的野马，随之而来的便是巨大的绩效落差"。

哈夫曼说，从他个人的角度讲，最重要的一个发现就是"在给予充分培训的基础上，现有教学团队完全有能力学习、成长并做到卓越。不管去到田纳西州的哪一所学校，你都能找到两三名特别优秀的教师。优秀的人才比比皆是。但是并没有一个现行体系能识别出哪些是真正优秀的人才，哪些是为同事主动提供辅导和帮助的人才，哪些是为下属提供有效职业发展机会的人才。如果能获得培训和支持，许多人都能脱颖而出，在工作上取得优异成绩。在提升优秀人才的发展空间，为他们赋予成长的自由方面，我做得还不够。我们应该为优秀教师提供更大的自由度”。

与他一起喝咖啡时，哈夫曼似乎对自己担任田纳西州教育局局长的这份工作产生了一些反思："我一直想不通，为什么在公众心目中树立起对教育变革的向往难度这么大。在草根层面，我们很难让家长和教师去主动寻求变革。最希望变革的总是那些被现行体系折磨得最不堪的人。"他最后对我说："许多人都盼着我下台呢。"后来，他果真在一片争议声中被迫辞职。

哈夫曼给我的印象是个不折不扣的老好人。但对于他，我也有着自己的理解。他担下了一份被甩到他肩头的责任——提高考试分数，然后便不遗余力地想尽一切办法去达到这个目标。这种做法在一段时间内似乎是奏效了。2013 年，田纳西州在国家成绩单上的分数提升，也被改革派人士视为一次胜利。但那次提升只有区区的 2%，而 2015 年也只是保持在同一个不温不火的水平上，没有继续提升。这么点进步真的值得激起人们强烈的敌意，造成如此严重的两极分化吗？从许多角度来看，哈夫曼都是改革运动的代表人物。他一直在竭尽全力从现行体系中压榨出再多一点的考试分数提升，并将这种提升视为如同在战争中大获全胜一样重要。你可以当一名英勇陷阵的将军，但如果你领导的这场战役本身就存在问题，官兵也没有信心，那么这场仗无论怎么打也不可能获胜。

哈夫曼和许多“将事情做得更好”类型的教育者一样，都有在“为美国而教”组织的工作经历。这家组织的确将许多顶尖的大学毕业生吸引到了教育行业中来。此次教育之旅中，我也见到了许多这类人士。他们都告诉我说，在“为美国而教”的工作经验让他们获益良多，但并不确定他们教过的学生是否获得了什么实质性的收获。为期5周的培训根本不足以让他们有能力去承担富有挑战性的教学任务。“为美国而教”模式还有一个更大的问题：他们招聘的人都是传统学校中的优等生，都希望自己的学生能走上自己之前的老路。许多有在“为美国而教”组织工作经历的人所领导的学校、学区和州，都存在这种对“头悬梁，锥刺股”，追求学习成绩的义无反顾的信念。最后再讲一则小故事。一次，在与几位教育界领导共进早餐时我说道：“学校里的职业教育有很大的发展空间。”而坐在我旁边的是一位在“为美国而教”组织中担任多年高层职位的领导，他一脸茫然地问道：“我们的学校里还有职业教育吗？”

体验最糟的一场会面

在一次会议上，我见到了佛罗里达州州长里克·斯科特（Rick Scott）和前任州长杰布·布什（Jeb Bush）的幕僚长兼教育顾问。她的下属将会议时间改了好几次，最后终于确定在她位于州议会大厦的办公室内，于14:45与我见面。我进行了自我介绍，并向那位顾问讲述了我正在做的事情。我想着她公务繁忙，便刻意提高了语速，但是刚说没一会儿她便打断了我：“听着，我对于教育有着充分的把握，你不用再给我讲了，我能给你提供什么信息？”

我："我认为，学校越是以考试为驱动力，就越有可能将孩子们置于创新世界的险境之中。"

顾问："你把问题想复杂了，教育孩子就像修车一样。我们只需要把车开到修车厂，给他们付钱，让他们修车。我们为学校里的每个孩子支付 7 000 美元，学校就要负责给孩子们提供教育。"

我："你怎么知道这些孩子真的能学到东西呢？"

顾问："这就是为什么我们要设立标准化考试。"

我刚想接着往下说，那位顾问便站起身来直截了当地打断了我："听着，我是州长身边的重要人物，感谢你抽出时间与我见面。"说完便转身离去。一年之中，我参加了不下 1 000 场会议，而这是体验最糟糕的一次。

为了让读者更深刻地体会佛罗里达州政府和立法者对教育的态度，我们不妨来看看他们之前做过的事情。2015 年，斯科特州长将一份提案写入法律，其中就包括佛罗里达州的"优秀教师奖金项目"。项目规定，无论是评分优等的公立学校教师还是刚刚入职的年轻教师，都可以申请高达一万美元的奖金。但是，为了拿到这一万美元，教师的学术能力评估测试或美国大学入学考试成绩，必须要达到全国排名前 20% 的水平。这里说的成绩，不是学生的成绩而是教师自己的成绩。

教师群体里很多人还是在几十年前参加过学术能力评估测试考试，为了拿到这笔奖金，老师们都纷纷从旧档案里面翻出自己的成绩，提交到佛罗里达州教育局。对于一位能改变学生人生走向的优秀社会学教师来说，如果他的标准化考试成绩没有达到全国前 20% 的水平，就没有资格申请这笔奖金。而一位刚入职、毫无工作经验的年轻教师，如果他的考试成绩很高，就可以拿到这笔奖金。这样一来，教师们就有了充分的动力，自己主动去参加备考课程、刷题，重新参加学术能力评估测试或美国大学入学考试，直到他们冲入全国前 20% 的水平。去年，佛罗里达州政府专门拨出 4 400 万美元的巨款投入这个奖金项目。而这样一笔钱，完全可以用来提供更加优秀的教师培训和学生项目，也可以用来为低收入家庭的学生提供更好的营养补给。

一年来，我遇到的一些人总是悄悄地对我说，现在师范大学根本吸引不到最优秀的学生，我问："你怎么知道的？" 他们会说："因为师范院校学生的平均考试成绩都很低。" 每逢听到这样的回答我就会说："你可以回忆一下自己学生时代认识的那些非常优秀的教师，他们的长处在哪里？" 说到这里，人们经常会提及同理心，将课程讲得生动的能力，作为行为模范的能力，为学生提供有价值的反馈意见的能力，提出令人深思的问题的能力，让学习变得有趣的能力，帮助学生相信自身潜力的能力等。但至今还没有一个人说是因为那老师有着 "很高的标准化考试分数"。

如果州政府的立法者认为考试成绩这么重要，那他们为什么不把自己当年的考试分数公布出来呢？如果我们希望这个社会上最聪明、最优秀的一群人来做孩子的教师，那么我们同样也可以要求，只有考试成绩最高的一群人才有资格进入佛罗里达州政府。我敢打保票，这些官员根本不敢把他们的考试成绩公布出来。他们会解释说，若想成为一名优秀的官员，其他一些能力远比考试分数要重要得多。但是他们在推行应试政策的时候，却没有丝毫迟疑。

乔安妮·麦考尔（Joanne McCall）是佛罗里达州教育联合会教师工会的主席，

每当提到教师工会这个组织，就会引来一片骂声。我经常听到人们，尤其是商人持有这样的态度："除非取消教师工会和终身教职制度，否则我们永远也不可能修复美国的学校体系。"10 多年前，我也曾经非常认同这个观点。的确，有些教师工会非常官僚，其立场让人抓不到要领，根本不能代表孩子们的利益。但在这趟教育之旅中，我所遇到的老师都非常敬业，跟他们有没有工会身份没有半点儿关系。

一所学校只要有了优秀的校长，那么其教师团队就拥有了成长和发展的动力和空间。从总体上讲，教师工会非常支持合理的变革。我们需要暂缓对教师和教师工会的批评言论，认真去看一看整个社会对教师行业到底做了些什么。教师的工资很低，自由空间极小，还要对那些他们并不认可，也不应该认可的指标负责任。许多人被迫离开了教师这个行业，而留在教师行业中的绝大多数人都士气尽失。在大多数州，新教师的供应体系正在日渐枯竭。但尽管如此，教师们还是在全力以赴、全心全意地教育我们的孩子。

对于生活在佛罗里达州这样地方的家庭来说，我对他们的痛苦感同身受。他们的孩子没有能力和愚蠢的政策抗衡，但是作为家长，他们是可以的。如果他们生活在一个以考试分数为教育重心的州，可以去请愿，让州政府的高级官员和立法者公布出他们自己的标准化考试成绩，要求这些官员也去参加所有高中生必须参加的结课评估考试，并将自己的成绩公布出来。对于以考试、成绩和问责制为中心的州，我还有最后一个提议：如果有家长可以说服所在州的政策制定者针对学校的未来发展问题进行一场高层辩论，那么我会亲自到场给予支持，并出钱资助这场辩论面向全州居民进行电视直播。

每件事物都有其所处环境，麦考尔所处的环境就是佛罗里达州。前任州长杰布·布什在谈及教育问题时说过这样一句话："如果没办法计分，就不能算数。"布什和他的数据分析师们都生活在过去那个年代。事实上，21 世纪的他们应该引用的说法来自著名作家布琳·布朗（Brene Brown）："在教育问题上，如果你有办法测量出一个数值，那这件事八成也没什么意义。"他们应该谨记彻底改写美国人学习方法的慈善家安德鲁·卡内基的话："团队协作是与人合作实现共同愿景的能力，是令一群普通人取得非凡成就的燃料。"

WHAT SCHOOL COULD BE

INSIGHTS AND INSPIRATION FROM TEACHERS ACROSS AMERICA

09

让孩子去学习那些真正值得学习的东西

给人以启迪的教育工作者会利用创新的教育变革模式，不断拓宽变革的规模和影响力。他们深知，我们的学校需要“去做更好的事情”，而不是“将过时的事情做得更好”。正是这样一群教育工作者在通过自身的努力，不断创造着适宜的环境，实现真正的教育进步。

美国的确有 些教育界领导人上正在掀起教育变革大潮。这听起来很简单，但教育变革的推广却在几十年间一直处于停滞不前的状态。我们一直不知道怎么将成功案例推广开来，主要原因就在于不知道应该推广哪些东西。我们总喜欢围着新型课程、测试规定或问责制指标打转，并据此衍生出一个接一个的命令与控制模式。就其本质而言，都是在以同样的方法向所有的学生讲述同样的内容，并让他们接受同样的测试。经过长达几十年的努力后，我们想要大规模推广的一切实践仍都以失败告终（见图 9-1）。

在本章中，我们将了解到那些将工作重点放在推广大规模教育变革上的领导人身上。他们并没有拘泥于教室之中的细节内容，而是创造出适宜的条件，为教师和学生赋予能量，去创造出有效的学习方法。这些领导对教师充满信任，将他们视为学习上的合伙人。在设计出真实有效的评估方案的过程中，领导与教师达成了真实的协作关系。富有变革号召力的领导者可以开拓出前行的道路，以便于让学生、教师和校长放开手脚去做更好的事情。他们深知学校可以发展成为什么样的理想状态，如何才能实现重塑学校的目标。

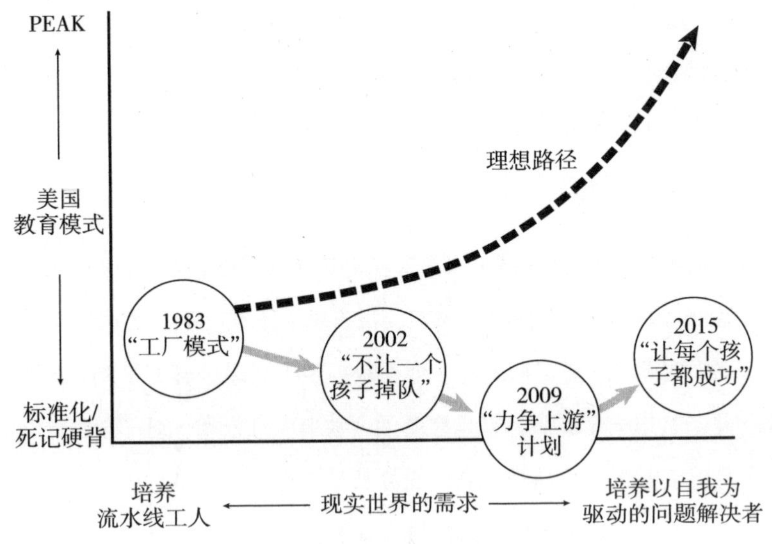

图 9-1 误入歧途的美国教育政策

美国人民拥有创造力、强大的驱动力和先锋精神，在艺术和科学领域，在商界和社会变革方面都取得了举世瞩目的成就。美国政府为人们赋予了追寻自身激情的自由，让人们拥有足够的空间，去闯荡出属于自己的一条路，并在这条路上活出充实而丰盈的一生。历史从来不会欺骗人，我们不妨以史为鉴，看看哪种模式才能激发出人们最优秀的一面。现在，就让我们一同来见见这些明智的领导者，他们才配称得上是美国真正的中流砥柱。

精华学校联盟的启迪

泰德·塞泽和南希·塞泽（Ted and Nancy Sizer）夫妇是美国教育界当之无愧的重量级人物。他们于 1984 年成立了总部位于普罗维登斯的精华学校联盟

（Coalition of Essential Schools），为众多学校、教师和学生带来了宝贵的启迪，改变了许多人的命运。此次教育长征，每到一个地方我都能遇到他们的拥护者。泰德于2009年离世，他和南希两人都将毕生精力奉献给了教育事业，为美国的学校开拓出了一条通往未来的道路。

泰德·塞泽最著名的一部著作是《霍勒斯的妥协》（*Horace's Compromise*），这本书出版于1984年《危机中的国家》报告发表不久之后。该书围绕着一位虚构的高中教师霍勒斯·史密斯展开，他在教高中英文课时遇到了许多需要权衡和妥协的问题。其中一个妥协，就是在备课、教书、打分和一对一学生谈话之间的时间分配问题。从另一个层面来看，霍勒斯是在为学生提供启迪和在一个时刻浇灭教师心中火焰的体系中求生存之间进行妥协。

在霍勒斯生活的那个时代的教育环境下，优等生会刻意避开难度较高的问题和难度较大的课程，从而保证平均分不掉下来，并且通过这样的方式轻而易举地骗得大学的垂青。当时，绝大部分学生都被教育成为“温顺、听话、毫无行动力”的人，学校也不会为“富有探究精神的学生颁什么奖状”。学生将“高中毕业文凭视为读高中的目标和走向下一阶段人生的通行证”，通过达到规定的上课时间来换得毕业证。而泰德则认为，以能力为基础的毕业标准才更加合理——“将重点放在最后，放在学生能展示出来的熟练程度上”。下面这段文字写于30多年之前，现在看来依然令人感触深刻：“在我们生活的当下，大量的人拥挤在一处，按一下电视、家用计算机、电话和文字处理机上的按钮，人们就会获得大量过载的信息、数据、意见和体验。无论我们周围的世界是好是坏，都比我们祖辈生活的那个时代拥有更多、更丰富、更有效的信息。如今，教育的使命不能以传达信息为重，而是要帮助人们学会如何利用这些信息，换句话说，就是要教会人们如何主动运用他们的思想。”

从许多角度来看，塞泽夫妇都走在了时代的前面，为我们展开了一幅充满启迪的愿景。南希·塞泽在哈佛教育研究院观看完《为孩子重塑教育》纪录片之后给我发了一封邮件。读完她的邮件，我深感荣幸。“看完影片，从哈佛教育研究院走回家的路上，我满眼泪水，真希望泰德也可以看到你的作品。影片传达的不仅仅是正确的信息。在精华学校联盟，我们一直将高科技高中视为自己最珍爱的孩子。而且，正是泰德本人将‘展览’这个词引入了教育领域，将其作为某种形式的评估手段，而这种评估方法深得学生的喜爱和认同。作为一部艺术作品，这部影片也非常打动人。”

有时人们会问，诸如“动手学习”“为教师学生赋权”等说法是不是最近刮起的新一阵教育风潮，就好像前一阵流行的“新式数学”一样。事实上，这些重要的思想有着不为人所知的悠久历史。泰德·塞泽曾说过：“启迪和求知若渴是驱动学校向前发展的核心要素。我们这些教育规划者能做到的最好的事情，就是创造出最适宜的条件，让师生在其中茁壮成长，而不是拦在他们前行的路上。”约翰·杜威曾说过：“要给学生一些事情去做，而不是一些知识去学习。做事的本质就是要学生在过程中进行思考，学习是自然而然发生的。”在人类文明的漫长发展历程中，许多伟大的艺术家、科学家和政治领导者，都是通过在师傅手下做学徒成长起来的。

历史学家可以探讨一下，如果美国在 1893 年遵从了杜威的观点，而不是十人委员会的思路，如今是否能变得更好。自从塞泽夫妇创办了精华学校联盟之后，许多传统学校的毕业生就不会再毫无目标地迎头撞上前方的一堵墙。过去一个世纪中，这些教育界先锋人士的观点占据着举足轻重的地位。在 21 世纪，这些观点依然有着不可替代的重要性。

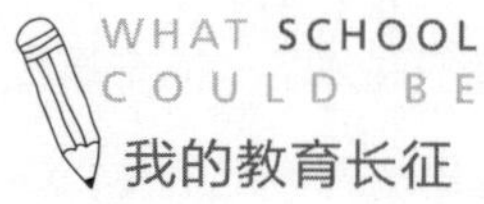

上学只是为了考大学吗？

兰迪·多恩（Randy Dorn）在华盛顿州连续担任了两届公立学校督学。他曾先后在小学和初中教书，担任校长，做公立学校员工组织的领导，在州立法委任职，还包括6年的励志演说家经历（他天生是演说家的料）。多恩的奋斗目标是降低学校中标准化考试的重要性，提高学校拨款额度，为贫穷阶层人士提供更多的学前教育选择。他与企业机构达成紧密合作，帮助学生获得能应用于真实世界中的实用技能。他是实习和学徒制的忠实拥护者，不光是学生，多恩认为连老师也同样适用于实习与学徒制。多恩指出，让数学老师在本地的公司（例如波音、微软等）和工程师交流，看一看工作场合中的数学是如何被应用的，能为学校中的课堂教学带来莫大的收益。

多恩滔滔不绝地讲述着华盛顿州那些成功学校的故事。每一所学校的成功都独一无二，包括航空高中、三角洲高中、塔科马艺术学院等。他向我具体介绍了塔科马科学与数学学院，这所学校坐落于波恩特迪法恩斯动物园和水族馆的旁边。"你知道吗？塔科马有62%的孩子从来没去过这座动物园，哪有孩子对灵长类动物不感兴趣的？"唯一一个永恒不变的道理是，孩子们都发自内心想去学习。"看看我们对孩子们所做的事情：如果是个成绩不好的学生，我们就会把他从他喜欢的班级中开除，让他去做更多需要死记硬背才能达标的数学题。如果这样他的成绩还是没有提高，那么就要在暑假的时候去补课，这究竟是为什么？"

多恩指出了教育中存在的最大问题："我们的孩子认为受教育就是为了上大学，除此之外毫无意义。"对于求知的内在向往和内心驱动，在我们的学校体系中早已被打击得无影无踪。多恩还提到了《为孩子重塑教育》纪录片开场时的一个场景：一位四年级的小女孩看着大人们在家长会上讨论有关她的问题，不禁委屈得哭了起来。多恩辖区的一所学校对家长会进行了改革，将其设计为由学生主导的会议。改革后，教师惊奇地发现，本来只有25%的家长出勤率一下子提高到了98%。多恩说，就连幼儿园的小孩子都能有效主导一场由家长、教师和学生共同参与的会议，而为什么之前不让学生参加家长会呢？多恩辖区还有一所学校，就是加菲尔德高中，这里也是“退出行动”的中心地带。我在拜访加菲尔德高中的过程中遇到了几位学生。我问他们为什么要抵制标准化考试，大多数孩子回答说：“因为是我爸妈让我这么做的。”这样的答案并没有给我带来多少慰藉。我们应该让学生们自己就标准化考试的问题进行研究，并且自己做出参与标准化考试与否的决定。

多恩认为，从他在教育行业多年积累的经验来看，我们是有可能在12个月内改变一所小学的。因为K-6阶段教师的课堂教学活动是以孩子本身为着眼点的。而改变一所高中难度则要大得多，因为高中教师的教学目标定在科目上而非学生身上。一位记者最近曾向他提出过这样的问题：“为什么特许学校比公立学校具有更强的创新能力？”多恩答道：“我不觉得特许学校的创新能力更强，特许学校能做的事情公立学校都可以做。”但是他也指出，许多公立学校的管理者会制定一些规则，让学校很难踏上创新之路。“我有权力给学校颁发针对某些标准化考试的豁免指标，但至今为止，我还没有收到任何一所学校的申请。”华盛顿州的一个学区会定期向学生、教师、校长和中央行政办公室工作人员提出以下问题：

1. 你在学校觉得安全吗？

2. 当你就某事产生担忧和顾虑时，能找到某位比你资深的人就此事进行探讨吗？

3. 你为自己所在的学校感到骄傲吗？

4. 你会向在另一所学校中学习或工作的朋友推荐你所在的学校吗?
5. 学校给你留的作业有意义吗?
6. 你每天都盼着来学校吗?

为了获得学生们的知识测评数据，美国现行的教育体系每年都要花费数十亿美元的巨额资金，而学生们所学的这些知识很可能一辈子都用不上。很少有学校会就上面这些重要问题来收集数据，而针对这些问题的调查完全可以通过SurveyMonkey等现有的网络工具免费进行。

每当学校的领导者固执地安于现状，假定改革目标不可能实现时，教学上的创新就会面临巨大的阻碍。Nellie Mae教育基金会曾进行过一项研究，以调查真正阻碍校长踏上变革之路的因素都有哪些。结果表明，校长们明确指出的一些阻碍因素中，69%根本不存在。在正确领导力的带动下，学校完全有能力实现创新，而无需过多考虑州政府和联邦政府的要求。就算没有应试教育，如果学校能调动起学生的积极性和学习动力，那么这些孩子在规定的考试之中也能拿到好成绩。如果高中生在学习时都能乐在其中，那么考大学根本不会受影响。虽然改变一所学校的文化，重塑教室中的教学，听起来是一件难度巨大的任务，但只要学校的领导者在心态上发生转变，随后的一切都不是问题。

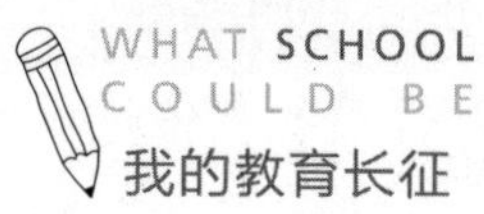

孩子，我和你有一样的渴望

纽瓦克的东部高中（East Side High School）是一所拥有1 300名学生的综合性公立高中。这里可谓是个多种族大熔炉，绝大多数孩子都是有色人种，许多人刚刚移民来美国不久。而所有的学生都有一个共同点——贫穷。学校的校长马里奥·桑托斯（Mario Santos）是东部高中1995届的毕业生，当时的他怎么也想不到，自己后来还会重归此处。刚刚步入社会时，桑托斯是一名小学教师，后来又回学校深造获得了博士学位，打算进入教育管理领域。就在快要博士毕业时，他碰巧遇到了一位东部高中的学生。桑托斯问这位学生现在学校怎么样，而学生直愣愣地瞪着他说道："还凑合吧，但谁也不在意。我好几个月都没见过数学老师了。"听到这里，桑托斯非常震惊。因缘际会，就在那一周，他拿到了东部高中校长的聘书。"我对自己说：'我要让这所学校彻底改头换面。'" 12年之后，桑托斯依然在这条路上勇往直前，从来没有回过头。

桑托斯入职时，学校的整体情况很糟。2006年，70%多的学生成绩单上都有不及格的科目。全部2 000名学生中，只有90人登上了优等生名单。如今，学生的不及格率大大下降，而优等生名单上有了700多个孩子的名字。桑托斯骄傲地对我说："我的学生们一走进大学就能有大三的水平。我们为孩子创造了机会，让他们逐渐构建起对自己的信心。"如果只从考试成绩数据上看，东部高中的分数远低于附近富人区的远山高中（Far Hills）和上鞍河高中（Upper Saddle River）。但是，桑托斯的孩子们在课余时间根本请不起辅导教师和壁球教练。"我的孩子们终日面对的是犯罪、谋杀和黑帮的威胁。"

东部高中所面临的挑战从清晨第一声上课铃响之前就开始了。"我不想让任何一个孩子饿肚子。每天早上，我们都在规定时间为教室里的孩子们提供早餐。我们有80间教室，2 000个孩子，而送餐收餐的整个流程全部由孩子们自己搞定，实行得非常成功。"桑托斯的早餐计划向所有孩子开放。"你不能走进教室去问孩子们吃没吃早饭，他们不可能告诉你自己家穷得揭不开锅了。"这些孩子所承受的压力是真实而深刻的，他们一进家门可能就面临着深受毒瘾困扰的兄弟姐妹和遭遇牢狱之灾的父母。他们不知道下一顿饭在哪里，还要经常被人从蜗居的陋室中赶走。桑托斯将“青少年赋能研讨会”项目带到了学校，“开设呼吸技巧、瑜伽和冥想课程，老师们也都会来参加。有的老师告诉我，这是他们 15 年来接受过的最棒的职业发展培训。这些课程可以教会人们如何放平心态，专注于当下，脚踏实地地做事”。

桑托斯所在学校的绝大多数孩子从小到大总是因为考试成绩差而被人贴上“学习不好”的标签。“我们要想办法，看怎样才能重新调动起这些孩子的积极性，远离枯燥无味的机械式学习。的确，学术很重要，但是它的重要性究竟有多高？我们并不是想让所有的孩子未来都成为科学家或者数学家。未来的发展还有许多条路可以走，有其他许多的技能需要学习。未来的经济发展需要人们具备软技能、语言技能、创造力和团队合作精神。”桑托斯继续说道：“传统教育的模式的问题在于学校学习非常无聊，实在是无聊透顶。当然，我不是说每天都要在学校办派对，但是我们需要调动起孩子们的积极性，让他们产生富有创造力的思维，让他们把在学校学的知识与真实世界联结为一体。”

桑托斯是实习经验的忠实拥护者。“我们有一位学生在水族馆工作了一周时间。一回到学校，他就为全班同学带来了让人耳目一新的知识和见解。当你让孩子们积极投入富有意义的紧张工作中时，就能看到孩子内心点亮了希望的火光。”桑托斯还说：“你能让孩子每天学习到凌晨两点，周末还要做数学作业吗？不能。你能在标准教科书里面找到激情吗？不能。因为教科书里的知识与现实毫无关联。但是，如果你让孩子去建一座房子或者拍一部纪录片，去上学就成了一种完全不同的体验。这就是我们这所学校想要继续追寻的发展方向。”

桑托斯的工作职责一半是教育者，一半是创业者。他每天都要面临许多现实问题："就这点钱，我是用来再买一台复印机，还是将钱投入能真正帮助到学生的项目之中？"他非常善于为学校寻找外部合作伙伴，帮助改变这些孩子的人生，其中还包括两家非常了不起的非营利性组织。"大展宏图"学校网络帮助处在社会经济底层的孩子们获得了实习机会、人生导师、职业顾问以及参与富有意义的真实世界项目的机会。未来项目则会为合作学校配备一位富有人格魅力的"梦想导师"，帮助孩子们追求他们内心的梦想，从而改善他们所在社区及自身生活的境况。桑托斯筹集到了足够的资金和资源，为学校建设了一处非常先进的"未来工坊"，里面配备了 3D 打印机、缝纫机、刻字机、42 英寸制图机、热压机、孔版印刷机、笔记本电脑、CAD 软件以及照相设备等。

"未来工坊"项目的总监路易莎·雷耶斯（Luisa Reyes）这样说道："通过在未来工坊学习，学生们获得了能调动起他们内在好奇心的实用技能，让他们为接下来的大学生活和如今这个主打创新经济的社会做好准备。学生学习 3D 建模、数字化设计、设计思维、视频或音频制作，并且进行各种极具工匠精神的实验，他们在这里能够培养出批判性思维和 21 世纪所需的技能，包括创造力、开放的心态、自我意识和协作精神。能亲眼见证学生们的成长和蜕变是一件很有意义的事情。"

桑托斯一步步稳扎稳打，在经费极为有限的情况下，向全世界证明了怎样才能将一所破败的市中心公立学校变废为宝。"想想看，我们正在浪费掉多少孩子的潜能。我们的教育体系将许多孩子拒之门外，就因为他们在标准化考试过程中拿不到好成绩。爱因斯坦还曾经被学校认定为智商有问题呢，可他是曾经行走于这颗星球上的最具智慧的人物之一。如果我们能创建起一个教育体系，充分调动起每一个人独特的创造力潜能，那么未来就会拥有无限的可能性。”桑托斯总结道：“我们就是变革的催化剂。我们身处这个教育体系之内没错，但我们必须要将变革之路走下去。”

桑托斯给我讲了关于他的学生奥斯卡的故事。“这是个处在危险边缘的孩子，他爸爸在监狱里服刑，哥哥是个毒品贩子。他真的很不容易。”奥斯卡希望能来东部高中上学，但当时学校已经停止招生了。桑托斯回忆道：“记得我那时来学校上班，刚要走进大门，就看到奥斯卡坐在大门口的一个牛奶箱子上。当时是早上 7:45，他跟我说，他从早上 6 点钟就等在这儿了。他这么坚定而一门心思地想要为自己寻求到更好的教育机会。于是我决定，说什么也要帮助奥斯卡来学校上学。”

东部高中为学生和纽瓦克社区成员播放《为孩子重塑教育》这部纪录片时，我见到了奥斯卡本人。放映结束后，他走上前来与我分享了一些他自己的独特见解。他最后说的一句话在我内心激起了巨大的波澜：“历史课上讲，咱们这个国家的人们曾经齐心协力将人类送往月球。您觉得，如果人们齐心协力能不能让学校也变成创造奇迹的伟大地方？”我一时竟无言以对，强忍住夺眶而出的泪水回答他：“我心里有着和你一样的渴望，奥斯卡。”

凑巧的是，我在纽瓦克期间正好赶上戴尔·鲁沙考夫（Dale Russakoff）来到此处为她的新书《代价：是谁执掌着美国学校？》[①]（*The Prize: Who's In Charge of America's Schools?*）开办媒体发布会。在书中，她以时间顺序讲述了力图提升纽瓦克教育质量的公益行动。这次行动得到了科里·布克（Cory Booker）、克里斯·克里斯蒂（Chris Christie）和马克·扎克伯格（Mark Zuckerberg）等名人的

① 本书中文简体字版即将由湛庐文化策划、出版。——编者注

参与和支持。该项行动总共花费了两亿美元，力求打造出教育改革的全新发展纲要。而在大多数人看来，用温和点的语气说，这项行动完全可以做得更好。两亿美元的花费中，只有一个零头真正发放到了学校的层面。举例来说，东部高中只拿到了其中区区 5 000 美元。而那些工资高到令人发指的顾问则负责制定整个行动的议程，几乎完全忽略了来自纽瓦克的学生、教师和家长的意见和建议。他们想要达成的是一套全新的发展纲要，却没有想到已有百年历史的现行教育模式是否还适用于这个核心议题。

试想一下，如果扎克伯格这位大学辍学生兼成功创业家，能对布克和克里斯蒂说出下面这些话，那又会是怎样一种完全不同的情况。“如今的高中毕业生需要具有创造力，成为内心坚定、能真正解决问题的人。我们需要一起帮助纽瓦克学校的这些孩子们培养起关键的竞争力。我们可以与纽瓦克的校长、教师和学生建立合作，制订工作计划，将创新文化注入学校之中。我们可以提供资源，调动起孩子的积极性，帮他们建立创客空间、充满创造氛围的艺术工作室、机器人设备、剧场等。我们还可以让本地的机构为学校提供导师、实习机会、设备和培训，调动起整个社区的士气，让他们看到，纽瓦克的学校可以发展成为什么样的优秀组织。如果我们能选择这样一条路往下走，那么我愿意亲自参与其中。”但是，真正推动这些社区中的学校向前发展的，却是像马里奥·桑托斯这样的无名英雄。桑托斯道出了一句本应从扎克伯格嘴里说出来的话：“如果现在的方案不起效，那么我会再去尝试其他方案。在如今这个世界中，你不得不逼着自己产生一些疯狂的想法。否则，你就会被那些毫无意义的事情所牵扯，加入随波逐流的队伍。”

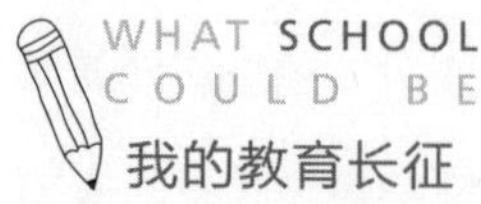

将设计进行到底的一石学校

几乎每个社区都有公益组织或中等规模以上的基金会，积极地为此地的教育事业慷慨解囊。爱达荷州就有一个乐善好施的慈善机构，名为 J. A. 与凯瑟琳·艾伯森家族基金会（J. A. and Kathryn Albertson's Family Foundation）。艾伯森家族通过经营连锁食品商店发家致富，现在又回到故乡，为这里的教育事业添砖加瓦。他们为自己赋予的使命是“为所有爱达荷州人民提供无限的学习机会”。2015 年，艾伯森家族基金会将《为孩子重塑教育》带到了爱达荷州的 44 个社区。很荣幸，我也被邀请前往博伊西，在艾伯森家族基金会捐赠的一石学校（OneStone）举办的会议上发表主旨演讲。

一石学校的校训是“将设计进行到底”。这所学校主打创新、设计思维和社会创业精神。学生会与当地的组织合作，帮助找出组织的问题所在，并利用技术创建出综合解决方案。举例来说，学校有一家学生负责经营的设计或市场营销代理机构，为当地的组织提供免费咨询服务。学生在令他们所在的社区变得更好的同时还能学到真正重要的技能，一箭双雕。2008 年，一石学校只有 8 个学生，而现在已在爱达荷州拥有 200 名学生。目前，一石学校仍属于一家课外活动机构，学生白天还要去传统高中上学。

一位一石学校的学生与我分享了他的观点："我上过好多门大学先修课程。大学先修课程的本质就是应试，然后按照课程进度来讲授大量的内容知识，根本与学生对学科的精熟水平或探究式学习毫无关系。这种教学模式根本无法让你为进入外界的真实社会做准备，只不过是走马观花，看一遍内容而已。而探究式学习能让你的思考围绕着某个科目展开，而不是围绕着教科书里的某段内容展开。这样，你就能成为一个更会提问，能钻得更深的学习者。我在学校受益最深的体验就是参加了辩论队。为了准备辩论活动，我必须看看外面的世界正在发生什么事情，这也让我学会了怀着同理心去思考。而除此之外，高中学习的其他任何体验都无法给予我这方面的锻炼。”

一石学校举办的这场活动与典型的教育大会完全不同，因为这场活动的策划和组织完全由学生负责，非常新颖。这些学生对教育有着深刻的见解，能明确指出重塑学校的紧迫性。整场活动的焦点是一场由学生领导的“24 小时思想大挑战”：一群学生从毫无关联的分散想法开始着手，一步步将思想凝聚成为在博伊西建设一所全新学校的愿景。活动结束后，学生拿不到分数，只是得到一份能反映出学生真实成就的数字化档案。成年人在这个过程中扮演的角色是教练，而不是教师。学生的实践经验使他们将在学校学到的知识与真实世界结合为一体，并帮助他们打开通往职业发展的大门。一石学校的空间是开放和协作式的，配备有顶尖的创客空间设施。他们还计划将这个微型学校推广到爱达荷州其他地区，改变本州的教育全景。这可谓是实实在在的 PEAK 精神：学校得到了学生的驱动和机构的支持，并在此基础之上，创建出了一个能实现规模化变革的行动计划。

美国的大型基金会动辄便会掏出大笔拨款，而在教育领域真正做事情的，则是一些当地的基金会和慈善家。这些人愿意承担风险，能够快速响应当地需求。他们对所在社区怀有深刻的关爱之心，将大量时间投入实地考察中，以确保拨款为当地学校带来实实在在的积极影响。相比之下，大型基金会的项目官员只能将很少的时间投入实地考察之中，而他们真正需要的则是那些能写进内部报告的数据。很少有大规模基金会会为充满风险的新行动拨款，尤其是那些最终结果和影响很难得出实际测量数据的项目。

1883—1925 年，安德鲁·卡耐基个人资助了遍及全美的 1 689 家图书馆的建设。他没有要求图书馆对借阅者进行选择题测试，以获得关于图书馆建设影响力的数据；没有要求图书馆上交关于借阅、归还和丢失书籍的数据报告；他也没有针对图书馆工作人员的组织与报酬出谋划策。他只不过是做了一些大胆的举动，并为数以百万计的美国人带去了阅读和受教育的乐趣。

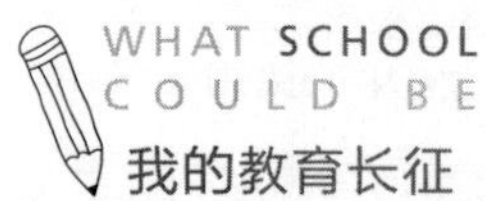

上学是一件很棒的事儿

弗吉尼亚州中部的一个公立学校校区正在悄悄发展成为规模化学校变革的全国领导者。阿尔伯马尔郡公立学校校区督学帕姆·莫兰（Pam Moran）说起话来总是一针见血。“我们的许多学生根本不需要接受辅导，他们只需要在内心树立起使命感。”“当孩子们觉得上学是一件很棒的事，他们就会学习。”“动手做事是我们最重要的关注点。”

莫兰说，她做老师第一天经历的事情就奠定了她对教育的核心价值观。当时她年纪很轻，一门心思想着怎样上一堂别开生面的课。于是，这位大胆的科学教师提着一个帆布袋子就走上了讲台，她让学生们猜猜自己手中的袋子里面装的是什么，说完就从袋子中拿出了一条长长的蛇。莫兰刚跟孩子们保证说这条蛇是无害的，蛇一下子就咬上了她的胳膊，顿时血流如注，教室中一片混乱。而此时校长恰好经过此处，当天下午，莫兰被校长叫到了办公室里谈话。本来以为自己会被炒鱿鱼，没想到校长却对她说：“想要成为一名伟大的教师就要去大胆尝试，祝福你！”

莫兰本人从不畏惧争议。约翰·亨特（John Hunter）是一位优秀的四年级教师，他经常在教学范围之外进行一些有意义的尝试和拓展。他发明了一个名叫《世界和平》（*World Peace*）的游戏，类似于3D版的《大冒险》（*Risk*）。通过这个游戏，学生们可以沉浸在全球外交的环境之中，并取得了非常好的教学效果。但校长（他当时所在的学校就在莫兰管辖学区的旁边）认为他的做法很不妥，因为他的授课内容远远超出了课本的指定范围。亨特愤然离职，而莫兰则紧随其后。几天之后，亨特成了莫兰学区一所小学的老师。亨特的教学方法为纪录片《世界和平和其他四年级教学成就》（*World Peace and Other Fourth Grade Achievements*）带来了灵感，五角大楼还曾邀请他带孩子们去那里上课，为教育美国下一代成为全球战略家给予专业指导。

莫兰将《为孩子重塑教育》带到她的学区时，阿尔伯马尔郡高中社区的学生、老师和家长纷纷前来观看，而这部纪录片也为当地观众带来了诸多灵感。一位名叫杰·托马斯（Jay Thomas）的校长一直希望能为他的学校注入更强大的变革动力。在莫兰的支持下，托马斯鼓励自己的团队进行头脑风暴。如果莫兰和托马斯亲自担任这场学校变革的主导者，那他们就会在过去多年时间里被来自家长和教师的抱怨之声所淹没。而为了避免这种现象，他们选择了为教师和学生赋予权力，让他们自行创建自己的项目。

项目不要求所有的老师和学生都参与其中，而是只包括那些对重塑学习真正充满激情的人。有4位教师和65名新生自告奋勇，决定亲自尝试一把。暑假期间，老师们一直在加班，等学校在8月份开学的时候，新开设班级中有20%的人都享受到了全新的学习体验：学生组成团队，进行项目制学习；课程安排得到了彻底重建，上下课铃声也不再有意义；他们利用了各类资源，包括学校的音乐教室。利用学生对作曲和演奏的热情，老师们激发出了孩子们对相邻学科的学习兴趣，包括数学、音乐史、声乐物理学以及语言等。星星点点的火种引发了一股燎原般的学习热潮，影响到了所有的学生和整所学校。

莫兰的方法反映出了激发人们不断向上的一些基本道理：当人们接受命令，被迫去做一些不感兴趣的事情时，他们就会随波逐流；**当人们能自主设定目标，并对目标负责时，他们一定会表现出令你刮目相看的成绩。这就是自主性和目标感的力量。**阿尔伯马尔郡公立学校校区为教师和学生赋予权力，让他们去创建一所校中校。在第一年取得成功之后，这个项目立刻扩大开来，于随后的一年拥有了 150 名学生和 11 位老师。在莫兰的支持下，阿尔伯马尔郡公立学校校区的蒙蒂塞洛高中（Monticello High School）也创办出了自己独特的校中校特色。这就是创新发挥作用的途径，即去中心化、自下而上，由那些亲手创造并对工作负责的人们所驱动。

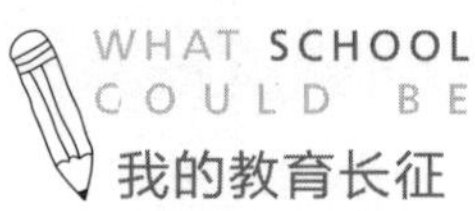

创新与重塑教育框架

肯塔基州的巴里·巴瑞（Buddy Berry）领导着埃米南斯独立学校学区，学区所在地经济发展十分落后。巴里是他家族中在埃米南斯的学校读书的第四代人。可以这么说，他的长辈上过的学校与埃米南斯如今的学校完全不同。巴里是这样说的："埃米南斯的创新是从一片充满希望与绝望的土地中孕育出来的。我们的学校曾经饱受考试成绩低劣、出勤率下降以及身份感缺乏的困扰。正是一种绝地重生的信念，让我们决定亲手打造出梦想之中的学校——学校中的迪斯尼乐园。我们知道，学生需要的远远不只是能让他们拿高分的学习体验，于是我们就尝试着创造出了一种未来学校，也就是今天的学校。"

在学校委员会和家长社区的支持下，巴里开启了远大的理想，他提出了“创新与重塑教育框架”（Framework of Innovation for Re-Inventing Education）。2012年颁布的《肯塔基州众议院37号法案》（*Kentucky House Biu 37*），允许肯塔基州所有137个学区中的10个申请成为创新学区，可以免于许多管理和政策规定的限制。巴里看到这个机会，便毫不犹豫地去争取。如今，埃米南斯学区里的学校主打由学生驱动、由教师引导的教学，并提供充裕的时间和空间，让师生在探索中共同学习。巴里指出，尊重学生的自主性远远不止是倾听学生的抱怨那么简单，而是要从内心深处信任他们，让学生去主导自己的学习体验，让学生去找出并解决学校和所在社区之中的问题。

一开始，创新举措直接导致了学生的考试成绩下降。而之前巴里就曾经对社区中的家长说过，可能会出现成绩下降的现象。但随着时间的推移，学生成绩的总体水平和上升比率都在不断提高。巴里学区中学前班小朋友的成绩一直保持在低水平，但高中孩子们的成绩已经排到了肯塔基州的前5%。而且，埃米南斯学区明确表示，不会为了应试而进行教学。那里的学生会向你热情洋溢地介绍目标远大的项目，并且精准无误、充满信心地回答你提出的问题。所有这些，都发生在一个“前不着村，后不着店”的贫穷农村公立学区。如今，许多家庭每天都要单程驱车80公里前往此地，就是为了让孩子能到埃米南斯学区的学校上学。

走访肯塔基州的过程中，我遇到的人们总是时不时怀着敬仰之情提起卡拉这个名字。因为想不起来她是谁，我心头总是有一种挥之不去的自责感。因为我这个人有个毛病，每次遇到新的面孔，脑子就会立刻僵住，在对方说出名字的时候更是瞬间处于空白状态。由于卡拉的名字经常出现，我便假设，她是帮我安排活动和行程的重要人物，并且在肯塔基州教育圈内很有影响力。但是，我一直没有将这个名字和具体的人对应上。访问过程中，肯塔基大学德高望重的教授贾斯廷·巴森（Justin Bathon）向我介绍了肯塔基州的教育发展史。在20世纪80年代，从每一个指标来看，肯塔基州的学校体系不是排名全美倒数第一，就是倒数第二。而1989年的一场裁决则一举打破了僵局。当时，几位督学起诉州政府，称肯塔基州的教育资源不足。在罗斯诉更优教育委员会（Rose vs. Council for Better Education）的案子中，肯塔基州的高等法院判决督学胜诉，并在没有量化指标的情况下宣布："肯塔基州的普通学校体系存在固有缺陷。"同时，法院命令教育联合大会在下一学年开学之前将问题解决。很快，肯塔基州就颁布了《肯塔基州教育改革法》（*Kentucky Education Reform Act,* 简称KERA——卡拉）。此"卡拉"非彼"卡拉"，我心头的谜团终于解开了。

《肯塔基州教育改革法》彻底改变了肯塔基州的教育境况，一部分原因在于为教育增加了10亿美元的投资，但又远远不只是投资这么简单。在精心设计下，《肯塔基州教育改革法》列出了肯塔基州儿童教育的目标，其引入学校的问责制是诊断性、建设性的，而非惩罚手段。《肯塔基州教育改革法》还提高了教学标准，终结了困扰农村学校多年任人唯亲的现象。法案改变了资金结构，确保各个学区之间的公平。正是《肯塔基州教育改革法》将人们聚集在一起，朝着同一个目标而努力。

巴森最后说道："《肯塔基州教育改革法》将肯塔基州放在了美国的教育版图上。"21世纪初，从各类传统教育指标上看，肯塔基州已经上升到全美国的前50%，甚至前25%。如此大幅度的进步令人惊叹，尤其是发生在这样一个缺乏自然资源和新兴商业机会的州。用巴森的话说就是："肯塔基州的故事告诉我们，迈开大步向前跨越是可以实现的理想。"他还补充说："肯塔基州的故事不是关于某一所超级明星式的大型特许学校的，而是许多所核心公立学校都在同时自谋出路，实现自我提升，是这里的教育系统本身想要做得更好。这是很了不起的一件事。”哪怕能得到一丁点的支持，像巴里·巴瑞这样的领导者就能在最令人意想不到的地方创造出奇迹。

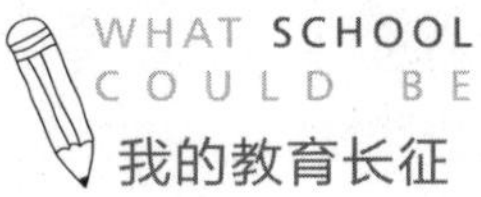

U-32，一所有趣的学校

佛蒙特州传承了生长于此地的约翰·杜威提出的令人神往的哲学思想。杜威生于 1859 年，在哲学、心理学、政治和教育等领域作出过杰出贡献，尤其关注教育在民主和民间社会中发挥的作用。杜威认为，教育的本质是社会性的，学生应该获得权力，对自身的学习负责。教育不应该只关注狭隘的内容知识或具体技能，而是应该帮助学生发掘出自身全部的潜能，并将这些潜能引导到更加伟大的事业上去。杜威指出，未受过教育的人群是对民主社会的威胁。而 2016 年总统大选期间的教育长征，更让我对此产生了深刻的共鸣。

如果约翰·杜威能亲自挑选某人来担任佛蒙特州公立学校系统的领导，他也一定会钦点瑞贝卡·霍尔库姆（Rebecca Holcombe）来担任州教育局局长。在霍尔库姆小时候，她的父母都在联合国工作。她在阿富汗和巴基斯坦都上过学，从哈佛大学获得了教育学博士学位。职业发展早期，霍尔库姆曾经教过书，后来担任了费尔利公立高中的校长。从那时起，她就因高瞻远瞩的愿景和创新举措而远近闻名。随着时间的推移，她身上担负的职责越来越多，成为具有全美范围影响力的著名教育人物。霍尔库姆从来不会说些老生常谈的大道理，而是在勇敢地挑战“让每个人都上大学”的信条，她认为人们最应该去做的，是让每一个孩子都

“准备好迎接创新时代”，从而以更佳的姿态步入这个充满不确定性的动态世界。在她的敦促下，佛蒙特州颁布了《第 77 号法案》。该法案为佛蒙特州的所有学生赋予了权利，他们可以自行决定学习和发展的路径和方向，并以公开展示出来的熟练程度作为年级晋升的标准，而不以上课听讲的时间为标准。

总体来看，佛蒙特州的公立教育体系可谓是全美最优者之一。但是，若从《不让一个孩子掉队法案》的指标来评定，那里的每一所公立学校都会被认定为“低绩效”。但也正是这些学校，始终在国际学生评估项目和美国国家教育进展评估考试中位居世界前列。《不让一个孩子掉队法案》给他们打上的“低绩效”标签，实际上给了他们更多放开手脚的理由，去实行大胆举措。但是，作为全美 5 个不遵守邓肯部长“力争上游”教育改革计划的州之一，佛蒙特州不得不向每一户公立学校家庭下达通知，告诉他们自家孩子上的是一所不负责任的学校。霍尔库姆在写给邓肯部长的信中写下了下面这段令人动容的话：“该政策与佛蒙特州学校的利益不符，更无法提升我们的经济和社会水平。这样的政策还会将我们的关注点从其他真正重要的考评指标上转移开来，而这些指标能在学校教学的有效性问题上为我们提供更多富有意义的实用数据。”

霍尔库姆最引以为傲的作品是 U-32，听到这个名字，很多人都会误以为这是一个摇滚乐队或潜水艇编号。但事实上，U-32 是蒙彼利埃的一所学校。在蒙彼利埃这个州首府，学区又被称为“监督联盟”（Supervisory Unions），简写就是一个字母 U。走进 U-32 这所包括七年级到十二年级的学校，你一下子就能感觉到这里的与众不同。约 1/3 的学生都参与到了学校举办的“以社区为基础的学习项目”之中，通过富有意义的实习经历来换得学分。学校的“开枝散叶”项目允许每一位高中生选择自己感兴趣的话题，找到相关导师，并利用相当于一学年课程的时间，投入他们感兴趣的活动之中，以此来累积学分。在高中阶段，学生则可以多次重复性采用这样的学习方式来完成学业。

几年前，U-32 启动了“实验项目”，允许学生自行创建出一学年的全部学习内容。好几位学生告诉我，实验项目重新点燃了他们对学习的激情，在某些情况下甚至能将准备辍学的孩子继续留在学校里。这个项目生动地体现了约翰·杜威的教育理念，“为学生赋予自主性，他们就会取得令人叹为观止的成绩”。一位颇有艺术天赋的女生很不喜欢传统的学校氛围，但是在实验项目的帮助下，如今已在艺术方面取得了很大的进展，正在学习平面设计和网站设计。未来毕业之后，她将拥有非常乐观的职业发展前景。

另外一个孩子自称是个“军事迷”，他原本打算辍学，然后入伍，但后来正好赶上实验项目启动。他说，在加入实验项目之前，他一本书都没有正经读过，但是加入之后，他读起书来如饥似渴，读了许多反战主题的书籍，帮助他去理解关于战争和军事的不同观点。说起军事和武器，他能就其化学和物理原理进行非常系统和深入的讲解。他准备在完成高中学习之后，再决定是去上大学还是直接入伍。无论选择哪一条路，他未来一定可以为美国社会作出积极的贡献。而如果我们对这样一个孩子放任不管，任其野蛮生长，谁也不知道他从今往后的人生会变成什么样子。

在诸多励志故事之中，也存在一些模糊不清的问题。有一个女生在九年级的高中新生阶段成绩一直名列前茅，但她觉得自己并没有学到什么真正的知识。于是，在十年级时，她决定将一整年的时间投入实验项目之中，主攻政体、政治学和女性研究。作为这段经历的一部分，她来到一家游说公司做实习生，深入了解佛蒙特州政府职能的具体内容。虽然她对实验项目充满热情，但还是决定到十一年级时回归传统的主流学习项目。因为在她看来，若想有一份漂亮的大学申请材料，还是必须去上几门大学先修课程。

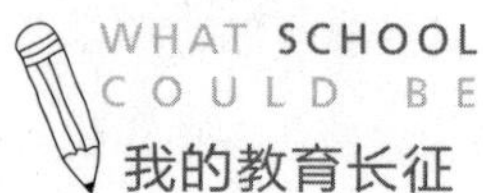

能力表现评估

新罕布什尔州在优秀领导人的带领之下，利用 8 年的时间，成了全美最优秀的教育改革示范州。此地的教育改革是经过深思熟虑之后执行的系统化措施，为教师和学生赋予了更多的权力。整个美国都应该看一看新罕布什尔州是如何做到创新，如何将 PEAK 精神带到遍及全州的学校之中的。

汤姆·拉菲奥（Tom Raffio）是新罕布什尔州三角洲牙科保险公司的首席执行官。他正值壮年，精力充沛，也是新罕布什尔州教育复兴运动的领导者。2007 年，拉菲奥首次接受任命，加入新罕布什尔州学校委员会，并于 2011 年开始担任学校委员会的主席。在州委员会中任职需要内心怀有充沛的爱与激情，因为这份工作并没有什么实际报酬。每个月，拉菲奥都会用整整 5 个工作日的时间来处理学校委员会的工作，其中还会有一天专门用来召开委员会全体会议。对于一位全职首席执行官来说，这份工作并不轻松。

州学校委员会并没有权力控制当地学校直属的委员会，但是有权裁决各地提交的申诉。每月一次的委员会全体大会会有半天的时间用来处理申诉的裁决等行政问题，还有半天的时间用来进行拉菲奥所谓的“好玩儿的事情”，也就是倾听来自教师和学生对最佳实践的介绍。作为新罕布什尔州教育体系的代表，拉菲奥经常需要在本州各地出差，为各地的学校加油鼓劲儿，向他们解释改革和创新的具体举措，并且收集来自学校的反馈意见。

拉菲奥与州立法官员紧密合作，确保他们所采取的一系列行动能够真的让学生受益。有一点不同的是，新罕布什尔州学校委员会要负责监管本州的社区大学、四年制大学以及 K-12 阶段的学校。拉菲奥作为新罕布什尔州商业和教育委员会的主席，其职责能够帮他将多方利益协调为一个整体。他与本州新罕布什尔大学、基恩州立学院和富兰克林皮尔斯大学达成合作关系，为培养本州的下一代教师共同制定职业发展策略。当我问到他，新罕布什尔州最重要的教育目标是什么时，拉菲奥毫不犹豫地答道："调动学生的积极性。"

一提起新罕布什尔州的教育局局长金尼·巴里（Ginny Barry），拉菲奥的敬仰之情便溢于言表，非常自豪地称自己是她的"头号粉丝"。巴里于 2009 年接受州长委任，担任新罕布什尔州教育局局长一职。她亲手构建起了本州教育体系的深度改革举措并取得了重大进展，也成为一名拥有全球知名度的教育界领袖人物。巴里和她的团队通过实践向人们展示了以能力为基础的毕业要求和以表现为基础的评估机制所拥有的巨大影响力。如今，新罕布什尔州的 10 个旗舰能力教育表现评估学区，每年都能吸引到来自全国各地的数千名访问者来此参观学习。

布赖恩·布莱克博士（Brian Blake）当选为新罕布什尔州年度最佳督学，他的课程总监埃伦·休姆 - 霍华德（Ellen Hume-Howard）向我详细讲解了能力教育表现评估机制在桑伯恩公立学区的推行进度。这个学区的所有学校，包括小学、初中和高中在内，都彻底转变为以学生为中心的教学环境：学生负责设计自己的课程进度，经常一连好几个小时沉浸在教室中的项目工作里。许多课程都在传统科目界定的基础之上形成了融会贯通。就连传统的课程也和其他地方不一样，没有学生会被动坐在那里，安静听讲。为了晋升到更高的级别，学生必须要展示出对知识和内容的深度掌握。

霍华德讲道："我们有一个四段评估法，其中强调的是每一个阶段的具体表现，而不是数字化的分数。孩子们看到的是我们期望他达到的具体水平，以及对该水平的详细讲解。我们在乎的是学生们通过学习产出的作品和成果。"学生们还是会从学校获得平时成绩，偶尔也要有选择性地参加一些标准化考试，以便老师随时调整学习目标。霍华德讲道："三年级比较适合对孩子们的阅读水平进行测试，所以在这个阶段，教师们就会进行语文考试。四年级比较适合对孩子们的数学能力进行测试，因为在这个年龄段的数学分数可以很好地预测随后几年的数学学习情况。并不是说老师们对每一项标准化考试都深恶痛绝，只不过我们需要在正确的时间用上正确的评估手段，这样才能保证孩子们正在做的事情对他们自身的成长是有价值的。"目前，这里小学低年级阶段教师用的是智慧平衡联盟（Smarter Balanced）推出的评估产品。

布莱克说，能力教育表现评估远远超出了评估的范畴，其核心意义在于充分信任教师，让他们为自己和学生设计出适合的问责制。"我们利用能力教育表现评估，去提升每一个人对自身成长的期望值。"桑伯恩学区每一年都会与新罕布什尔州其他的能力教育表现评估学区代表见面交流，共同讨论彼此以能力为基础的标准制定。最近一次会议的主题，是确保各个能力教育表现评估学区之间标准的一致性。几个学区共同研究了随机抽取的学生作业样本，以及这些作业所获得的能力评估级别。在数百份样本中，只有六七份评估引发了学区之间的争议。老师会自行设定教学目标，并帮助设计出一套具体的执行和平衡体系。我本人在商界摸爬滚打多年也见证了同样的道理：人们只有获得信任，自己制定目标，找到前进的动力，才能不畏艰险、不遗余力地向成功挺进。

布莱克说："桑伯恩学区刚刚开始推行教育改革时，当时有 75%~80% 的家长很支持我们，10%~15% 的家长保持沉默，还有一小部分家长认为我们的做法纯属耽误孩子的前途。后来我们发现，在传统教学环境中成绩很好的孩子，也就是那些知道怎么玩转学校规则的孩子，只会死记硬背并重复课本内容，却在两天之后将这些内容忘个精光。那些不知道如何将知识应用到实际生活之中的孩子，和他们的父母往往对教育改革怀着最强烈的抵触情绪。但是他们担忧的事情并没有发生。这些学生依然能玩转学校的规则，而现在这套全新规则变成了能力教育。"

霍华德讲道："我们在做的事情，并不是州政府自上而下传达而来的。成功来自自下而上的发展，来自我们的老师和孩子们的日常教学……《不让一个孩子掉队法案》彻底打击了教师的信心。而我们花了大量的时间，在学区里为教师们加油鼓劲儿，才让他们感觉到自己是教育方面的专家。在我们的体系内，教师们知道他们对学生的判断和评价是举足轻重的。如今，我们亲眼见证了教师的快速发展，其意义非常深远。"

新罕布什尔州的领导者为学区、学校和教室中的创新活动创造了得天独厚的条件。霍华德说，新罕布什尔州教育局和州立法官员"在倾听来自基层的声音时都表现出了积极的支持态度，在具体执行过程中也从不多加干预。新罕布什尔州通过的政策和立法，为我们在教育创新过程锦上添花。举例来说，政策允许我们对各个科目进行融合，正是这些政策帮我们开拓出了一条创新之路"。在富有变革意识的拉菲奥和巴里这样的领导者提供的支持和指导下，像布莱克和霍华德这样的基层管理者才能在适宜的环境中大展拳脚。

前面讲到的几个案例都是关于明智的领导者在学校掀起规模化创新与变革的故事。虽然他们采用的方法不同，但每一个人都构建了独特的创新变革模式，为教师和学生赋予权力。他们所做的就是创造出适宜的环境，令教室中的学习能够在其中蓬勃发展。为了对他们的方法有更加深刻的了解，我花了大量时间与这些领导者共处，看着他们在工作中雷厉风行，也亲眼见证了他们与教师、学生和家长的沟通。下面我就来讲一讲自己发现的他们身上的与众不同之处。

第一，这些富有变革精神的领导者都是非常高效的沟通者。他们会对变革的重要性进行充分地传达，调动起社区整体的积极性，为人们描绘出一幅动人的愿景，让人们知道如何才能让学生们以最佳姿态准备好迎接这个完全不同于往昔的世界。他们在传达信息时往往会双管齐下，既会强调变革的紧迫性，也会让人们了解到实现变革的巨大可能性。

第二，这些领导者会详细阐明学生学习成果的具体目标。这些目标非常鼓舞人心，包括必备的技能组合和心态组合。这样的整套体系为教师们提供了一个整体方向上的指导，帮助他们更好地为学生提供良好的学习体验。

第三，他们允许教师和校长去大胆创新，而且总是不断重复发出这样的号召。他们希望自己的学校能够创造出创新文化环境，他们信任教师可以通过一步步的创新举措，最终实现伟大的变革。

第四，他们为教师赋予权利，让他们去设计以具体知识内容要点和平衡为基础的真实的问责制框架。我们在新罕布什尔州见证了这些具体举措的实施。

第五，他们从自身经验中了解到，系统化的变革不是开个会就能搞定那么简单。为了实现深层次的变革，他们需要借助专家与合作伙伴的力量，采取设计思维的迭代原则。

第六，他们会调动起整个社区的力量，共同朝向重塑学校的伟大目标而

努力。他们会邀请合作伙伴参与到学校活动中，争取为学生提供丰富的实习机会，并鼓励合作伙伴为学校捐献设备，提供资金支持以及精神支持。

能够接纳上述原则的领导，一定具备十足的勇气和远大的愿景。在创新过程中，他们要放掉手中的控制权，在这个社交媒体经常小题大做的环境中勇敢承受失败。为了让学生获得最好的学习体验，他们不惜独自背负职业风险。他们的一言一行都是在帮助我们更好地了解创造出规模化 PEAK 学习条件的创新变革模式。

此行之中，我还去了一趟温哥华，见到了温哥华学校委员会主席迈克·隆巴尔迪（Mike Lombardi）。他们所取得的进步进一步强调了为什么美国要对 50 个州的教育现状做进一步的深化了解。加拿大没有联邦教育部，每个省会为每一个孩子的教育划拨同等的预算资金，而与当地的贫富情况无关。加拿大早已不再关注学校中的标准化考试，而是将重点放在关键技能的培养上。说到这里，隆巴尔迪提到了托尼·瓦格纳的名字，说正是他的教育思想为此地注入了创新力量。

当地教师负责为学生的学习制定目标，而学生和家长都对教师抱以充分的信任，相信他们能帮助学生达到高水平目标。加拿大也有类似于美国共同核心标准的教学大纲，但是没那么多繁文缛节，只针对每个年级和科目就能力发展水平进行简明扼要的描述。虽然加拿大不以考试为目标进行教学，但他们的学生在国际学生评估项目中的成绩依然处于世界前列。英属哥伦比亚省的大学在全球的排名都非常靠前，而且学费低廉，也不需要申请人提交标准化考试成绩。

所有这些，都发生在美国近在咫尺的邻居院子里。

WHAT SCHOOL COULD BE

INSIGHTS AND INSPIRATION FROM TEACHERS ACROSS AMERICA

10

构建社区学习圈，打造“家门口”的教育

当整个社区都能意识到重塑教育的重要性，将提升孩子的人生前景作为努力目标，创新就会自然而然地蓬勃发展起来。而若想实现一所学校的变革，同样需要动员起整个社区的力量。

如果人们对任何新生事物都抱持着排斥态度，那么变革就不可能发生。许多教育界人士都有这样的经验教训，他们知道，在面对人们的消极抵抗的时候，创新从传统模式中破土而出的难度有多大。创新过程总会不可避免地伴随着各种小差池、小问题，而这很容易引来人们的批评之声。随着时间的推移，变革的发起人很可能会被外界的负面情绪和言论彻底击垮。

如果你所处的环境鼓励创造、欢迎创新，认为挫折是进步过程中合情合理的一部分，那么事情就会完全不一样。而现实情况多少有些反直觉的意味。在一所学校中，如果有许多老师共同参与到创新活动之中，而不是只有一个特立独行的老师，孤零零一人坚持另辟蹊径，那么教育创新的实现就会容易得多。如果一个社区之中有许多学校都支持教育创新，而不是只有一所让人心存怀疑的“另类”学校在进行创新实验,那么教育创新的实现也会容易得多。有句老话说得好，“养娃还需全村人”。而若想实现一所学校的变革，同样需要动员整个社区的力量。

在纽瓦克，我们认识了一个身形瘦小，为自己的未来执着奋斗的学生——奥斯卡。奥斯卡问我，如果美国的大人们能够共同努力，是不是也能让学校变得伟大。我当时激动地答道：“我当然希望能够如此。”接下来，就让我们一起到美国各地的社区去看一看。这些社区都拥有远大的目标，都在为给当地孩子们创造更美好的未来人生而不断努力着。只要我们将社区的力量团结起来，学校就能做到让你想都不敢想的事情。这些案例并不是美国当下普遍存在的现状，但是我们可以朝这个方向去努力。回想一下美国最伟大的一代所做到的事情，我们就会信心大增。遍及美国各地的人们可以手拉手，精诚合作，帮助学校和孩子们发掘出最大的潜力。我们可以用实际行动来回答奥斯卡的问题。

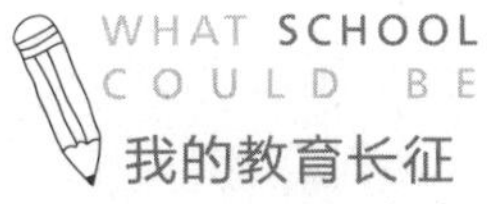

“艾奥瓦大行动”

2012 年，锡达拉皮兹市社区中的几个人想到了一个问题：“学校应该是什么样子的？我们希望孩子在接受学校教育之后能够达到一个什么样的水平？”后来，这几个人创造出了自己的比利·麦迪逊项目。项目名称起源于亚当·桑德勒主演的一部电影。影片中，桑德勒作为成年人又重新回到学校读书。他们请来了 65 位成年人，其中包括许多颇具影响力的社区领导者。这 65 个人一起回到学校，重新体验了作为学生在学校的学习生活：不只是旁听 45 分钟的课，而是全部 65 名成年人，在学校度过整整一天，接受和学生完全一样的待遇；他们要听从上下课铃声的指挥，按课程表上课；如果想去卫生间，就要拿批准条找老师签字。一排排课桌椅，一节节课程，看着课本，专心听讲。

一天的学校生活结束之后，这些成年人全部身心俱疲。教育项目的联合创始人肖恩·康纳利（Shawn Connally）说道："这65个人中有一位是公司的首席执行官，他就是利用数学知识来建立自身的商业模式的。上完数学课之后他说，这些课上学的知识毫无用处。"而这65个人，无论收入水平、性别、年龄，还是政治倾向，每一位参与者都得出了同样的结论："我们完全可以让学校做得更好。我们可以共同来制定出一个框架，帮助学生自行选择如何利用时间去学习什么内容，帮助各个科目更好地融合为一体，让学习变成一件更有意义的事情。"

怀着这样的信念，他们开启了"艾奥瓦大行动"教育计划。

经过暑期的实验活动之后，"艾奥瓦大行动"从秋季学期开始正式招生。一开始只有十几名学生报名，他们还在之前的学校继续读书，但每天都用几个小时参与"艾奥瓦大行动"之中的活动。活动没有固定的设施，也没有课程体系，而是与100多家社区组织进行合作，找出其面临的重要问题，让学生独自或组成团队来帮忙解决。这些组织包括商业机构、非营利性组织和政府机构等。学生自行选择要去攻克哪个问题，这样一来，每天最有意思的一部分时间就被学生用来提升他们所在社区的整体水平。

"艾奥瓦大行动"从锡达拉皮兹市的三个不同学区吸引资金和学生，这个项目让原本互为竞争对手的学区联合了起来。事实上，"艾奥瓦大行动"正在将锡达拉皮兹市的所有学区联合为一体。在这个组织中，学生、教师和社区机构都将自身视为团队的一部分。在参与活动的过程中，教师对学生未来长大成人需要具备的各类技能有了更加深刻的理解，也得到了整个社区的广泛尊重和支持，许多教师如今都在合作组织的董事会中任职。

与康纳利联合成立“艾奥瓦大行动”组织的特洛伊·米勒（Troy Miller）负责整个项目的合作伙伴建设工作。他将行动所获得的成功部分归功于州立法机构取消卡耐基单位（Carnegie unit），允许他们以技能熟练程度为标准为学生授予学分的决定。“艾奥瓦大行动”与众不同的评估方式很有意义。合作伙伴也会经常与师生见面，给他们提供实实在在的反馈意见。在学生工作成果质量的问题上，不存在模糊不清的判断和言论，学生必须要坚持不懈地工作，直到他们能够就合作伙伴所面临的问题交出一份令人满意的答卷，否则就算不及格。这可不是你平时见到的那些装模作样的项目结业报告，每个人都面带微笑，彼此致谢，而根本不在乎学生到底做了些什么。

项目中，学生需要自己制订工作计划，将工作分门别类地划归为各种任务，学习按要求去做事，以便取得进步。学生或是独自工作，或是组成团队，每个人心中都有一个远大的目标。教师会跟进学生的进度，让学生对完成工作的情况负责，而并不是将课堂出勤率或具体内容指标作为评估重点。这个项目并不适用于所有的孩子，至今已有 15% 的孩子由于无法胜任高度自主化的工作学习环境，回到了正常的传统学校教学环境之中。但是康纳利也说，就连这些孩子从中学到的人生道理，都比“按时交作业的重要性高出了一个数量级”。

如今，“艾奥瓦大行动”的学生人数早已爆满，还有 145 名学生在排队等候入学。至今为止的所有毕业生中，97% 的学生都被第一志愿大学录取。因为“艾奥瓦大行动”与传统学校保持着紧密合作关系，学生依然可以完成他们想要去做的大学申请材料，包括大学先修课程、绩点、学术能力评估测试和美国大学入学考试成绩等。从“艾奥瓦大行动”中走出的学生还有一份值得招生负责人多看一眼的简历。一名学生被空军学院放在了备选名单上，后又在极强的竞争压力下最终获得录取。他在向学院招生负责人介绍自己时，强调了他在“艾奥瓦大行动”中获得的真实世界的工作经历，讲到了他在团队合作过程中遇到了什么样的问题和挣扎，又学到了怎样的领导力经验和知识。对于许多雇主和大学来说，这些独一无二的体验比一份学术能力评估测试高分试卷要有价值得多。

“艾奥瓦大行动”不仅能改变孩子们在学校的学习体验，而且许多学生还能获得非常理想的暑期实习机会。“今年，我们有一位高中十一年级的学生在艾奥瓦大学附属医院找到了一份非常好的暑期实习工作，和他共同竞争这一职位的还有 17 位大学生和 13 位研究生。如果他没有在‘艾奥瓦大行动’的经历，根本不可能拿到这个实习机会。我们不能将他本人的聪明智慧归功到自己身上，但我们的确给了他机会，让他接触到各种各样的事情，帮助他成长到一个全新的高度。”米勒和康纳利说，“如果教育方法得当，那么教育就等同于经济发展。当学生和教师真的走出校门，走进社区时，在学校所受过的教育也永远不会过时。摆在学生面前的都是极具现实意义的问题和挑战，技术、项目管理、沟通方法以及各方资源。在传统的教育模式中，学习是静态的，120 多年来都没有什么变化，而在这种全新模式下，学习每天都会展现出不同的面貌。”他们还补充说：“这些孩子能打造出自己的人脉关系网，还能很自豪地树立起自己的个人品牌。他们可以从全新的角度去深入了解自己所在的社区，这一点非常重要。以前还有孩子管这个地方戏称为锡达拉‘屁’兹。现在，出去上大学的学生们都告诉我们说，‘毕业之后要是不回来利用一下这里的人脉关系网，那才是真的愚蠢’。”

凯尔来到“艾奥瓦大行动”想要学习如何创办企业，如何拓宽自身的技能范围。他创办了一个和 monster.com 差不多的网站，在比赛中拿下大奖，筹得了一些资金，但这家公司后来没有运营下去。第二年，他与当地一家大型公司合作，利用自己越来越熟练的编程和数据库技能，对公司的分布式数据库进行分析。“公司的副总裁问他暑假时有什么打算。他说：‘可能去端盘子吧。’副总裁说：‘别去端盘子了，你来我们这儿吧。’就这样，他在暑期被聘用为这家公司的全职数据科学家，专门负责写代码，对公司的业务数据进行分析。开学后，他回到传统高中上计算机科学课，却在考试中拿了个不及格的分数。如今，他成绩单上这个不及格的科目却能让他领到一份非常理想的薪水。”

埃塞克是“艾奥瓦大行动”中的九年级学生，他酷爱设计潜水装置，帮助他所在的学校为经历过童年心理创伤的学生提供更加优化的系统化支持，还完成了无人机的设计和编程。所有这些都是在短短 7 个月的时间里完成的。“我还有一个项目，是对不同种类的蘑菇进行染色体研究，并在此基础之上寻找到新型蘑菇品种的商业化策略。我的许多项目都以制作 APP 和网站为核心。通过这项活动，我了解到了几种不同的编程语言——TSS、THP、HTML 和 Arduino。”15 岁那年，埃塞克还为初中的孩子们组织了一个暑期培训班，向他们介绍各种各样的技术，包括编程、网站制作、Photoshop、无人机建造等，而这些技能都是他在“艾奥瓦大行动”中学到的。他在将知识传授给其他孩子的同时，还赚到了相当于最低工资 3 倍的收入。现在，他已经拿到了下一个暑期的兼职工作机会，周薪高达 760 美元。

埃塞克取得的成绩充分利用了他自身的科学、技术、工程和数学天赋。康纳利补充道：“我从老师的角度考察了埃塞克怎样开始着手进行他的编程项目，而学生们常常无法一下子看出其他科目能以何种方式与他们正在学习的内容结合起来，说到这里，我就想到了埃塞克的童年心理创伤项目。为了完成这个项目，他阅读了大量超出自身年级水平的文献，联系了社区中的相关资源，采访了许多成年人，也了解到了更加深入的信息。这个心理学项目实际上只有三四堂课的规划，而他在某些领域已经表现出了超越十年级学生的水平。在其他一些领域，他也接近九年级的结业水平了。他不是在每一个方面都匀速向前发展，但总体来看，他的发展速度提高了很多，发展的深度也长进了许多。"

米尔对“艾奥瓦大行动”进行了如下讲解，令我感触颇深："我离开一个富裕学区，来到这么一个存在所有顽固问题的市中心学区，贫穷、经济落后、种族关系紧张，一样也不少。这些问题都是我个人非常在意、非常关注的问题。但是之前的许多年，我只会告诉学生们，如果他们在学习上再刻苦一点，再拼命一点，将来就能找到好工作，脱离贫困。而事实并非如此。这些科目和考试的设计初衷并不是为了斩断贫穷的恶性循环。作为一名教师，我需要真正去了解雇主们想要的到底是什么，并将这些技能传授给学生们，因为他们的父母很可能做不到这一点。否则，我只能让他们对着高中课本背书，让他们为上大学做准备，而做到这一点也只不过是为了大学里难度更高的课程做准备。最终，上完所有的课后学生们依然一事无成，什么也不会。在读大学的同时，他们还会欠下巨额债务，很可能半路辍学，然后继续掉回贫穷的陷阱之中，一辈子也爬不出来。"

我问康纳利，他在工作过程中遇到过什么样的阻力。他说道："其实我们并没有遇到过多大的阻力，相反，我们总是能获得许多志愿者的支持。关键就在于，要让人们形成一个社区，在他们需要的时候提供帮助。但‘艾奥瓦大行动’太过与众不同，这令许多人都以谨慎的眼光去看待这个组织。"米勒补充说："创造一些全新的东西，总会带来意想不到的产出。从这点来看，我们的工作多少有些令人生畏。有些人觉得我们是脑子坏掉了，还有一些阻力来自那些秉承传统观念的人们。他们认为学校中的每一件事都必须按照固定的时间表进行，所有的语文课都必须要读够多少本书。在他们的价值观中，只有自己是正确的。但那并不代表我的价值观，也不代表商业社会的价值观。其他学校可能会对关于考试和打分的历史性谎言深信不疑，我不知道这种信念从何而来，为什么存在，但是，肯定有人从中大赚其钱。”

米勒总结道：“每次看到那些不会替孩子着想的家长我都不知如何是好。家长的心里充满了恐惧，他们害怕改变，害怕创新教育的经历会影响到大学录取。这些家长毫无远见。我认为，真正展开变革的原动力不应该来自学校内部。整个社区都应该站出来，公开表明态度，告诉这个世界，我们的学生在学校所受的教育根本无法让他们准备好迎接未来的生存与发展。”

现年 39 岁的瑞安·怀斯（Ryan Wise）看起来还是一副大学生的模样，他曾经在密西西比州担任“为美国而教”组织的教师，还拿到了哈佛大学教育研究院的硕士文凭。如今，怀斯是艾奥瓦州的教育局局长，他的工作重点是以能力为基础的教育、低年级读写教育、教师领导力与薪酬体系以及艾奥瓦州未来预备计划。在讨论未来预备计划时，怀斯引述了乔治城大学的一份研究报告。这份报告总结称，到 2025 年，美国所有职位中的 70% 都需要雇员拥有高等教育文凭。

我对这项研究中的假设及结论提出了疑问，怀斯却是一副毫不动摇的态度。后来在得梅因社区组织的一次论坛活动中，我介绍怀斯认识了埃塞克。听过埃塞克的介绍，怀斯的想法也出现了微妙的变化。埃塞克向他讲述了自己作为高中九年级学生已经掌握的一些技能，这令怀斯惊叹不已。埃塞克在 15 岁时就比绝大多数的大学毕业生拥有更强的优势，能找到好工作，成为一名拥有独立而深刻思想的合格公民，可以通过自己的行动让世界变得更美好。未来，埃塞克也很有可能会去读大学，但他在“艾奥瓦大行动”中所受到的教育将令大学不过是摆在他面前的诸多可选项之一。

你的学校不一定非要取得像锡达拉皮兹市的比利·麦迪逊项目这样声势浩大的影响力，可以从小事做起，利用 School Retool 这类工具来帮助自己实现成长。School Retool 是斯坦福设计学院、休利特基金会（深入学习行动的资助方）和 IDEO[①] 共同创立的一家非常优秀的非营利性组织。School Retool 的使命，是帮助学校建立起创新文化。其中，“学生影子行动”已经让数千名校长站在学生的立场、从学生的角度来度过一整天的学习和生活，之后再将自己的感想与整个社区的人们分享。利用 School Retool 这类资源，你可以邀请社区领导来学校，做学生或老师的影子。就像锡达拉皮兹市的社区领导者一样，这些人也很有可能会成为你最忠诚的盟友。

亚特兰大实验室

因为发现传统学校不能很好地让孩子们准备好迎接当下这个瞬息万变的世界，劳拉·戴斯利（Laura Deisley）在结束 13 年的商业生涯之后，决定转战教育界。她在一家顶尖私立学校负责战略创新，后又于 2012 年联合发起了“亚特兰大 K-12 设计挑战赛”，将设计思维和创新技能注入当地的公立学校和私立学校之中。在这些成功经验的基础之上，她又向前迈出一步，打造出了一种全新的学习模式，凭借更加融合的学科内容实现以项目制学习和以选择为基础的学生学习体验，并为学生和学校之外的专家与世界建立联系。

① IDEO 是全球顶尖的设计咨询公司，以产品设计及创新见长。由 IDEO 公司责任首席执行官蒂姆·布朗著作的《IDEO，设计改变一切》一书文中简体字版已由湛庐文化策划、万卷出版公司出版。——编者注

戴斯利创立的亚特兰大实验室（Lab Atlanta）是一家位于亚特兰大市中心的学期学校[①]，来这里读书的都是高中十年级的学生，他们来自整个大都市地区的各个地方。在这里，他们有机会将亚特兰大想象成一处没有墙壁的教室。学生自行创建项目，帮助他们所在的城市开拓出具有可持续发展性的未来，去应对空气和饮用水质量、公共交通、共享能源和贫困问题等。亚特兰大实验室的跨学科课程极富挑战性，要求学生进行研究、思考、辩论等活动。他们将当地的年轻人聚集在一起，帮助他们学会用同理心去看待这个城市和他们所在的世界，而不是摆出一副事不关己的态度。同时，亚特兰大实验室还会着重培养这些学生的设计和创新技能，通过这种方式来搭建桥梁，孕育希望。

来亚特兰大实验室读书的学生们并不需要承担多大的风险，因为在这里只需要花上一个学期的时间，而不是整个高中阶段的整整 4 年。而且，十年级是高中阶段最灵活的一年。一些有体育特长的学生也可以在十年级阶段来选择学期学校，因为他们此时一般不会去参加一些级别比较高的比赛。亚特兰大实验室提供非常有吸引力的奖学金，吸引到了能充分反映出亚特兰大本地多元化特色的学生群体。这里如同一个大熔炉，背景各异的孩子们在这里共同生活，共同协作，建立起维系一生的友谊。

亚特兰大实验室每学期接收 100 名学生，虽然这个规模听起来不大，却是一个绝顶聪明的“特洛伊木马”战术。每个学期，实验室都会开办“展览之夜”活动，学生们要向他们的朋友、家人、教师、学校管理人员，以及来自亚特兰大各地具有影响力的社区成员展示自己的作品。通过向整个城市展示 PEAK 学习的影响力，

① 学期学校，让中学阶段的学生利用一学期的时间，走出传统学校，体验一种完全不同的教育环境，同时又不打断传统学校的学术进度。学期学校的课程设置包括大学应试、跨学科教育和实验性教学等类型。——译者注

亚特兰大实验室也正在积极重塑着这座拥有600万人口的城市的教育理念。

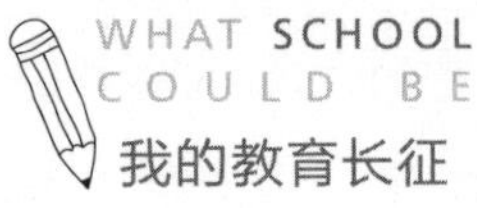

俄克拉荷马创意组织

“俄克拉荷马创意组织”这个名字听起来颇有些自相矛盾的意味。如果你没有来过俄克拉荷马这个地方，很可能会觉得这里一片贫瘠，满目烟尘，热浪滚滚，什么也没有。但事实上，这个地方孕育着生机勃勃的创造力。到这里走一走，真是不虚此行。

俄克拉荷马州这幅生机勃勃景象背后的驱动力要归功于肯·罗宾逊爵士（Ken Robinson）[①]推出的教育理念。罗宾逊成长于英国工薪阶层家庭，4岁时不幸患上了小儿麻痹症。后来，他成了举世闻名的演讲者，始终在呼吁创造力的重要性。2006年，罗宾逊在TED年度大会上发表了“学校扼杀创造”的主题演讲，激起了人们的强烈反响。他利用闲庭信步式的英式幽默，对标准化教育给予了迎头一击。“我们用教育的手段剥夺了人们的创造能力。**毕加索曾经说过，所有的孩子天生都是艺术家。问题就在于，我们如何在成长过程中守护住内心的那个艺术家。**我对此怀有强烈而执着的信念，那就是，在成长过程中，我们的创造力不是在逐步增强，而是在不断退化。或者说，我们的创造力在受教育的过程中被剥夺掉了。”

罗宾逊演讲所传达的信息是一股强大的助推力，始终支持着学校的变革。他

① 全球最具影响力的教育家、排名第一的TED演讲人，其教育创新五部曲之《让学校重生》《让天赋自由》《让思维自由》《发现天赋的15个训练方法》中文简体字版已由湛庐文化策划、浙江人民出版社出版。——编者注

的演讲在线播放次数已经超过 5 000 万次，虽然时隔多年，但其内容如今依然适用。每次遇到教育界人士，如果发现他们没有听过罗宾逊的演讲，我都会觉得很奇怪。而我还遇到过一位手中掌握教育大权的美国参议院高级官员，他说自己从来没听说过罗宾逊的名字。在我看来，这就好像是在摇滚名人堂评选委员会中任职，却从来没听说过甲壳虫乐队一样。

俄克拉荷马创意组织网站的 URL 也充满创意色彩：这家组织每年都会为那些能创造出特色学习环境的创业者、学生和企业机构授予奖项。他们推出的“俄克拉荷马创新系列活动”吸引了来自世界各地的领导者前来分享自己对创造力的看法和见解。他们还在俄克拉荷马州各地组织各种大大小小的交流活动，提供资金，支持研究和培训，帮助教育界人士和商界领袖掌握创造力培养的真谛。通过大胆和激进的手法，他们正在改变着俄克拉荷马州的创造力版图。同时，俄克拉荷马创意组织也在关注着一个如今所有组织都面临的问题——富有创造力的雇员极端匮乏。一次论坛活动中，一位来自顶尖国防承包商的高层领导人对我说：“在我们公司，如果申请人的大学绩点低于 3.75，人力资源部连面试机会都不会给他。而我们最大的顾虑就是员工整体缺乏创造力。这次讨论让我想到，我们很可能将最具创新意识的申请人早早就排除在外了。”

俄克拉荷马能从最不经意的资源中汲取价值。俄克拉荷马州地处平原地带，也是美国奥林匹克运动队“激流训练中心”的所在地。此处经常受到恶劣龙卷风天气的侵扰，于是便建成了“国家气候博物馆”。一眼望不到头的 66 号公路在州内的长度约为 600 公里，沿途建有许多各具特色的博物馆、汽车餐厅、电影院以及老式加油站。1995 年，俄克拉荷马市的阿尔弗雷德·穆拉联邦大楼遭受恐怖爆炸袭击，168 人遇难，680 人受重伤，16 个街区范围内的 324 栋建筑都受到了不同程度的损坏。

如今，这个地方建起了壮观的俄克拉荷马城国家纪念博物馆，以纪念并缅怀在那次爆炸事故中遇难的无辜民众、幸存者和救援人员。博物馆的教育方式很有特色，馆内有着令人叹为观止的展览布置，并提供虚拟互动设备。参观者可以以法医的身份进入一个犯罪现场，自己亲自动手收集并分析指纹，采集牙石样本，利用常见的工具来提取DNA。孩子们都兴致勃勃、沉浸其中，实实在在了解到了在由美国公民犯下的史上最大恐怖袭击案件的破案过程中，化学和生物学知识是如何在法庭上给肇事者定罪的。这个博物馆“为了人们能拥有更加美好的未来，讲述着一个必须讲给孩子们听的故事”。

俄克拉荷马创意组织正在帮助学校以更富创造力的方式去思考、计划和行动。他们正在将体验式学习推广到遍及全州的每一所学校，同时大力宣传艺术教育的重要性。他们为研究提供支持，为学生提供能促进培养协作精神的项目，并为奖励学生的创造性而颁发奖项。他们正在帮助学校推行下一代评估方法，这种新的评估方法能够识别出学生学习成果中的真实能力和创造力。俄克拉荷马创意组织正在用富有创造力的手段开拓出一条通往前方的道路，不是只有少数几所学校参与其中，而是遍及整个州的所有学校都在共同行动。

在踏上为期一年的教育长征之前，我本以为会在那些科技产业遍地开花的进步地区看到教育创新的最佳案例，比如马萨诸塞州、加州和纽约等地，而那些保守的州在面对学校问题时，也会持同样的保守态度。但当我真正深入各个地方时才发现，像北达科他州、肯塔基州和俄克拉荷马州等地，竟然孕育着如此美好、如此生动的创新动力。而那些充斥着高科技创业企业的地方，总体来看在重塑学校的行动力上非常滞后。我想，也许正是因为这些地方的人们都是旧有模式中的佼佼者，所以才会在教育问题上因循守旧吧。

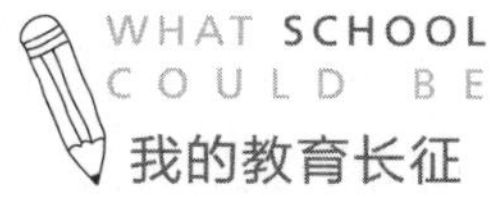

钢铁之都的华丽转身

匹兹堡市散发着一股浓郁的社区气息。整座城市从破败的钢铁之都华丽转身，一跃成了如今这个因建筑作品而大放异彩的所在。这里的人们都对当地的球队报以极高的忠诚度，此处还拥有多家服务于当地的公益组织。遍览美国，匹兹堡市非常突出，能很好地将社区的力量团结起来，共同重塑孩子的学习体验。如此看来，匹兹堡市能取得如今的成绩一点都不奇怪。

匹兹堡市的基金会都将关注点集中在当地的问题上，沿袭着本地悠久的历史与传统。活跃在教育领域的领导机构包括格雷伯基金会，这是一个匹兹堡当地的基金会，在 20 世纪 30 年代由一位风险投资家的遗孀创立。当时，这位风险投资家因投资了一个名叫乐柏美（Rubber-Maid）的初创公司而身价倍增。格雷伯基金会的首席执行官名叫格雷格·贝尔（Gregg Behr），他为人谦逊，脾气温和。贝尔于 2006 年加入基金会，他能力出众，拥有卓越的领导天赋且颇具亲和力，让人忍不住想亲近。他真应该感谢自己的父母，没有给他取和我一样的名字[①]。加入格雷伯基金会之时，贝尔在匹兹堡各地走访了一圈，悉心倾听了来自教师、图书馆管理员和从事青少年工作的人士对教育所持的意见和见解，以便他所在的基金会能够找到为当地作贡献的最佳方法。

贝尔经常听人提起，如今孩子们的学习方式已经发生了巨大变化。“很多人都告诉我，他们现在和孩子们沟通的方式与一两年前完全不同。”他也与学习方面的专家进行了交流，最终发现，现在的孩子们“与以往产生了巨大的差异。孩

① 本书作者的英文名叫 Ted，而 Ted Behr 和 Teddy Bear 谐音，意为泰迪熊。——译者注

子们形成个人认知、构建目标及利用和产出信息的方式都在快速变化，而这种变化背后的驱动力是技术产品的快速迭代。这种现象让我不得不停下来进行思考，因为如果孩子们从本质上产生了很大的变化，那我们就要去想一想，如何才能帮助他们用与以往完全不同的方式去学习”。

2007 年，贝尔请了十几位朋友来到帕米拉餐厅共进早餐，就未来学习这个话题进行交流。这场“电光四射的对话”最终将人们团结起来，组成了一个“孩子 + 创造力”小组。随后，小组的规模如滚雪球般越来越壮大。他们还从匹兹堡交响乐团借来了一面锣，举办了一场活动，要求“人们在三分钟之内完成一段立意鲜明、切中要害的讲话。如果超时，台下的人们就会敲响锣声，将台上的演讲者赶下台”。这样的聚会活动逐渐发展成了匹兹堡市的“重造学习网络”（Remake Learning Network）。如今，这个网络已经包含了 250 所学校、博物馆、图书馆、学习中心以及来自各行各业的 3 000 多名活跃的专业人士。贝尔说道：“我们一开始并没有想着创建起一个这么大的组织，我们只不过是想为孩子们做点正确的事情。”

在联盟发展的过程中，他们刻意接纳了“语言中的混乱与模糊。在‘重造学习网络’中，我们不会就某个具体定义而拘泥和纠结。如果说科学、技术、工程、数学、创客，或技术增强型学习等这些新式教学法让你觉得很好，那么我们同样也觉得很好，只要这些教学法从本质上支持与时代相吻合的学习，就值得我们支持。这也就是说，只要能够鼓励学生在学习过程中动手做事，培养出批判性思维、拆解式问题解决能力、迭代式设计思维和协作式学习等方面的能力，就是好的教学法。‘重造学习网络’就是一个兼容并包的大家庭”。

“重造学习网络”致力于为匹兹堡市的所有孩子提供诸如创客空间、机器人项目、玩具设计、多媒体工具等各类资源。他们希望让学习的过程变得真实而富有原创意味，让孩子们被真心懂教育、爱孩子的成年人所包围。而这些成年人也都认同一个道理，即如果孩子因为某次体验而产生了乐趣，那么就抓紧机会，以此为基础加以深入引导。他们为教师提供职业培训资源，并为教师提供充分的发展空间，促使他们成为“重造学习网络”中的领导者。他们建立了一套资质和勋章体系，以认可和奖励孩子们身上不断发展成熟的各项技能。他们还利用自己所在的城市资源，将教室中的教学活动与 200 多家合作伙伴机构连为一体。这些合作伙伴为学校和孩子们提供了强有力的支持，比如鸟脑技术公司（BirdBrain Technologies）就为匹兹堡市的图书馆捐赠了 1 000 台机器人。

几年前，“重造学习网络”主办了一场活动，邀请匹兹堡市各个学区的督学与卡耐基梅隆大学娱乐技术中心的联合创始人唐·马里内利（Don Marinelli）面对面交流。巴特·罗科（Bart Rocco）也来参加了这次活动，他是匹兹堡市一个低收入地区——伊丽莎白福特学区的督学。而昔日，此地曾是莫农加希拉河谷一处繁荣的工业中心。在交流过程中，罗科得到了很大的启发，于是从格雷伯基金会那里申请到了一笔小额拨款，并按照卡耐基梅隆大学娱乐技术中心的样子创建起了教学空间。

贝尔说道：“一年之内，学区里 25% 的学生都参加到这个组织之中。你一下子就能感觉出来，他们正在做一件很了不起的事情。”随后，“重造学习网络”又在动手学习、创客空间和技术实验室等项目上进行了投资，暑期学习项目的参与人数增长了 500%，周边特许学校的入学率下降了 2/3。原本每年都会有几十位辍学生，现在一个辍学的都没有。虽然他们不以考试为目的进行教学，但学生的总体成绩还是提高了许多。他们创建了一个孩子们都发自内心想来上学的环境。“重造学习网络”所取得的进步也感染到了周边的其他学区，从那之后，匹兹堡陆续有67个学区都拿到了类似的小额拨款，不断点燃着学校之中的创新火种。

学校只不过是学生学习知识技能的诸多地方之一，而“重造学习网络”正在帮助家长和看护人利用课余时间为孩子提供支持。贝尔知道，如果需要影响到家长，他们“需要与杂志社和广播电台等媒体机构建立合作关系，在影响家庭的过程中利用一些更加个性化的方法”。在这些想法的基础之上，“再造学习周”活动应运而生。在再造学习周开始之际，我应邀来到匹兹堡市，在卡内基科学中心放映纪录片《为孩子重塑教育》。走进这座拥有古典特色建筑的美丽城市我发现，“再造学习”的横幅和标语随处可见，都是在宣传这个既富有节日色彩，又带有职业发展特色，并且以动员全社区共同庆祝学习成果为目标的“再造学习周”活动。贝尔原本的“想法是在学习周期间举办100场活动。但没想到，一周时间下来，全市总共举办了近300场活动，有近3万人参加。我们还聘请了社区活动组织人员，确保在低收入地区和农村地区也能举办活动并组织起相应的宣传。在参与程度较高的全部7个地区中，有6个都是低收入地区。最终，我们获得了来自97个不同组织的140笔承诺款，总额达到2 500万美元。这些资金都是为了支持‘再造学习网络’在接下来一年的活动和发展的”。

过去10多年来，格雷伯基金会为“重造学习网络”总共投入了约2 500万美元的资金支持。贝尔说：“我喜欢在当地做工作，这样可以深入到社区之中，与人们搞好关系。我们之所以能够取得今天的成就，更是因为耐心等待了10多年，并且在这10多年间不断地与人建立信任关系。我总是跟别人说，我不知道在其他城市是不是也要花上这么长时间，但用这样的方式对社区进行投入，的确需要耐心等待才能盼到开花结果的那一天。”格雷伯基金会取得的令人瞩目的工作成绩吸引了来自美国各地的访问者登门拜访，向他们求教如何才能调动起人们的积极性，相互协作，共同提升社区之中的学习氛围。

最后，贝尔对我说："我有两个女儿，一个 5 岁，一个 2 岁。如果他们将来上学时的学习体验与我没有差别，那我就真是太对不起自家孩子了。"

在正式踏上此次教育长征前，我和妻子讨论了这趟行程对家庭生活可能带来的种种挑战。她非常支持我做的事情，但也提出了几点要求：节日期间，我必须回家和孩子们过节；如果双方年迈的母亲身体状况不佳，我必须回家。她还提出一个请求，问我能不能以夏威夷作为此次教育之旅的终点站，并在那里与我共度一周的假日时光。于是，在我看来，到达火奴鲁鲁就意味着此行圆满结束。亲眼见证了如此之多的教育故事后，我本以为自己会以一副饱经沧桑的面孔来到夏威夷，不会再为哪个故事或者哪个人而感动。我的计划很简单，无论怎样，一定要咬牙坚持走完这场教育长征，然后就是舒适的放松时间，和家人享受美好的假日时光。夏威夷，就是我抵达成功彼岸的最后一站。

没想到的是，夏威夷却给了我意外的惊喜。

到访夏威夷好几个月之前，我的团队就经常对当地一位名叫乔希·瑞鹏（Josh Reppun）的志愿者和他对纪录片《为孩子重塑教育》在夏威夷播放的大力支持给予极高的赞誉。瑞鹏曾是一名教师，后来成了欧胡岛苹果旗舰店的一名销售顾问。他的女儿已经 25 岁，在美国大陆过着自己的生活。他与夏威夷的学校并没有什么直接的关系，却花了大量的时间为提升夏威夷州的学习水平而不断努力着。在我为期一周的拜访过程中，他负责安排了整个行程，其中还穿插了几场别开生面的活动——就未来教育话题而展开的 11 人网上直播，与学生和人力资源专家就如何设计现代化简历而召开晨会，以及以纪录片剪辑为主题的家长工作坊。而且，他还以我对夏威夷的访问为基础拍摄了一部名为《学习之旅》(*Ka Helena A'o*)的纪录片。

瑞鹏坚持要安排我与夏威夷州州长戴维·伊格（David Ige）夫妇见面。我本以为这个会议多半属于公事公办的那一类，但是在离动身前往火奴鲁鲁只有 4 天时瑞鹏告诉我说，与州长的会议时间目前只能安排在母亲节的早上。当我们来到州长宅邸时，我本以为会像在夏威夷其他地方一样，不过是有些打招呼、献花环等固定流程。但是一个半小时之后，我开始真正明白了夏威夷的不同之处。

夏威夷州州长夫妇拥有在技术领域、创新领域和教育领域的丰富经验，对教育话题有着许多真知灼见。州长夫人曾担任过多年的小学教师，对教室中的教学实践、学生潜能的开发以及考试和问责制政策的影响等话题，都提出了独到而深刻的见解。虽然许多人认为伊格州长为人含蓄，但在我们的交流过程中，一说起教育对夏威夷州的重要性以及对创新动力的需求，他就开始滔滔不绝。讲到自己坚持支持了 20 多年的一位名叫坎迪·苏伊索（Candy Suiso）的教师时，他更是真情流露。

1997 年，苏伊索利用被人遗弃的照相设备和一个空闲的储物间，在怀厄奈高中（Wai'anae High School）创立了一个学习项目。这所高中位于欧胡岛最贫困的社区之中。如今，苏伊索的项目已经占据了整整两栋建筑，还有一座全新的建筑正在拔地而起，即将全面投入她的项目之中。在这里，苏伊索和她的 250 名学生将时间完全投入新闻、视频制作、网站设计、平面设计、数字化营销和创新创业的学习之中。她的学生浑身散发着巨大的能量和热情，许多人都荣获过各类奖项。在全美范围的学生电视网络大赛中，40 位来自怀厄奈高中的学生带来了令人惊艳的作品。其中一位观众问道：“这些孩子是不是来自夏威夷州顶尖的私立高中？”这就是人们心中挥之不去的刻板印象。苏伊索极具变革意义的学习项目为夏威夷的各个岛屿带来了全新的职业和商业契机，帮助她所在的州成长为媒体艺术的全球领导者。

在瑞鹏的帮助下，我遍访夏威夷的各个岛屿，走进了一所又一所当地学校，既包括公立学校，也包括私立学校和特许学校，见到的孩子们也有着各式各样的成长环境。这些孩子都在用不同的方式展示出许多令人瞩目的成就。其中一所学校在夏威夷辽阔的太平洋海域中利用双体筏帮助学生进行体验式学习。另一所位于大岛科纳海岸的学校以大自然为主题，在校园内以《创智赢家》这个真人秀为模版，举办了自己的“创智赢家”活动。一所学校的几位学生记者组成的团队对我进行了采访，并且在夏威夷公共电视网支持下，制作了一则新闻报道。大岛的一所学校拥有一处规模壮观的科学中心，里面集中展示着世界级的学生科研成果。还有一所初中以应对关键问题的学生小组为单位，形成了独特的组织结构。这一连串的走访如同在国庆节观看焰火表演，一道绚烂的创新烟火还没散尽，另一道美妙的火光又直射云天。

在校长基思·哈亚什（Keith Hayashi）的领导下，怀帕胡高中（Waipahu High School）取得了令人瞩目的成果。一位学生告诉我，他为自己所在的社区而感到骄傲，“我们很清楚，整个夏威夷州的人都将此处视作夏威夷的贫民窟。我们知道自己的家庭非常贫穷，但我们也相信自己能在人生中取得伟大的成就，而且在这个过程中，我们能得到家人和同学的支持”。怀帕胡高中将学术学习与职业发展紧密结合为一体，形成了艺术与传播、商业服务、健康服务、工业工程技术、自然资源和公共与人力服务等几个学科类别。一支由怀帕胡高中学生组成的团队在 Verizon 手机应用挑战赛中荣获“用户最佳选择奖”全州第一名的好成绩，而这个手机应用能十分有效地帮助学生和教师与学校管理层就学校之中的大事小事进行及时、私密的沟通。

哈亚什向我介绍了这所学校全部 4 年的学习安排。在前两年，学生以学术学习为主业。学校实行书院制，每个书院都能获得来自教师和其他同学的支持。高年级学生可以选择不同的职业发展路线，而每一类职业规划都与当地的商业合作伙伴和以现实世界问题为基础的学习方案紧密联结为一体。还有约 400 名学生会在这个阶段提前进修大学课程，要么是在里沃德社区大学（Leeward Community College），要么是在夏威夷大学西欧胡岛分校，而学费则由慷慨的麦克纳尼基金会（Mclnerny Foundation）来提供。

几位怀帕胡高中的学生已经成为“以人为中心”设计理念的专家。而在“以人为中心”的设计理念这个领域，首屈一指的先锋机构就是 IDEO（见图 10-1）。IDEO 是一家顾问公司，总部位于硅谷，为乔布斯发明出电脑鼠标的公司就是 IDEO。这些学生对 IDEO 设计流程的讲解，其深度与清晰度完全不逊于 IDEO 的内部专家。同时，他们还会将理念贯彻到行动之中。最近，他们在当地举办了一场活动，纪念在战争中牺牲的校友。一个小时之内，这些学生就想出许多新颖的点子，在分析和比较之后放弃了其中不那么出彩的思路，而将几方面的优秀想法整理成为最佳方案，最终得出了一致的结论：在当地火车站旁边修建一个纪念公园和林荫小路，每一棵树和每把长椅都代表一位牺牲的官兵。每一把长椅上都会配一块标志牌和一个二维码。扫描二维码，人们就能看到这位牺牲官兵的照片和他的故事。

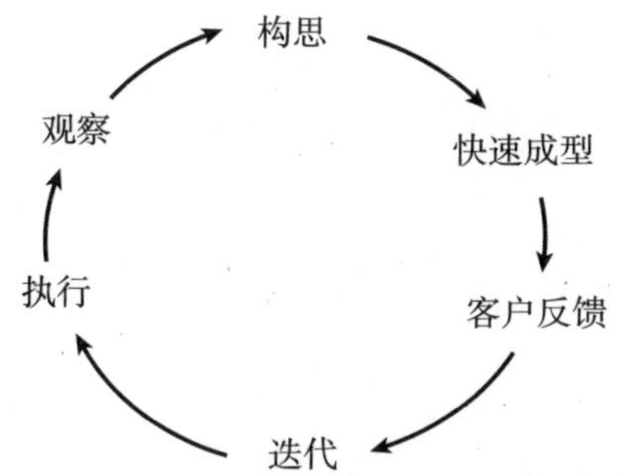

图 10-1 IDEO“以人为中心”的设计流程

资料来源：IDEO 以人为中心六步设计法：如何做出人们想要的设计；www.usertesting.com，2015.6.9

我鼓励这些学生利用他们在设计思维方面的专业技能，利用暑期时间外出打工。他们可以去夏威夷电力公司推销一整套设计思维流程，以调动起青少年的积极性，共同参与到居民用电管理之中。他们还可以为当地的银行创建一个项目，帮助这些银行与青少年建立起可以持续一生的客户关系。我对他们说：“可以以你们刚才向我介绍的内容为基础，准备一份介绍材料，利用你们的人脉关系找到公司的首席执行官，向他们做介绍。之后对他说：‘我们对这样规模的项目官方收费是 25 000 美元，但因为贵公司极富社会责任，我们决定打个折，只收一万美元。’”

这些怀帕胡高中的孩子都对自己的家庭、教师和学校怀有深深的感激之情。我注意到，在朴实无华的校园中，孩子们会随手在路边捡起垃圾，让地面保持整洁，而这种现象在其他高中很难见到。这些孩子都活得很认真，都在努力让自己未来的人生更加充盈，更加美好，让自己所在的社区为他们而骄傲，也都在以自己学校的座右铭为人生指导：“我的声音，我的选择，我的未来。”

在火奴鲁鲁的中太平洋学校（Mid-Pacific Institute）校园中散步时，我遇到了高中部校长汤姆·麦克马纳斯（Tom McManus）。他说，他学校的老师一直在思考一个问题："对于你所负责的科目来说，什么样的教学才称得上是高质量教学？"这并非他们午餐时间随意聊起的话题。老师们之前已经在这个话题上总共进行了 6 次长达 3 小时的讨论会。会上大家一致认为："关于教学质量的讨论值得一直继续下去，还要定期拿来重新讨论。这个话题是将教师提升到职业人士高度的关键"。

为了找到这个问题的答案，中太平洋学校将教师置于领导者的角色上，让他们负责定义所在学科高质量教学的标准。举例来说，"语言艺术课的老师们将所有 K-12 班级中的写作范例全部拿了出来，集体将其按照'低、中、高'三个等级进行分类。之后，教师们再从每一份作文中找出依据，说明为什么这篇作文属于某个等级。而每个等级也都会指定几篇作文作为范例。同时，教师们还会在低、中、高三个等级的作文中具体指出不断累加的进步点在哪里。这些作文范例就是学生拿来参考的指导，依据这些范例，学生们就可以对自己的作文质量进行自我评估。因为作文范例是按照不断上升的级别来列举的，所以学生就总能找到再上一层楼的标杆，并以此为脚手架，不断进步"。

我向麦克马纳斯介绍了新罕布什尔州所采用的下一代评估方法，与他们的方法有很多相似之处。麦克马纳斯还强调了学生亲自参与评估过程的重要性："学生需要知道高质量的学习成果是什么样子的。他们要有充分的时间，以这些高质量学习成果范例为努力目标进行练习，并对自己接下来的学习进度负责任。我们认为，在学习过程中对学生的每一步都进行打分和测评会打击学生的积极性，也会对终身学习这个远大目标造成负面影响。"

中太平洋学校在学习成果质量方面的探索，自然而然地引出了"成绩"这个话题。麦克马纳斯说："评估是驱动教育向前发展的力量，而绝大多数教育界人士都不愿去正视评估的复杂性。”中太平洋学校的老师在搭建起评估框架的同时也意识到，学生的成绩可以反映出其他一些与学习成果不相关的因素，例如努力程度、积极的态度、坚持不懈的精神、出勤率、课堂参与积极性，以及在规定时间内完成任务的能力。还有一些东西是他没有提到的，比如学生投机取巧的现象。虽然上述内容有许多都是非常重要的人生技能，但麦克马纳斯也认为，这些软技能不应该成为决定学科成绩的关键因素。举例来说，有一个学生在所有科目上都能完成极高质量的作业，但是每次交作业的时间都会比其他同学晚一些。那么，是应该给这个孩子的成绩单都打上 B 或者 C，还是应该在每个科目上都给他打 A，而在时间管理这一项上打 F？

这场关于学习成果质量的对话也让我能借此机会对一年来就学习质量问题的所见所闻进行总结，我认为学生的学习成果质量可以分成两大类：直接质量和间接质量。

直接质量：可以对质量进行直接评估的学生学习成果，例如艺术课程（摄影、电影、舞蹈、戏剧），职业课程（焊接、计算机编程、木工），课外活动（校报编辑、年册制作、体育运动），主流人文课程（深度论文、创意写作）。

间接质量：学生按部就班地学习内容、概念、公式和解题步骤，教师对学生的记忆能力、规律识别能力以及在有限的范围内修正错误的能力进行测试。这类学习成果间接反映出了学习的某些方面，但并不能产出任何原创性的思想或作品。一直以来教育界都假设，学生在间接质量学习成果上所取得的进展，可以帮助他们在未来的某个时间点产出具有直接质量的学习成果，但该假设尚未得到验证。

我经常向别人问起这样一个问题：“你的学生时代有哪些经历塑造了你，让你成了如今这个样子？”所有的成年人无一例外都会想到那些与直接质量密切相关的学习成果，而初中和高中阶段的学生也几乎无一例外提到了那些间接质量的学习任务。这就是 PEAK 与反 PEAK 之间的矛盾之处，也是教育界上演的一场“双城记”。

我在夏威夷的最后一场官方活动，是为此地最具影响力的一批领导人播放纪录片《为孩子重塑教育》。一年的教育之旅下来，我总共放映了 75 场电影，而这最后一场让我内心多少有一点大功告成的喜悦。我向观众介绍了这部电影，坐在席中看了几分钟，确定音效没有问题后便起身离开，去外面散步。走到停车场时，我突然看到一位长者提前退场也走了出来。这可不是什么好事情。他看到我，于是过来和我聊了两句。原来这位长者是夏威夷电力公司的首席执行官。他说道：“我之前看过这部电影，非常喜欢。今晚之所以来到现场是为了给创新教育站台，这一点非常重要。但是我女儿刚刚打电话来，说她马上要生孩子了。我不得不提前离开去见证我外孙的出生，希望你能理解。”

我真希望这最后一场电影放映活动能够取得圆满成功。每当播放纪录片时，我都会在放映厅和观众共同观看最后 5 分钟。我从不会提前透露电影结局，而每次看到结尾的一段都会让我心潮澎湃，即使看了这么多遍也从没觉得厌倦。当晚，随着电影进入尾声，我对坐在旁边的陌生人说：“接下来就是电影最动人心魄的时刻了。”说完这句话的时候，正好赶上电影的旁白讲道“这一不可否定的事实”。而就在那一刻，DVD 卡住了。这么多场顺利放映之后，作为这次教育长征路上的最后一场活动竟然出了故障，这实在是让人无法接受。我本以为清理一下 DVD，跳过几秒钟就能很快解决问题。但在技术人员埋头捣鼓了 10 分钟之后，我们还是无法继续播放。没有办法，我只得走上台前，将电影的最后几分钟口述给在座的观众，一字不落地将电影的旁白讲了出来。随后，我与在座的各位有能力在夏威夷地区掀起变革的领导人进行了一场别开生面的讨论。

当晚的活动结束时，一位富有同情心的领导发表了最后感言：“DVD 中途停掉也可以算得上是一桩幸事，更是一个美好的预兆。我们在夏威夷还有太多亟待完成的工作，我想让我们的学校变得更伟大。真心希望你以后能经常回来看看。”这个富有创意的善举给我解了围，也为我在这个美丽的地方，为这趟行胜于言的教育长征画上了完美的句号。

我答应妻子，在夏威夷度假期间绝口不提“教育”二字。但是，当我们来到可爱岛北部，和十几位陌生人共同乘坐游艇出海时，这个话题又在不经意间冒了出来。与我们同行的一位女士说到，她将毕生事业都奉献给了教学工作，但在两年之前选择了提前退休。我当时真有一股加入讨论的冲动，但妻子凶猛的胳膊肘迫使我保持了沉默。于是我继续听她讲道：“教学曾经是一门富有艺术气质的职业，而现在，老师们全都在围绕着标准化考试打转，所以我只好早点退休了。”那个时候，我好想告诉她，遍及整个夏威夷州的学校，遍及整个美国的学校，正在孕育着多么生机勃勃的创新火种。我好想告诉她，就在不远的将来，我们的学校会变得多么美好和伟大。

圆满的句号

在南达科他州，我遇到了点小麻烦。在教育之旅启程的第二周，我就在此处待了两天时间。我自己把行程搞乱了，只得在那里硬着头皮给几所学校的老师打电话，最终却没能找到任何与创新相关的体验。在纪录片中，有一名学生屡遭失败，最终却坚持完成了自己的项目。我觉得自己应该以他为榜样，向他学习。于是，在此行正式结束之后，我又重返南达科他州，算给自己一个交代。

深入南达科他州的旅程着实让我颇费周折。一年的旅途劳顿之后，我拖着疲惫的身躯来到拉皮德城，租了辆车，一路南下，来到摩尔多城。在睡了几个小时后，我一大清早便起身赶往花蕾印第安保护区，向那里的印第安人部落首领介绍学校创新的各种可能性。部落首领与当地的汽车修理店一直保持合作关系，他一直在呼吁让高中生到当地的商业机构中去做学徒。这件事听起来可能微不足道，但从中也能反映出草根阶层在教育孩子方面所采取的一些创新手段。

当天下午，我又驱车赶往皮尔城这座南达科他州风景优美的州首府，与州教育局局长梅洛迪·萧普（Melody Schopp）见面。由于在南达科他州出现过好多次差池，我本以为这次会议也会临时出点什么状况，但事实上，萧普非常了不起，会议也非常成功。她思路清晰、精力充沛，可以说是我在遍及整个美国每一个州所见到的优秀教育界人士的典型代表——才华横溢、非常敬业、富有远见，在用尽一切资源和力量为我们的孩子闯出一条通往未来的最佳道路。

就这样，从正式和非正式两个角度来看，我的教育长征都画上了圆满的句号。

好吧，也许我真的应该以夏威夷作为此次教育长征和这本书的终点站，因为夏威夷有着那么多令人激动的创新故事。而南达科他州也不容忽视，这里的学校和人们在不断提醒着我们，未来还有太多的工作需要去做。美国各地到处是充满创新精神的教师，他们为教室中的孩子们带去了学习动力。但有时，“酒香也怕巷子深”。我们能做的就是继续为他们加油助威，让他们的灵感为更多人带来启迪。

让更好的教育来得更快

之所以决定踏上这次教育长征，是因为我有话想对大家说，我也有太多不懂的东西想要去学习。我想对人们敲响警钟，告诉他们一场创新大海啸正在迎面袭来。对孩子和学校来说，这场大海啸即将引发的颠覆和动荡会带来极其深远的影响。同时我也希望向教师们学习，搞明白如何才能实现最好的课堂教学，如何才能将优秀的课堂教学实践推广开来，实现规模化。虽然不敢说已经达到了当初设定的目标，但我的确亲自前往美国全部的 50 个州，与十几位州长进行了一对一交流，与 20 多位州立法部门教育委员会的领导人进行了座谈，也见到了 20 多位州教育局局长。一路走来，前来参加活动、与我交流的学生、教师、家长及普通市民，累计超过了 10 万人。

现在回头想想，这趟教育之旅和我当初的构想完全不同，而内容则更加精彩，更富启迪性。正如人生中的种种，很多时候只有时过境迁，才能真正看清当初的原貌。一开始，我对教育改革的前景持悲观态度。在我看来，教育体系很难得到改变，教育架构盘根错节，异常复杂，而现行的评估指标又是早就被整个社会认可、再熟悉不过的老传统。美国的领导人大都希望对整个教育体系进行管理和掌控，而不是重塑。但是，随着教育长征一天天走过来，我变得越来越乐观。最重要的一点就是遍访美国的各个角落，我没有遇到任何一个人对教育的现状持维护态度。人们都认识到，美国的学校需要变革，而且每一个社区都有那么多的教师、家长、市民和慈善家，正在不知疲倦地为孩子们忙碌着。如今许多人都认为，教育归根结底就是一个执行问题，就是怎样将现存的事情做得更好的问题。但也有越来越多的人正在逐渐意识到，我们需要去做更好的事情。而这些人，可以成长为一股势不可当的强大力量。

如果你也想变得像我一样，对教育的未来怀有无限的憧憬和乐观，那么可以和小孩子们在一起多待一会儿。孩子们都是天生的学习能手，内心充满了好奇、勇气和创造力。大人们总是说：“在这个年代，孩子们要是对什么东西感兴趣，只用几天的时间就能成为专家。”而这个简单却令人震撼的感悟，正在敲响每一所学校的大门，不用多久就会如春风般吹遍校园内外。

如今，在癌症和核聚变等领域，专家们尚未找到突破口。但在教育领域，我们的专家知道应该做什么。问题在于，许多人正在追随错误的专家。我们需要关注的是富有创造力和创新意识的教师，真理掌握在他们手里，而不在那些站在金字塔顶尖上发号施令的人手中。正是教师打造出了一间间充满生机的教室，帮助孩子们在里面茁壮成长，不断寻找并构建着自己的目标感，锻炼着关键技能，培养着自主性，学习着真实的知识。这些老师愿意在“所测即所得”的无情世界中挺身而出，与其抗衡。他们知道，除非对教育进行标准化建设，否则根本没有办法对孩子们进行排名。而当你将教育变成一项标准化的事情来做时，你就剥夺了他们深入探索的机会，剥夺了学生们掌握独特能力的机会，也剥夺了他们为自己闯出一条发展之路的机会（见表 11-1）。而正是这些东西，才能让他们在这个创新的时代茁壮成长。也正是这些东西，才是未来的精华所在。

表 11-1　　美国教育中的传统与创新

传统模式	创新模式
工业	创新
集中	分散
数据驱动	目标驱动
微观管理的课堂	值得信赖的课堂
标准化环境	有机学习
训练	创造
内容知识与低水平技能	必备技能组合与智能组合
为进入大学做准备	为人生做准备

这趟教育长征的时间正好与 2016 年总统大选重叠，在全部 20 多场总统辩论中，教育这个话题只占用了人们几秒钟的注意力。但事实上，这场总统竞选从头到尾都与美国的教育息息相关。无论持哪种政见，支持哪一位候选人，数以百万计的美国人都处于一种愤怒、疏离、飘忽不定的状态。这些人的财务情况十分窘迫，只能靠四处打工糊口，根本没有什么职业发展可言。而无论受教育程度如何，他们都听不懂那些信口开河的言论，更看不懂那些粗制滥造的新闻消息。在国家层面上，有思想深度的辩论内容和协作精神早已消失得无影无踪。选民们都很恐惧，害怕自己和孩子最终会落到人生这条

钟形曲线的左端。但你千万不要认为美国人已经放弃了对未来的希望，许许多多美国人的内心都充满了极其迫切的渴望。走遍美国，我目睹了人们对孩子和学校所怀有的激情。倘若哪位竞选人提出一条关于教育的英明言论，这些选民肯定会义无反顾地去追随，因为教育才是美国民主制度的根基。人们都很希望能听到下面这样的讲话。

> 美国从来没有像如今这样分裂过。当下，我们的未来，我们的经济发展和人生前景，都处于一种分裂的状态。虽然美国的GDP在增长，但收入都集中在最富有的一小撮人手中。对于其他人来说，中等工资水平长期持平，数以百万计的人没有存款，放弃找工作的失业人群数量也创下了历史新高。21世纪的美国对于少数人来说是享受着最美好的时光，而对于许多人来说却是过着最惨淡的日子。

生活在水深火热之中的美国人民，可以轻而易举地将问题推给移民、贸易协定或是恐怖分子。这些不经大脑就脱口而出的词语，可以一把点燃人们的怒火，却会让我们偏离正轨。我们需要知道的是，如今这个世界正在被创新、自动化和机器智能的力量所重塑。低技能工作机会并不会流向墨西哥、东南亚或是移民，而是在不久的将来从地球上消失。虽然美国的公路和铁路需要维修，但摇摇欲坠的教育基础设施正在危害着整个国家未来的安全。我们需要学校去帮助美国人民做好准备。无论人们是富有还是贫穷，是年轻还是年老，我们都要为了迎接未来，而不是为了适应过去，而做好准备。

美国这个国家的立国之本是人人机会平等。而在发达国家中，美国儿童贫困问题的严重性却遥遥领先。在如今的美国，一个孩子未来发展的可能性更多取决于他生于什么样的家庭，而不在于他本人有着什么样的性格。教育进一步加剧了这种不平衡，我们完全可以改变这种现状。婴幼儿需要高质量的早期教育，K-12 学校，尤其是位于低收入社区的学校，需要更多的资源来支持对学生的教育。我们可以让高中毕业证书成为某种带有重要意义的标志：学生从高中毕业之际，便意味着他拥有了真正的职业技能和公民技能。教育体系完全可以重新获得其历史上的重要地位，来帮助美国搭建一个更加公平的社会竞技场。

教师可以在学校变革的过程中担当起领导者的角色，但他们无法孤身奋战。教育是整个社区的责任。我希望成年人可以贡献出时间和自身的专业技能来帮一帮孩子，特别是那些生活在困苦环境之中的孩子。我们需要为学前项目提供更多的支持，需要将学生与实习机会、暑假兼职、导师和真实世界的问题联结为一体。我们要信任并尊敬教师，要真心听取教师的意见，并向他们学习。

我们需要重新思考大学在社会中所扮演的角色。随着技术的进步，越来越丰富和成熟的在线资源令自学成为一件越来越轻松的事。而即使这样，孩子们依然需要在价格不菲的正式教育体系中耗费很多年，这种行为完全不合理。我很敬重象牙塔中的学者为人类所做的贡献，但这座象牙塔已经彻底绑架了美国的教育体系。大学收取极为高昂的学费，只适用于那些最富有的人群将孩子送入其中。我们将 K-12 教育阶段转变为了用 13 年的时间让孩子进行大学备考，而不是利用 K-12 教育来让孩子们准备好迎接未来的人生。这种现象需要立即叫停。

美国国内现有的全部 14 000 所社区大学，可以帮助各个年龄阶段的成年人加速职业发展进程。社区大学和主打学术研究的四年制大学不同，因为社区大学本身就以实践为根基。我谨在此向社区大学发出呼吁，希望他们能提供更多的短期沉浸式学习体验，帮助学生掌握富有决定性的职业发展技能。我们需要为美国的商业机构提供税收减免政策，激励他们实现劳动力现代化。如果那些从事毫无发展前途工作的员工能够有机会去掌握更高级的技能，而不是浑浑噩噩地坐等被开除，那么员工、雇主和整个社会都会从中受益。

在创新时代，美国人占尽先机。无论是诺贝尔奖获得者数量，还是在音乐、艺术、专利、科技领域的成就，或是新兴创业企业和社会创业机构的成绩，美国在全世界都处于遥遥领先的地位。我们坐拥得天独厚的优势，完全可以在这个创新时代蓬勃发展。但是，若想充分利用创新时代的大好机会，就要从教育着手。1893 年，美国人极富勇气地对学校体制进行了变革，年轻人因此可以更好地为以制造业为主的世界做好准备。现在，我们需要再一次团结起来，鼓起勇气，重塑学校，帮助孩子过上富有目标感的人生，去释放他们的潜能，为所有人创造出更加美好的未来。

现实情况是，我们基本不太可能从某位政治家的口中听到这样的言论。无论是在国家层面还是州政策层面，他们只会继续我行我素，我们不能指望这些政策会变得多么合理。如果指望现阶段的领导人去掀起真正的变革，那这种等待只能让我们更加愤怒和无奈。真正的希望其实就抓在我们自己手中。学校不可能自上而下地发生变革。其变革方式应该是从每一间教室、每一所学校、每个学区开始的。发生在本地的变革才是非常现实可行的变革。

没人知道美国能否勇敢地去迎接这个挑战。面对未来，我无从判断，即使用了一整年的时间遍访美国的学校，我依然看不清未来。也许，很多人还会停留在固有的认识上，认为真正的学习只能发生在学校里面，认为考试成绩能作为对一个人的判断标准，而大学教育则会为那些有能力走进大学、有能力支付学费的幸运儿赋予神奇的力量。我们可以自我安慰，说机器智能对人类社会的大洗牌怎么也要在一个世纪之后才会发生，重塑学校这件事根本不着急。如果上述这些观点依然占据主流地位，那么，我们的社会必将走向溃败。

但也许，美国人民会勇敢地站起来。我很喜欢这句话："变革的进程通常十分缓慢，直到变革进入迅速发酵的阶段。"一年来，我看到了许多迹象，足以证明美国人民正处于拐点之上。人们开始在貌似无关的事情之间建立起联系，他们开始意识到，我们需要在学校层面为我们的孩子去做更好的事情。人们开始感觉到，如果我们放开手脚，让学生们在他们关心的问题上深入研究，那么这些孩子身上就会孕育出无限的可能性。人们开始对教师重燃信任之情，相信他们能够调动起学生的积极性，能够启迪出学生头脑中的灵感。也正如我在这一年中深切感受到的一样，只要人们开始看到重塑学校的希望，就再没有回头路可走。奥斯卡，请你一定要对我们有信心。

WHAT SCHOOL COULD BE

译者后记

对下一代进行教育可以说是这个世界上最重要的一份工作。从这本书中我们能了解到，当今美国教育体制内的太多时间和资源都浪费在了官僚行政事项上，而多数教育责任都被放在了那些享受不到资源，却怀着自我牺牲精神的教师身上。这些教师虽然拿着低廉的工资，却还要拿出英雄主义的气概和无私奉献的心态，教给学生真正需要的知识和技能。

我相信，如果走进中国的学校，也一定能发现这样的教师比比皆是。而这也是本书引入中国的意义所在。希望读到本书的教师和家长能因书中的案例而感到鼓舞和振奋。你们不是一个人在战斗。在地球的另一边，有一群和你们一样的人，正在用创新的火花照耀着希望的未来。

《未来的学校》这本书是在将理论转化为实践，将幻想转化为现实，将挑战转化为机遇。对于每一位教师、学生、家长、管理者和政治领导来说，书中的内容都极富借鉴意义。丁特史密斯凭借自身的乐观精神、坚持不懈和满怀希望，为读者和孩子们的未来描绘出了一幅关于学校的美好图景。他没有抓住问题不放，没有去抱怨和指责，而是利用真实数据和故事告诉了我们怎样做才是正确的。跟随他的脚步，我走遍了美国的每一个州，走进了各式各样的学校。跟随他的视角，我看到了创新和创造力的火花在那些平凡无奇的地方接二连三地闪现。正是因为有了丁特史密斯一路上无私的投入，我们才能对教育创新和教育的未来怀有更加笃定的信念。

丁特史密斯是一位很特别的教育界人士。第一，他并非出身于学术界或政治圈，而是从创业和风险投资起家，而后转型为公益人士。第二，他提出的设想并非一套以“修正”美国教育为初衷的解决方案，而是针对现有问题，走访美国 50 个州，在与学生、教师、学者、政治家和社区领袖见面之后，寻求更深层次的理解，对学校应有的样子进行了清晰而深刻的分析。在收集了大量的一手资料后，丁特史密斯为美国各地学校所面临的各类挑战提出了富有洞察力的见解和建议。他为我们所有人提出挑战，迫使我们去思考：教学的工厂模式、对分数的不懈追求是否真的是孩子们在未来获得成功的关键？

书中最令我感触深刻的，就是丁特史密斯清醒地意识到，大学的价值以及孩子们为了考大学而必须竭尽全力去超越的各项指标，并不能让他们准备好进入未来的就业市场，也不能为他们赋予创新和创造力，去解决真实世界存在的种种问题。丁特史密斯明确指出，应试教育是以过时的教育模式为基准的，而过时的模式是为一个现在已不复存在的经济结构设计的。以过时的模式为标准对现在的孩子进行测评和选拔是毫无意义的。在丁特史密斯的推动下，美国教育创新的大潮已经浩浩荡荡地向我们袭来。在这个创新时代，中国教育将何去何从，让我们拭目以待。

未来，属于终身学习者

我这辈子遇到的聪明人（来自各行各业的聪明人）没有不每天阅读的——没有，一个都没有。巴菲特读书之多，我读书之多，可能会让你感到吃惊。孩子们都笑话我。他们觉得我是一本长了两条腿的书。

——查理·芒格

互联网改变了信息连接的方式；指数型技术在迅速颠覆着现有的商业世界；人工智能已经开始抢占人类的工作岗位……

未来，到底需要什么样的人才？

改变命运唯一的策略是你要变成终身学习者。未来世界将不再需要单一的技能型人才，而是需要具备完善的知识结构、极强逻辑思考力和高感知力的复合型人才。优秀的人往往通过阅读建立足够强大的抽象思维能力，获得异于众人的思考和整合能力。未来，将属于终身学习者！而阅读必定和终身学习形影不离。

很多人读书，追求的是干货，寻求的是立刻行之有效的解决方案。其实这是一种留在舒适区的阅读方法。在这个充满不确定性的年代，答案不会简单地出现在书里，因为生活根本就没有标准确切的答案，你也不能期望过去的经验能解决未来的问题。

湛庐阅读APP：与最聪明的人共同进化

有人常常把成本支出的焦点放在书价上，把读完一本书当作阅读的终结。其实不然。

时间是读者付出的最大阅读成本
怎么读是读者面临的最大阅读障碍
“读书破万卷”不仅仅在“万”，更重要的是在“破”！

现在，我们构建了全新的“湛庐阅读”APP。它将成为你“破万卷”的新居所。在这里：

- 不用考虑读什么，你可以便捷找到纸书、有声书和各种声音产品；
- 你可以学会怎么读，你将发现集泛读、通读、精读于一体的阅读解决方案；
- 你会与作者、译者、专家、推荐人和阅读教练相遇，他们是优质思想的发源地；
- 你会与优秀的读者和终身学习者为伍，他们对阅读和学习有着持久的热情和源源不绝的内驱力。

从单一到复合，从知道到精通，从理解到创造，湛庐希望建立一个“与最聪明的人共同进化”的社区，成为人类先进思想交汇的聚集地，与你共同迎接未来。

与此同时，我们希望能够重新定义你的学习场景，让你随时随地收获有内容、有价值的思想，通过阅读实现终身学习。这是我们的使命和价值。

湛庐阅读APP玩转指南

湛庐阅读APP结构图：

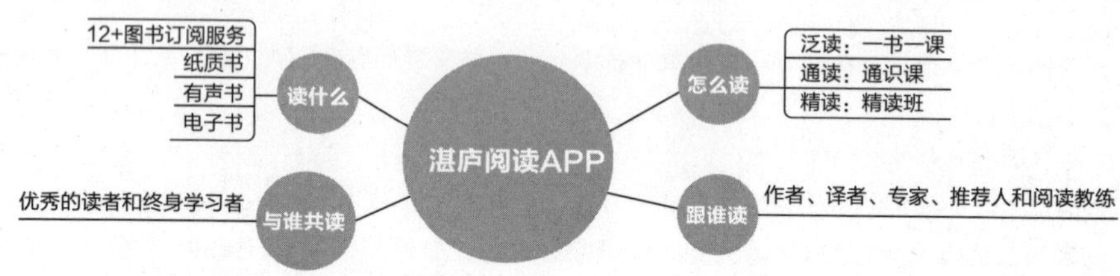

三步玩转湛庐阅读APP：

读一读

湛庐纸书一站买，
全年好书打包订

书城

听一听

泛读、通读、精读，
选取适合你的阅读方式

精读班
一书一课
通识课

扫一扫

买书、听书、讲书、
拆书服务，一键获取

扫一扫

APP获取方式：

安卓用户前往各大应用市场、苹果用户前往APP Store
直接下载“湛庐阅读”APP，与最聪明的人共同进化！

使用APP扫一扫功能，遇见书里书外更大的世界！

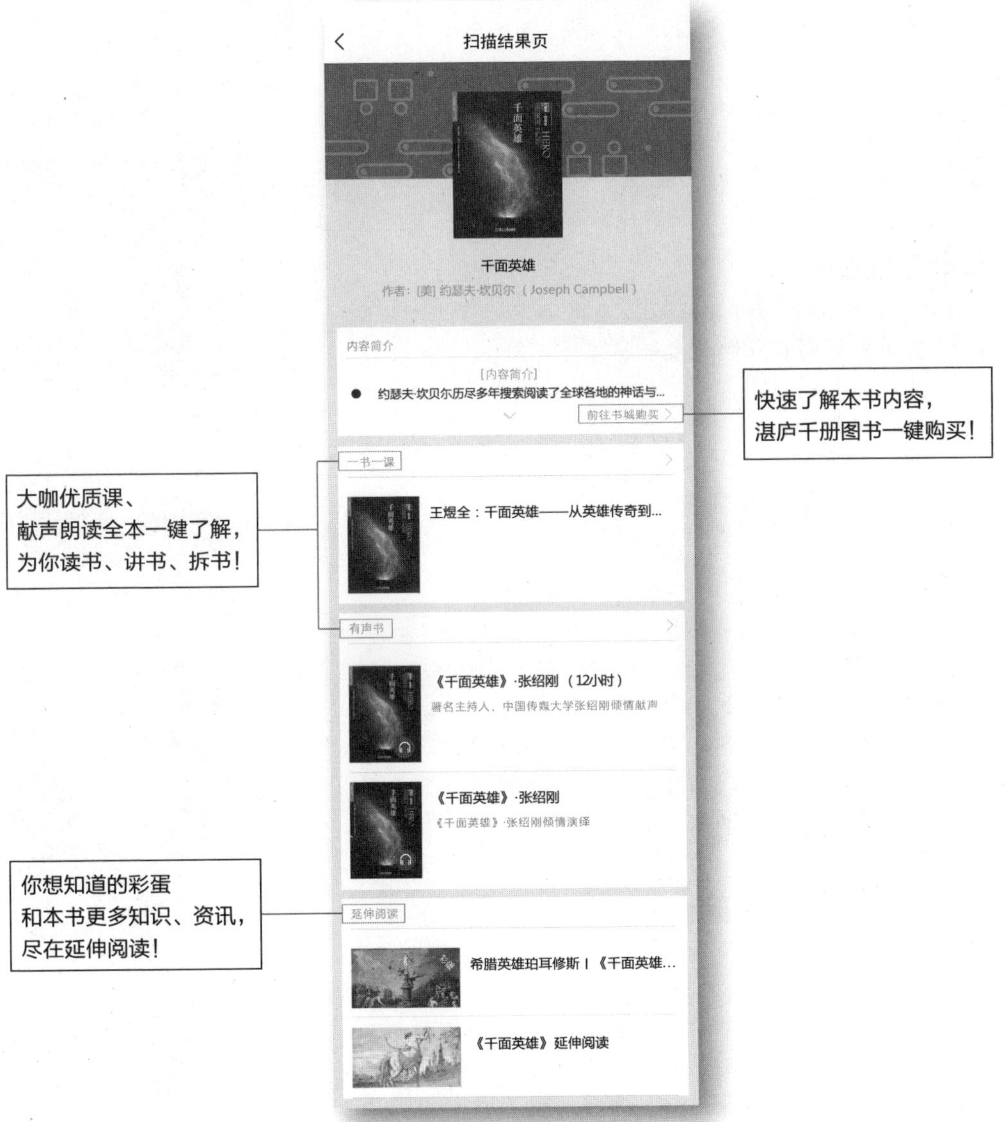

湛庐CHEERS

延伸阅读

《为孩子重塑教育》

◎ 同名纪录片 Most Likely to Succeed 风靡欧美！掀起教育创新浪潮，彻底改变传统教育！一土学校创始人李一诺、独立教育学者钱志龙、LIFE 教育创新峰会负责人马志娟鼎力推荐！

◎ 哈佛大学教育学博士托尼·瓦格纳与著名风险投资人泰德·丁特史密斯联袂巨献！

《让学校重生》

◎ 排名第一的 TED 演讲人、全球知名教育家肯·罗宾逊教育创新五部曲之一！

◎ 你认为自己有天赋吗？你的天赋是什么呢？你知道怎样找到自己的天赋吗？对于那些已经发现自身天赋的人来说，他们做着自己生来就应该做的事，过上了幸福自由的人生。但绝大多数人都还没能找到这种感觉，生活对他们而言只是日复一日的煎熬与磨难。

《让天赋自由》

◎ 排名第一的 TED 演讲人、全球知名教育家肯·罗宾逊教育创新五部曲之一！

◎ 清华大学社会科学学院院长彭凯平、清华大学教授陈劲、中国人民大学附属中学校长翟小宁、独立教育学者江学勤、一土学校创始人李一诺鼎力推荐！

《发现天赋的 15 个训练方法》

◎ 排名第一的 TED 演讲人、全球知名教育家肯·罗宾逊教育创新五部曲之一！

◎ 清华大学社会科学学院院长彭凯平、清华大学教授陈劲、中国人民大学附属中学校长翟小宁、独立教育学者江学勤、一土学校创始人李一诺鼎力推荐！

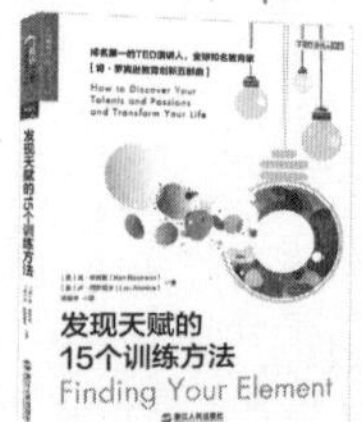

浙江省版权局
著作权合同登记章
图字：11-2018-311 号

图书在版编目（CIP）数据

未来的学校 /（美）泰德 · 丁特史密斯著；魏薇译．—杭州：浙江人民出版社，2018.6（2021.1重印）

书名原文：What School Could Be

ISBN 978-7-213-08795-0

Ⅰ．①未… Ⅱ．①泰… ②魏… Ⅲ．①学校教育—教育改革—研究 Ⅳ．① G4

中国版本图书馆 CIP 数据核字（2018）第 108899 号

上架指导：教育改革 / 教育创新

未来的学校

［美］泰德 · 丁特史密斯 著

魏 薇 译

出版发行：浙江人民出版社（杭州体育场路 347 号 邮编 310006）
市场部电话：（0571）85061682 85176516

集团网址：浙江出版联合集团 http://www.zjcb.com

责任编辑：朱丽芳 陈 源

责任校对：杨 帆 朱志萍

印 刷：唐山富达印务有限公司

开 本：720mm × 965mm 1/16 印 张：19.75

字 数：244 千字 插 页：1

版 次：2018 年 6 月第 1 版 印 次：2021年 1月第 5 次印刷

书 号：ISBN 978-7-213-08795-0

定 价：79.90 元

如发现印装质量问题，影响阅读，请与市场部联系调换。